Johannes Winterhagen

Abgeschaltet

Johannes Winterhagen

ABGESCHALTET

Was mit der Energiewende auf uns zukommt

HANSER

MIX
Papier aus verantwortungsvollen Quellen
FSC® C014889
FSC
www.fsc.org

Bibliografische Information der Deutschen Nationalbibliothek
Die Deutsche Nationalbibliothek verzeichnet diese Publikation in der Deutschen Nationalbibliografie; detaillierte bibliografische Daten sind im Internet über http://dnb.d-nb.de abrufbar.

1 2 3 4 5 16 15 14 13 12

Internet: http://www.hanser-literaturverlage.de
Herstellung: Thomas Gerhardy
Umschlaggestaltung: Brecherspitz Kommunikation GmbH, München, www.brecherspitz.com
unter Verwendung einer Fotografie von fotolia (modifiziert)
Satz: Kösel, Krugzell
Druck und Bindung: Friedrich Pustet, Regensburg
Printed in Germany

ISBN 978-3-446-42773-0
E-Book-ISBN: 978-3-446-43107-2

Für meine Kinder
Carl, David, Emil und Martha

INHALT

Aufbruch zu einer Reise in die Energie-Zukunft 9

Warum wir ständig neue Energie brauchen 15

Wohlstand mit immer weniger Energie? 21

Wasserkraft: Wirklich umweltfreundlich? 43

Von der Ökophantasie zum Milliardengeschäft:
Wie Windkraft effektiver wird 59

Heiter bis wolkig: Welche Perspektiven bieten
Photovoltaik und Solarthermie? 71

Nachwuchsstar Geothermie? 89

Vom Acker gemacht: Welchen Beitrag Biomasse
zur Energieerzeugung leisten kann 99

Gib Strom: Kommt das Elektroauto? 115

Mit doppeltem Boden: Wie können wir Energie
speichern? 123

Ins Netz gegangen: Immer mehr Stromleitungen? ... 143

Erdöl: Das dicke Ende kommt noch ... 155

Saubere Kohle – ein Traum? ... 159

Erdgas: Brückentechnologie Nummer eins? ... 181

Die Kernenergie: Hauptsache ohne Kohlendioxid? .. 189

Die Kernfusion: Holen wir die Sonne auf die Erde? .. 205

Die abgesagte Reise ... 213

Insel der Seligen? Wie die Umstellung auf erneuerbare Energien gelingen kann ... 217

Was wir bedenken müssen, um die Energiewende zu schaffen: Die Essenz einer Reise ... 229

Quellen ... 239

Register ... 249

AUFBRUCH ZU EINER REISE IN DIE ENERGIE-ZUKUNFT

»Während der Balz-, Brut- und Fütterungszeit können Wendehälse sehr auffällig sein. Außerhalb dieser Periode bemerkt man ihre Anwesenheit kaum.«
Eintrag unter dem Begriff »Wendehals (Vogel)« bei Wikipedia.de

Am 11. März 2011 sitze ich zu Hause im Büro und recherchiere für dieses Buch. Mehrere Interviews sind vorzubereiten. Wie üblich schalte ich das Telefon ab und schließe mein Mailprogramm, um in Ruhe zu lesen und Notizen zu machen. Während ich mich zu norwegischen Speicherseen und britischen Windkraftwerken informiere, wird in Japan der atomare Notstand ausgerufen. Erst am späten Abend lese ich auf dem iPad die ersten Nachrichten vom Tsunami und der Notabschaltung des Atomkraftwerkes im Bezirk Fukushima. Ich gehe ruhig zu Bett, vertraue auf die Ingenieure einer der technisch hochentwickeltsten Zivilgesellschaften der Welt.

Erst am kommenden Vormittag, ich fahre mit meinem ältesten Sohn zum Supermarkt, höre ich Radionachrichten, die mich beunruhigen. Eine Kernschmelze halte ich ab diesem Zeitpunkt für möglich. Und ich ahne bereits, dass man mit der Wahrheit zurückhaltend umgehen wird.

Ungefähr zum gleichen Zeitpunkt hält Angela Merkel eine Krisensitzung in ihrem Büro ab. »Das war's«, so Merkels finaler Kommentar, wie der Spiegel berichtete – gemeint ist die zivile Nutzung der Kernenergie in Deutschland. Erst ein halbes Jahr zuvor hatte ihre Regierung den Betreibern von Kernkraftwerken eine signifikante Laufzeitverlängerung ermöglicht.

Wieder zu Hause fragt mich meine Frau aus. Was bedeutet es, wenn die Kühlsysteme in einem Atomkraftwerk ausfallen? Was genau ist eine Kernschmelze? Fragen einer naturwissenschaftlich ausgebildeten Ärztin, die sich mit Technik nie besonders beschäftigt hat. Am Abend möchte sie noch wissen, was Fukushima für mein Buch bedeutet. Dass über unsere Energieversorgung wieder intensiv diskutiert wird, antworte ich.

Was ich nicht ahne, ist die Dynamik, die Politik entwickeln kann, wenn sie eine Debatte, in diesem Fall über unsere Energiezukunft, durch Aktionismus im Keim ersticken will. Nur dreieinhalb Monate später verabschiedet der deutsche Bundestag deutlich geringere Restlaufzeiten. 2022 soll das letzte Kernkraftwerk vom Netz gehen. Alle Medien reden von der Energiewende, die angeblich beschlossen worden sei. Nur die Frankfurter Allgemeine Zeitung bleibt gewohnt nüchtern und titelt: »Deutschland steigt zum zweiten Mal aus der Kernenergie aus«.

Genauso ist es. Von Energiewende kann keine Rede sein. Denn unsere Energieversorgung basiert nicht zu wesentlichen Teilen auf der Kernenergie, sondern auf fossilen Rohstoffen: Kohle, Gas und Erdöl. Deren Anteil am gesamten Primärenergieverbrauch Deutschlands betrug 2010 nach Auskunft der Arbeitsgemeinschaft Energiebilanzen 78,2 Prozent. Die Kernkraft leistete vergleichsweise bescheidene 10,9 Prozent. Nimmt man nur die Stromerzeugung, dann verdoppelt sich zwar der Anteil der Kernenergie auf 22,5 Prozent, die fossilen Energieträger leisten aber noch immer 56,9 Prozent. Betrachtet man die Situation der gesamten Welt, ist die Lage nicht wesentlich anders: Während neue Kernkraftwerke Seltenheitswert haben, geht alle zwei Tage irgendwo ein Kohle- oder Gaskraftwerk ans Netz. 81 Prozent des Weltenergieverbrauchs basieren auf fossilen Quellen, nur 2,8 Prozent auf der Kernkraft. Nicht täuschen lassen darf man sich von dem scheinbar hohen Anteil der regenerativen Energiequellen mit 16 Prozent: Zehn Prozentpunkte basieren auf »traditioneller Biomasse«. Gemeint sind Holz und Dung, die in Entwicklungsländern zum Heizen verwendet werden. Ihr Anteil ist schneller rückläufig, als Kohle und Gas Marktanteile gewinnen. Von allen nicht erneuerbaren Energieträgern ist der Kohleverbrauch im ersten Jahrzehnt dieses Jahrhunderts am schnellsten gestiegen, nämlich um 46 Prozent. Der Erdgasverbrauch stieg im selben Zeitraum »nur« um 27 Prozent.

Dadurch, dass vier Fünftel unseres Energiehungers von Erdöl, Kohle und Gas gestillt werden, verursachen wir den Klimawandel, ein Problem, das Menschen und ihre Umwelt vermutlich weitaus stärker betreffen wird als einzelne, wenn auch überaus tragische Unfälle im Umgang mit der Kernkraft. Immer wieder stoße ich auf Berechnungen, die besagen, dass es bereits heute mehrere Hunderttausend Tote infolge der durch den Klimawandel bedingten Naturkatastrophen gibt, jährlich wohlgemerkt. Darüber hinaus soll die ungefilterte Verbrennung von Kohle und Öl in Schwellenländern zu einer Million Todesfällen im Jahr führen. Solche Zahlen sind schwer zu ermitteln, daher stehe ich ihnen skeptisch gegenüber. Dennoch illustrieren sie, wie unmittelbar uns der Klimawandel betrifft.

Daher lautete die Grundfrage, mit der ich meine Recherche ein halbes Jahr vor dem Unglück in Fukushima begann: Wie kann der Umstieg zu einer Energieversorgung gelingen, die keine Kohlendioxidemission zur Folge hat? Keine, oder wenigstens minimale. Durch den nun vorgezogenen Atomausstieg ist diese Frage mitnichten beantwortet, sondern allenfalls dringlicher geworden. »Kohle statt Atom«, befürchtet Ernst Ulrich von Weizsäcker, »heißt die nirgends offen ausgesprochene Devise.« Eine berechtigte Befürchtung, denn die acht sofort abgeschalteten Kernkraftwerke hatten zusammen eine Leistung von 8,8 Gigawatt, die kurzfristig durch Stromimporte zu ersetzen sind. Neben französischem Atomstrom fließt seit März 2011 auch osteuropäischer Kohlestrom in unser Netz. Wenn die Nachbarländer im Winter weniger Strom abgeben können, wird bei Bedarf die »kalte Reserve« angeworfen, das sind eigentlich ausgemusterte, aber noch funktionsfähige Kohlekraftwerke. Wie aber sieht es langfristig aus? Wo nehmen wir unsere Energie 2020, 2030 oder gar 2050 her?

Weitere Fragen schließen sich an: Wieso brauchen wir überhaupt ständig Energie? Ist es nicht möglich, uns durch Energiesparen vor dem Klimakollaps zu bewahren? Was können erneuerbare Energien wirklich leisten? Welche Chancen bieten neue Speicher und Verteilernetze, um die fluktuierenden Energieströme aus Wind und Sonne der Nachfrage anzupassen? Wie können wir den vorläufig unvermeidlichen Umgang mit fossilen Brennstoffen so gestalten, dass möglichst wenig Kohlendioxid emittiert wird? Ist eine sichere Nutzung der Kernenergie eines Tages denkbar – zum Beispiel durch die Kernfusion? Wie kann die gesellschaftliche Akzeptanz für einen Umbau unserer Energieversorgung geschaffen werden? Und natürlich: Was ist zu tun?

Wer die unzähligen Energieexperten befragt, wird viele Antworten bekommen. So viele, dass kein scharfes Bild des Jahres 2030, schon gar nicht für 2050 entsteht. Deswegen versucht dieses Buch auch gar nicht, die einzelnen Aussagen letztgültig zu bewerten. Vielmehr soll deren Widersprüchlichkeit zu Tage treten und die Bandbreite möglicher Entwicklungen aufgezeigt werden. Dies steht in klarem Widerspruch zu einer Politik, die dem eigenen Bürger nicht zutraut, komplexe Sachverhalte zu durchdenken und mit einer offenen Zukunft zu leben. Wie wir sehen werden, sind alle einfachen Ansätze zum Scheitern verurteilt, wenn wir eine echte Energiewende herbeiführen wollen. Setzen wir einseitig auf Sonnen- und Windstrom, werden wir sie vielleicht nie erreichen.

Einfache Antworten bergen vor allem eine große Gefahr: dass sie einen offenen Diskurs unterdrücken, den eine demokratische Gesellschaft benötigt, wenn ein Projekt der Dimension Energiewende gelingen soll. Im Zweifelsfall verspielen wir unsere Zukunft, in ökologischer und ökonomischer Hinsicht, wenn wir uns gedanklich nicht über die Plattitüden-Ebene von Wahlkampfreden erheben.

Dieses Buch mutet Ihnen als Leser also viel zu. Zum Beispiel, dass in vielen Fällen heute noch völlig offen ist, wie reif eine bestimmte Technologie im Jahr 2030 sein wird. Und dass es daher schlicht unmöglich ist, heute zu berechnen, was eine Kilowattstunde Strom in zwanzig Jahren kosten wird. Keine Zumutung allerdings soll die Lektüre sein. So habe ich in vielen Fällen das Stilmittel der Reportage gewählt, um die Möglichkeiten und Begrenzungen der verschiedenen Formen der Energiegewinnung erfahrbar zu machen. Der Leser kann mich so in die Wüste Nevadas, an einen norwegischen Speichersee oder in ein modernes Kohlekraftwerk begleiten. Natürlich darf von einer solchen Darstellung nicht die systematische Vorgehensweise einer wissenschaftlichen Studie erwartet werden. Studien zum Energiesystem der Zukunft existieren in ausreichender Anzahl; sie werden, wo notwendig, auch zitiert werden. Mein Ansatz ist ein anderer: Ich möchte anhand einzelner, sorgsam ausgewählter Beispiele auf grundlegende Zusammenhänge aufmerksam machen. Daran, ob dies gelingt, will ich mich messen lassen.

Von den vielen Sach- und Fachbüchern zur Energieversorgung unterscheidet sich dieses aber nicht nur durch die subjektive Erzählperspektive. Sondern auch durch Klarheit und Neutralität. Was ist damit gemeint?

Experten und Politiker verstecken sich oft hinter generellen Aussagen, in die sie einzelne Schlagworte wie CCS oder Smart Grids einflechten. Unklar bleibt dem Nicht-Experten, sprich den meisten Bürgern, was sich hinter diesen Begriffen verbirgt und welche Vor- und Nachteile einzelne Technologien haben. Um am politischen Diskurs teilhaben zu können, ist es aber von Vorteil, verstanden zu haben, wie ein Stromnetz oder ein Kohlekraftwerk mit Kohlendioxidabtrennung funktionieren. Dieses Verständnis zu schaffen, ohne zu langweilen oder ein ingenieurwissenschaftliches Studium vorauszusetzen, ist Aufgabe dieses Buchs. Denn Klarheit in der Sprache schafft Klarheit im Kopf!

Schließlich Neutralität. Viele Veröffentlichungen, auch sehr gute, sind interessengeleitet oder sogar von Energiekonzernen finanziert. Nicht so diese. Neutralität bedeutet übrigens nicht, keinen Standpunkt zu haben. Aber einen Standpunkt muss man sich erarbeiten. Am besten, indem man sich vor Ort begibt und sich einen persönlichen Eindruck verschafft. Grund genug also für eine Reise in die Zukunft der Energie. Eine Reise, die zeigen wird, dass es die eine Wende nicht gibt. Aber ausreichend Hoffnung darauf, dass ein Wandel möglich ist.

WARUM WIR STÄNDIG NEUE ENERGIE BRAUCHEN

»Die Lokomotive schoss hinter dem Magneten her, da dieser aber an dem Mast hing, der an der Lokomotive befestigt war, konnte sie natürlich den Magneten niemals einholen. Er blieb immer vor ihr und sie musste, von seiner riesigen Kraft angezogen, hinterdrein rasen. ›Ho!‹, schrie Jim begeistert. ›Es geht! Und wie es geht!‹«

Michael Ende, Jim Knopf und die Wilde 13

Was Jim Knopf und Lukas den Lokomotivführer so begeistert, ist zweifellos ein Perpetuum mobile, eine Maschine, die sich ohne äußere Energiezufuhr bewegt und von der Erfindergenerationen träumten. Eine Maschine, die es nicht gibt und, wie wir sehen werden, nicht geben kann. Gäbe es sie, wäre dieses Buch überflüssig. Denn wer wollte sich ernsthaft mit der Zukunft der Energie beschäftigen, wenn diese allenfalls in geringen Mengen gebraucht würde, um eine Maschine in Gang zu bringen, diese dann aber aus eigener Kraft ewig weiterliefe?

Aber kann es wirklich kein Perpetuum mobile geben? Der letzte spektakuläre Versuch, die Gesetze der Physik zu überlisten, stammt aus dem Jahr 2007. Der Ire Sean McCarthy, Gründer der Firma Steorn, wollte der Weltöffentlichkeit beweisen, dass sein »Orbosystem« die eingesetzte Energie vervielfacht. Webcams sollten einen Demonstrationsversuch aus dem Kinetica-Museum in London live übertragen. Der Versuchsaufbau mit vielen Magneten und Zahnrädern erinnerte im Grundsatz an die Erfindung des Kinderbuchautors Michael Ende. Die Demonstration wurde dann aber abgesagt, die Hitze der Beleuchtung hatte angeblich den Apparat geschädigt.

McCarthy steht mit seinem Sendungsbewusstsein – er vergleicht seine Erfindung schon einmal mit dem Gottesbeweis – nicht allein.

Immer noch reichen jedes Jahr Dutzende Erfinder in Deutschland Patentanträge für Maschinen ein, die eindeutig als Perpetuum mobile zu klassifizieren sind. Sie befinden sich damit in einer langen Tradition. So existieren indische Entwürfe aus dem 12. Jahrhundert, bei denen ein Rad ringsum mit Quecksilberröhrchen bestückt ist. Da die Röhrchen nicht senkrecht auf die Radmitte hin weisen, sondern in einer gewissen Neigung zu dieser Achse stehen und nur halb befüllt sind, zieht die Schwerkraft das Quecksilber auf einer Seite des Rades in das äußere Ende des Röhrchens, auf der anderen Seite jedoch nach innen. Doch das Rad bewegte sich dauerhaft genauso wenig von allein wie Apparaturen Leonardo da Vincis, der den gleichen Effekt mit rollenden Kugeln herzustellen versuchte. Angeblich hat da Vinci schließlich selbst erkannt, dass die ewig laufende Maschine ein Traum bleiben wird. Die Einsicht, warum dem so ist, verdanken wir Julius Robert von Mayer.

EIN VIELBESCHÄFTIGTER ARZT UND DER SOHN EINES BRAUEREIBESITZERS

Mayer tüftelte schon als Kind an Maschinen. Er baute ein Wasserrädchen und versuchte damit einen nicht mehr zu rekonstruierenden, schweren Apparat anzutreiben. Der Versuch misslang, weil die Wasserkraft nicht groß genug war. In seinem Ehrgeiz testete der Junge verschiedene Konstruktionen, die er zwischen das Wasserrad und den Apparat schaltete. Der kleine Julius meinte, er müsse nur die richtige technische Lösung – eine Art Getriebe – für das Problem finden. Irgendwann gab er auf, ohne die Ursache erkannt zu haben: Die eingebrachte Energie war einfach nicht ausreichend, und Energie lässt sich nun mal nicht vermehren.

Nach einem Medizinstudium heuerte der 26-jährige Mayer als Schiffsarzt auf einem holländischen Dreimaster an. In tropischen Breitengraden hatte er ein Erlebnis, das sein Leben veränderte: Er führte bei einigen erkrankten Seeleuten einen Aderlass durch und erschrak ob der hellroten Farbe des Blutes. Wahrscheinlich fürchtete er um das Leben seiner Patienten, denn das Blut in den Arterien ist heller als das in den Venen – ein ärztlicher Kunstfehler? Örtliche Kollegen klärten ihn auf: Die helle Blutfarbe sei für die Tropen typisch, da für die Aufrechterhaltung der Körpertemperatur weniger Blutsauerstoff verbraucht würde. (Je mehr Sauerstoff unser Blut enthält, desto heller ist es.) Fortan dachte Mayer permanent darüber nach, wie Nahrungsaufnahme – also das Konsumieren chemischer Energie –, körperliche Arbeit und Körpertemperatur zueinander im Verhältnis stehen.

Ein Jahr später kehrte Mayer ins heimische Heilbronn zurück, ließ sich als Arzt nieder und heiratete. Aber das Nachdenken über Energie ließ ihn nicht mehr los, und so publizierte er 1842 seinen Aufsatz »Bemerkungen über die Kräfte der unbelebten Natur«. Dessen zentraler Satz lautet: »Es gibt in Wahrheit nur eine einzige Kraft. Im ewigen Wechsel kreist dieselbe in der toten wie in der lebenden Natur.« Mayer, der physikalischer Laie war, hätte besser den Begriff »Energie« verwendet, denn genau die versuchte er herzuleiten: Energie entsteht nicht aus dem Nichts, und sie verschwindet auch nicht. Sie kann sich aber verwandeln, zum Beispiel von mechanischer Energie in Wärme und umgekehrt. Für umfangreiche Experimente fehlte Mayer die Zeit, aber zumindest konnte er sich von der Richtigkeit seiner Idee dadurch überzeugen, dass er Flüssigkeiten, die er in einen Metallbehälter sperrte, durch Schütteln erhitzte.

Wenn sich Energie in einem abgeschlossenen System nicht vermehrt, dann muss jede Maschine in der realen Welt, in der ein Teil der mechanischen Energie durch Widerstände verloren geht, ohne Energiezufuhr irgendwann den Betrieb einstellen. Plastisch wird dies, wenn man beim Auto den Fuß vom Gaspedal nimmt: Der Luftwiderstand – der mit der Geschwindigkeit im Quadrat steigt (in diesem Fall sinkt) – und der Rollwiderstand der Reifen sorgen dafür, dass man, auch ohne zu bremsen, irgendwann zum Stehen kommt. Besonders schnell natürlich, wenn es bergauf geht, denn dann muss das Auto ja auch gegen die Schwerkraft ankämpfen.

Diese Erkenntnis, so trivial sie erscheinen mag, ist eine der wichtigsten der Menschheitsgeschichte. Als erster Hauptsatz der Thermodynamik bildet sie eine wesentliche Grundlage der modernen Naturwissenschaft. Hätte es im 19. Jahrhundert den Nobelpreis bereits gegeben, Mayer wäre mit hoher Wahrscheinlichkeit bedacht worden. Doch wie viele Genies wurde auch er zunächst verkannt, zumal er einen mächtigen Rivalen hatte: den Briten James Prescott Joule, den Mann, nach dem heute die internationale Maßeinheit für Energie benannt ist.

Joule, vier Jahre jünger als Mayer, hatte andere Rahmenbedingungen für seine Forschungen: Er war Sohn eines Brauereibesitzers, ökonomische Sorgen dürften ihm fremd gewesen sein. So studierte er schon mit 17 Jahren Physik und Chemie, mit 22 formulierte er das erste von ihm entdeckte physikalische Gesetz: Ein mit Strom durchflossener Leiter – man darf auch Kabel sagen – erhitzt sich in Abhängigkeit von der Stärke des Stroms und dem elektrischen Widerstand des Leiters. Im selben Jahr, 1840, wandte sich Joule der Erforschung der Wärme zu. Da ihm ein eigenes Labor zur Verfügung stand, konnte er das sogenannte »mechanische Wärmeäquivalent« (aus wie viel mechanischer Bewegung entsteht wie viel Wärme) ziemlich genau bestimmen. Seine Untersuchen schloss er 1843 ab und publizierte sie nur ein Jahr nach Mayers wegweisendem Aufsatz.

Aber in der Wissenschaft gilt: Wer einen Gedanken zuerst formuliert, der hat auch Anspruch darauf, als dessen Entdecker zu gelten. Es kam folglich zu einem Streit der beiden Forscher vor der Königlichen Pariser Akademie der Wissenschaften, die damals etwa die Rolle des heutigen Europäischen Patentamtes spielte. Mayer wurde vorgeworfen, was zuweilen noch heute als Argument hergenommen wird: Er sei nicht vom Fach. Außerdem habe er nicht genau genug gemessen und sei zu religiös für einen ernsthaften Wissenschaftler. Der Streit zermürbte Mayer. 1848 starben überdies zwei seiner Kinder, er verfiel wohl in Depression und unternahm 1850 einen Selbstmordversuch. Erst nach einem Jahrzehnt, das er teilweise in Sanatorien verbrachte, nahm er seine wissenschaftliche Tätigkeit wieder auf. Ermutigt von der inzwischen gewachsenen Reputation, dehnte er den Gedanken der Energieerhaltung auf das gesamte Universum aus und erkannte, dass auch die Sonnenergie nicht unendlich zur Verfügung steht. Der Sonne fehle schlicht der Nachschub an chemischer Energie. Glücklicherweise, so wissen wir mittlerweile, reicht ihr Wasserstoffvorrat aber noch für einige Milliarden Jahre.

MEIN SOHN FRAGT NACH ENTROPIE

Wer sich heute in Heilbronn auf die Suche nach Spuren von Julius Robert von Mayer begibt, der staunt. Zwar wird Mayer in den Werbebroschüren der Touristikinformation als der »berühmteste Sohn der Stadt« bezeichnet. Doch gepflegt wird sein Erbe nicht. In der Touristikinformation werde ich auf ein Brunnendenkmal auf dem Marktplatz verwiesen. Geburts- oder Wohnhaus? Fehlanzeige. Ein Gymnasium immerhin trägt seinen Namen.

Mit meinen beiden großen Söhnen, zehn und zwölf Jahre alt, schaue ich mir den Brunnen an. Mayer sitzt über uns auf einem Stuhl, die Beine übereinandergeschlagen, ein Buch in der Hand, den Blick in die Ferne gerichtet. Ein gestandener Mann, ein Gelehrter, zum Diskurs jederzeit bereit. Zwei Figuren zu seinen Füßen, die

Wärme und Kraft darstellen sollen. Der Brunnenrand ist so breit, dass zwei kleine Kinder sich einen Spaß daraus machen, darauf zu balancieren. Ungebändigte Energie.

Rasch ziehen wir weiter zum »experimenta«, einem erst 2009 eröffneten Technik- und Erfahrungsmuseum für Kinder und Jugendliche. Der erste Stock ist den verschiedenen Formen der Energieerzeugung gewidmet, meine Söhne experimentieren begeistert. Zum Beispiel mit einer Miniaturwindkraftanlage, bei der man mit verschieden geformten Rotorblättern ausprobieren kann, wie schnell sie sich bei immer gleich bleibender Anströmung drehen. Sie schalten Straßenbeleuchtungen auf einer Wandtafel und lernen so den Unterschied zwischen einer Reihen- und einer Parallelschaltung. Drei Stockwerke höher und fünf Stunden später muss ich sie ermahnen, endlich aufzubrechen.

Auf dem Weg zum Parkhaus rennt Carl, mein Ältester, ein Stück, bleibt stehen und fragt: »Papa, wenn ich jetzt so renne, dann ist das ja Energie. Und wenn es nur eine Energie gibt, wo bleibt die dann?« Das ist rasch erklärt, denn er schwitzt sehr in seiner Winterjacke. Dann jedoch kommt die Frage, vor der ich mich immer gefürchtet habe: »Kann man denn die Wärme wieder zurückverwandeln in Bewegung?« Jetzt ist der Zeitpunkt, um Entropie zu erklären, möglichst ohne das sperrige Wort zu verwenden. Für dieses Buch benötigen wir es ebenfalls, denn könnte man die Wärme, die als Abwärme in technischen Prozessen stets entsteht, ohne größere Umstände wieder in mechanische oder elektrische Energie zurückverwandeln, dann müssten wir uns um die Zukunft unserer Energieversorgung ebenfalls keine Sorge machen.

EINE GUTE UND EINE SCHLECHTE NACHRICHT

Wärme lässt sich natürlich in mechanische Energie verwandeln. Das ist die gute Nachricht. Sonst würde ja die Lokomotive von Jim Knopf und Lukas auch mit Kohlebefeuerung nicht funktionieren. Allerdings gibt es keinen Wärmeumwandlungsprozess mit einem Wirkungsgrad von 100 Prozent, und das ist die schlechte Nachricht. Anders formuliert: Entweder muss ich zusätzliche Energie aufwenden, um eine Menge X an Wärme vollständig in eine andere Energieform zu bringen. Oder ich nehme gewisse Verluste in Kauf. Physiker sagen einfach: Es gibt kein Perpetuum mobile zweiter Ordnung – und nennen das den zweiten Hauptsatz der Thermodynamik.

Aber warum ist das so? Und was ist Wärme überhaupt? Wenn wir uns in der Physik vor Einstein und Planck bewegen, also vorerst annehmen, dass Atome und Moleküle (Baugruppen von Atomen) die kleinsten Bausteine der Welt sind, dann äußert sich Wärme in der Geschwindigkeit, mit der sich diese Moleküle im Raum bewegen. Wenn sich die Bausteine, wie im Fall des Stuhls, auf dem Sie gerade sitzen, nicht bewegen können, dann schwingen sie schneller hin und her. Vernachlässigen wir diesen Fall und gehen davon aus, dass sich die Luft in Ihrem Wohnzimmer erwärmt. Je wärmer es wird, desto schneller flitzen die Gasteilchen hin und her und desto unwahrscheinlicher sind sie zu einer bestimmten Zeit an einem Ort. Jeder, der schon einmal einen Kindergeburtstag mit zehn wild durch die Wohnung tollenden Sechsjährigen veranstaltet hat, wird dies nachvollziehen können. Mit dem Unterschied, dass in Ihrem Wohnzimmer Milliarden Luftmoleküle umherschwirren. Um ein aufgedrehtes Kind einzufangen, braucht man Energie und Zeit. Um Milliarden Luftmoleküle einzufangen, braucht man ebenfalls Zeit, aber unendlich viel mehr davon. Ein interessantes Gedankenexperiment hat der Heidelberger Physiker Dieter Zeh entwickelt: Lässt man 50 Moleküle in einem ansonsten leeren Raum, der in sechs gleich große Teile unterteilt ist, frei fliegen, dann dauert es 200 Billiarden Erdalter (nicht Jahre!), bis sich diese Teilchen zufällig alle zum gleichen Zeitpunkt in einer Zelle befinden.

Gase sind also Ansammlungen unordentlicher Gesellen, je wärmer, desto unordentlicher. Da es uns nicht gelingt, die Ordnung vollständig wiederherzustellen, nimmt die Unordnung – die Entropie – permanent zu. Dieser Prozess ist unumkehrbar, so wie wir mit dem Alter nicht jünger werden können. Deshalb befürchteten Physiker wie Lord Kelvin, ein Zeitgenosse und Freund Joules, dass die Erde eines Tages den Hitzetod stirbt. Glücklicherweise handelte es sich bei diesem Vorläufer der heutigen Klimadebatte um einen Irrtum, denn die Erde ist ja kein abgeschlossenes System.

Dass uns heute die Erderwärmung ernsthafte Sorgen macht, hat ganz andere Gründe. Seit dem Zeitalter der Industrialisierung wurden und werden immer mehr Menschen immer wohlhabender. Der Wohlstand basierte bislang auf dem Verbrauch fossiler Energieträger. Bevor wir uns auf die Suche nach den Ideen machen, wie wir diese fossilen Energieträger ablösen oder zumindest effektiver nutzen können, wollen wir den Zusammenhang hinterfragen: Bedeutet mehr Wohlstand auch mehr Energienachfrage? Oder funktioniert Wachstum künftig ganz anders?

WOHLSTAND MIT IMMER WENIGER ENERGIE?

»Folge der Ölkrise: Ende der Überflußgesellschaft«
Titelzeile des Spiegel vom 19. November 1973

Wissen Sie, was ein Göpel ist? Ich wusste es auch nicht, bis ich im Deutschen Museum in München den Ausstellungsbereich zu historischen Kraftmaschinen besuchte. Gleich im ersten Raum lernte ich dieses Wort, das vor 300 Jahren noch zum allgemeinen Sprachgebrauch gehörte. Denn ein Göpel ist nichts anderes als ein auf dem Boden liegendes Rad, das über eine sich drehende Welle mechanische Energie an eine Maschine weitergibt. Den Göpel bewegten Tiere oder Menschen. Benötigt wurde mit dem Rad erzeugte Antriebskraft seit dem Ende des Mittelalters vor allem im Bergbau. Der Mensch hatte begonnen, Metallerze und später auch Kohle aus dem Boden zu holen. Schnell war erkannt, dass ein großer Teil der Gruben permanent entwässert werden muss – was nur mit einer permanenten maschinellen Förderung gut funktioniert. Ein anderer Antrieb als Mensch oder Tier stand nur dort zur Verfügung, wo man ein ausreichend schnell fließendes Gewässer vorfand und ein Wasserrad aufbauen konnte. Je tiefer man die Bergbaustollen in die Erde trieb, desto größer wurden die Probleme mit dem Sickerwasser. Bis Thomas Newcomen und Thomas Savery Anfang des 18. Jahrhunderts die Dampfmaschine erfanden. James Watt, dem die Erfindung oft zugeschrieben wird, hat durch seine Weiterentwicklung in Wirklichkeit nur den Wirkungsgrad der Maschine entscheidend verbessert – auf drei Prozent! Der Siegeszug dieser Maschine erhöhte die Produktivität nicht nur im Bergbau, sondern auch in anderen Industriezweigen, vor allem in der Textilindustrie.

Später gebaute Dampfmaschinen nutzen immerhin acht bis zehn Prozent der Energie, sie waren aber zu groß, zu schwer und zu teuer für Handwerksbetriebe und kleine Manufakturen. Damit auch in solchen Betrieben Maschinenkraft genutzt werden konnte, mussten kleinere Motoren wie der Gasmotor von Étienne Lenoir (1860) und der Viertaktmotor von Nikolaus August Otto (1876) erfunden werden. Zur gleichen Zeit wurde eine weitere Form der Energie für den Menschen technisch nutzbar gemacht: die Elektrizität. 1866 entdeckte der Erfinder und Unternehmer Werner von Siemens das Dynamoelektrische Prinzip. Es besagt, dass im Eisen eines Dynamos immer ein Restmagnetismus verbleibt, so dass der Dynamo nur einen mechanischen Antrieb, aber keinen Strom benötigt, um Strom zu produzieren. In einem Brief an seinen Bruder schreibt Siemens: »Magnetelektrizität wird hierdurch sehr billig werden, und es kann nun Licht, Galvanometallurgie usw., selbst kleine elektromagnetische Maschinen, die ihre Kraft von großen erhalten, möglich und nützlich werden.«

Es ist sicher nicht verkehrt, die Geschichte der Industrialisierung als Geschichte der Energie zu schreiben. Denn es besteht kein Zweifel daran, dass unser Wohlstand – wie immer wir ihn genau definieren – dadurch entstanden ist, dass wir Maschinen für uns arbeiten lassen. Was Maschinen dafür benötigen, ist Energie, elektrische oder chemische, in Form von (meist fossilen) Brennstoffen. Dennoch wäre es unzulässig, von der Vergangenheit auf die Zukunft zu schließen, solange es sich nicht um ein immerwährendes physikalisches Gesetz handelt. Daher ist es richtig, hier alles in Frage zu stellen: Wie viel Energie benötigen wir, wenn Mitte des 21. Jahrhunderts neun bis zehn Milliarden Menschen auf diesem Planeten leben und gleichzeitig nach Wohlstand streben? Können wir diesen Wohlstand für alle auch erreichen, wenn wir weniger Energie verbrauchen?

ARM UND REICH

Beinahe im Wochentakt erscheinen neue Studien dazu, wie der Weltenergieverbrauch sich entwickeln wird. Natürlich variieren die Ergebnisse je nach Verfasser (so kommt die BP auf deutlich höhere Steigerungsraten als Greenpeace). Ein Gemeinsames haben sie jedoch: Der Energieverbrauch steigt, allen Effizienzmaßnahmen zum Trotz. Sieht man sich länderspezifische Daten an, so ist der Zusammenhang zwischen Wohlstand und Energie recht einfach: Der Durchschnittsbürger eines reichen Landes benötigt viel Energie, der eines armen Landes wenig. Das Minimum, um den Körper am Leben zu erhalten, ist eine Durchschnittsleistung von 100 Watt, so viel wie vor dem Siegeszug der Energiesparlampen eine einzige, sehr helle Glühbirne benötigte. Sehr arme Staaten liegen unter diesem Schnitt, sprich die Menschen hungern. Der Durchschnittsdeutsche liegt mit seiner Leistung um den Faktor sechzig darüber. Amerikaner und Kanadier schaffen es mit ihrem aufwändigen Lebensstil, noch einmal fast doppelt so viel Leistung abzufordern. Da der größte Teil dieses Leistungsbedarfs durch fossile Energiequellen gedeckt wird, korrelieren die Kohlendioxidemissionen fast linear mit diesen Werten: Etwa zehn Tonnen beträgt die Jahresemission des Durchschnittsdeutschen, rund 20 die eines US-Bürgers.

Wenn man den Energieverbrauch ganz deutlich reduziert, sagen wir um die Hälfte in Europa und um 75% in Nordamerika, dann ist das über einen längeren Zeitraum ohne Wohlstandsverlust in den Industriestaaten möglich. Wegweisend war das 1995 erschienene Buch »Faktor vier«, mit dem Ernst Ulrich von Weizsäcker anhand realer technischer Optionen zeigte, dass die Menschheit den doppelten Wohlstand mit halbem Ressourceneinsatz erreichen kann. Mittlerweile hat Weizsäcker auf den Faktor fünf erhöht, der einer 80-prozentige Steigerung der Ressourceneffizienz entspricht. Aber auch der genügt nicht, um unseren Lebensstandard zu wahren. »Die Erde reicht nicht aus, um alle materiellen Träume einer ständig wachsenden Weltbevölkerung zu erfüllen«, so das Resümee des Trägers eines alternativen Nobelpreises. Er trifft damit den Nagel auf den Kopf: Nur ungefähr eine Milliarde Menschen lebt heute auf unserem Wohlstandsniveau, der Rest der Menschheit wird alles dafür tun, den gleichen Wohlstand zu erreichen. Wer würde es einem Mexikaner, Chinesen oder Nigerianer denn ins Gesicht sagen wollen: »Du brauchst keinen Kühlschrank, keine Klimaanlage und schon gar kein Auto!«

»Energiesparen ist eine notwendige, aber keine hinreichende Bedingung«, sagt der Physiker Günter Hasinger, den wir im Kapitel über die Kernfusion noch näher kennenlernen werden. Eine unbequeme Wahrheit. Eine Wahrheit, die sich aus der Wohnzimmerperspektive eines Stilaltbaus in Berlin, Frankfurt oder München nicht sofort erschließt. Weil wir als Gesellschaft nicht mehr wachsen, weil wir alles haben, was wir brauchen, und manches darüber hinaus. Weil wir uns nicht schwer damit tun, ein paar Cent mehr für eine Kilowattstunde Strom zu bezahlen, wenn der ökologisch erzeugt wurde. Ein Spaziergang, zu nächtlicher Stunde in Mumbai, wäre für manchen aus der »Wir müssen alle nur etwas sparen«-Fraktion hilfreich. In keiner anderen Stadt der Welt habe ich Reichtum und erschreckende Armut so nahe beieinander gesehen.

Doch gehen wir einmal davon aus, dass mit der halben deutschen Leistung ein ordentliches Leben möglich ist, mit drei Kilowatt also. Und dass 2050 zehn Milliarden Menschen den Planeten Erde bevölkern, die alle drei Kilowatt benötigen. Dann beträgt die durchschnittliche Weltenergienachfrage 30 Milliarden Kilowatt oder 30 000 Gigawatt – die sind der bessere Maßstab, weil der Block eines modernen Kohlkraftwerks bis zu einem Gigawatt leistet. 30 000 Kohlewerksblöcke, das wäre eine ganze Menge, verglichen mit den rund 7000, die weltweit am Netz sind. Außerdem benötigt man die Energie ja nicht nur in Form von Strom, sondern auch als Wärme und als Treibstoff. Hasinger rechnet mit 12 000 Gigawatt, die in Form von Strom zur Verfügung stehen müssten. Also nur 12 000 Kohlekraftwerke? Ersetzen wir das Kohlekraftwerk versuchsweise durch Windkraftanlagen. Nicht irgendwelche, sondern die leistungsstärksten, die heute auf dem Markt sind: Sie leisten in der Spitze bis zu 5 Megawatt, man braucht demnach 200 Windkraftanlagen, um den Block eines Kohlekraftwerks zu ersetzen. Also stellen wir 2,4 Millionen Windkraftanlagen auf, und zumindest für die Stromerzeugung ist das Problem gelöst.

Oder doch nicht? Zum einen ist die durchschnittliche Leistung bei einer Windkraftanlage – wie auch bei allen Formen von Solarenergie – nicht identisch mit der Spitzenleistung. Mal weht der Wind zu schwach, manchmal auch so stark, dass man die Rotoren aus dem Wind nehmen muss, um sie vor Beschädigung zu schützen, wie man es mit Segeln bei einem Orkan tut. Die durchschnittliche Leistung liegt also eher bei einem Viertel, was bedeutet, dass wir vorsichtshalber zehn Millionen Windkraftanlagen aufstellen. (In der Realität liefern die heutigen deutschen Windkraftanlagen im Jahr 2010 durchschnittlich 16,3 Prozent ihrer Nennleistung.) Und dann ist da noch der Faktor Zeit: Bis 2050 sind es ungefähr 38 Jahre oder knapp 14 000 Tage. Um zehn Millionen Windkraftanlagen aufzustellen, müssen wir uns also ziemlich beeilen und im Schnitt gut 700 Anlagen pro Tag hochziehen.

Nun kommt niemand auf eine so absurde Idee, den kompletten Strom nur aus Windkraft zu beziehen. Außerdem wird es in den kommenden Jahrzehnten natürlich technische Fortschritte geben. Aber es hilft, sich vor Augen zu führen, wie groß der Handlungsbedarf selbst dann ist, wenn wir uns eine strenge Energiediät verordnen.

WARUM ENERGIESPAREN TROTZDEM SINNVOLL IST

Nahezu alle Ideen, neue Energiequellen zu erschließen, kosten mehr Geld als die heutigen Verfahren, die ganz überwiegend auf fossilen Energieträgern basieren. Und selbst wenn wir uns an einen Ölpreis von 100 und mehr Dollar pro Barrel Rohöl gewöhnen: Öl, Gas und Kohle sind billig, und es wird lange dauern, bis tatsächlich eine Verknappung eintreten wird.

Energiesparen kostet auch Geld, aber die Amortisationszeit, etwa für die verbesserte Wärmedämmung eines alten Hauses, führt meist nach wenigen Jahren zu einer positiven Bilanz. Allein in Deutschland, so eine Gemeinschaftsstudie von E.ON mit dem Wuppertal Institut für Klima, Energie, Umwelt, könnten 120 Millionen Tonnen Kohlendioxid jährlich wirtschaftlich vermieden werden. Das heißt, dass die Mehrkosten für energiesparende Produkte im Lauf der Lebenszeit wieder hereingeholt würden. 120 Millionen Tonnen CO_2, das entspricht etwa der Menge, die acht Millionen Pkw pro Jahr emittieren.

Das ersparte Geld kann man aufs Konto legen, verkonsumieren oder dazu nutzen, die höheren Kosten erneuerbarer Energien zu finanzieren. So argumentiert zumindest Professor Peter Hennicke, langjähriger Leiter des Wuppertal Instituts. Er hält es sogar für zwingend notwendig, alle Einsparpotenziale zu nutzen, um damit erneuerbare Energien »wirtschafts- und sozialverträglich« zu machen. Nur durchs Sparen können engagierte Klimaschutzziele und der Ausstieg aus der Atomenergie gleichzeitig bewältigt werden.

Eine einfache Modellrechnung von Professor Klaus Lackner, Columbia-Universität, zeigt, wie groß das Potenzial des Sparens ist: Wächst die Wirtschaft, gemessen am Bruttosozialprodukt bis zum Jahr 2100 um 1,6 Prozent pro Jahr, dann vierfacht sich der Energieverbrauch bei konstantem Energieeinsatz je produzierter Einheit. Schaffen wir es aber, die Energieeffizienz nur ein wenig mehr zu steigern als die Wirtschaftsleistung, nämlich um zwei Prozent pro Jahr, dann steigt der Energieverbrauch bis zum Ende des Jahrhunderts nur um den Faktor zwei. Allerdings ist Lackner, wie viele Wissenschaftler, denen ich bei meiner Recherche begegne, sich seines eigenen Unwissens bewusst. »Der Weltenergiebedarf wird künftig irgendwo zwischen 15 Terrawatt – dem Stand heute – und 100 Terrawatt liegen.«

EXKURSION: DIE WÜSTE LEBT

Beim Landeanflug auf Las Vegas habe ich einen Fensterplatz. Farbenfroh leuchtet mir der Strip entgegen, die Flaniermeile der Vergnügungsstadt. Kaum zu glauben, dass die ersten Siedlertracks, die durch das südliche Nevada zogen, der Überzeugung waren, hier könne kein Leben gedeihen. Es kann. Aber warum ist das so, trotz Temperaturen von mehr als 110 Grad Fahrenheit bei einer Luftfeuchtigkeit von zehn Prozent?

Zunächst war es ein geologischer Glücksfall, der die Besiedlung einer der trockensten Wüsten der Welt ermöglichte. Denn im Tal von Las Vegas, nur wenige Hundert Meilen vom »Death Valley« entfernt, war über Jahrtausende ein reiches Grundwasserreservoir entstanden, das sich aus dem Schmelzwasser nahe gelegener Gebirge speist. An einzelnen Stellen bildeten sich natürliche Quellen, die grüne Inseln im Wüstenmeer schufen. Die ersten Pioniere glaubten zunächst an eine Fata Morgana, dann an ein Wunder. Als das Grundwasser entdeckt wurde, explodierte die Stadt förmlich. Lebten 1900 noch rund 30 Siedler in Las Vegas, waren es 15 Jahre später schon 5000. Die Stadt wurde zu einem wichtigen Eisenbahn-Knotenpunkt, zur perfekten Zwischenstation auf dem Weg nach Los Angeles.

Doch rasch wurde das Wasser knapp. Man begann darüber nachzudenken, es aus dem 30 Meilen östlich gelegenen Colorado River abzuzweigen. Der wiederum machte den Farmern, die sich an seinen Ufern niedergelassen hatten, schwer zu schaffen. Da der Fluss im weit entfernten Bundesstaat Colorado entspringt, führte er im Frühjahr das Schmelzwasser unzähliger Berge mit sich, was vor allem nahe der Mündung in Kalifornien riesige Überschwemmungen verursachte.

In den zwanziger Jahren suchte Handelsminister Herbert Hoover, studierter Bergbauingenieur und zwischen 1929 und 1933 der 31. Präsident der USA, nach einem geeigneten Ort für einen Staudamm. Er fand ihn in der Nähe der heutigen Kleinstadt Boulder City. Ab Baubeginn 1931 entstand in nur vier Jahren ein Bauwerk der Superlative. Für mehr als 30 Jahre war der Hoover-Damm der größte Staudamm der Welt. Bis 1949 hielt er außerdem seine Position als weltweit größtes Elektrizitätswerk. Der dahinter liegende Lake Mead ist heute noch der größte von Menschenhand geschaffene See der USA. Das Trinkwasser in Las Vegas stammt ganz überwiegend aus dieser Quelle.

Als auf der Anfahrt zum Hoover-Damm der See plötzlich sichtbar wird, tiefblau zwischen Wüstenbergen, staune ich ähnlich wie die ersten Siedler beim Anblick der Quellen im heutigen Las Vegas. Das Bauwerk selbst ist trotz seiner Ausmaße von erstaunlicher ästhetischer Leichtigkeit. Die Staumauer mit einer Höhe von mehr als 200 Metern und einer Länge von 380 Metern an der Krone stemmt sich einem See entgegen, der 35 Milliarden Kubikmeter Wasser fasst.

Ein unerschöpfliches Reservoir? Ich bin erstaunt, dass der Wasserspiegel deutlich niedriger liegt als auf den Fotos, die ich zuvor im Internet gesehen habe. Vor Ort erfahre ich, dass der Colorado seit einigen Jahren deutlich weniger Wasser führt. Im Schnitt laufen die 17 Turbinen des Kraftwerks daher nur mit 75 Prozent der maximalen Leistung, die in Summe etwas über zwei Gigawatt beträgt. Dabei kommt jedoch immer noch mehr Strom heraus, als ein durchschnittliches Atomkraftwerk produziert. Nur etwa ein Prozent davon kommt in Las Vegas an – die Stadt hatte sich, das eigene Wachstum nicht vorhersehend, nur einen geringen Anteil an der Erzeugung gesichert.

Las Vegas, von den Amerikanern auch »Sin City« (Stadt der Sünde) genannt, braucht in den frühen Abendstunden mehr als fünf Gigawatt elektrischen Strom. Das ist so viel, als würde jeder Einwohner – eine halbe Million Menschen leben im Stadtgebiet – gleichzeitig zehn Staubsauger laufen lassen. Der wesentliche Treiber für den Energieverbrauch ist aber weder besondere Reinlichkeit noch die vielen Neon-Reklameschilder, die sowieso immer öfter aus hocheffizienten Leuchtdioden bestehen. Es sind die Klimaanlagen, die im Sommer bei Außentemperaturen von 45 Grad Celsius in den Casinos, Einkaufszentren und Büroräumen für angenehme Kühle sorgen.

Trotzdem muss es kein Traum bleiben, eine so energieintensive Stadt wie Las Vegas mit erneuerbaren Energien zu versorgen. Nevada hat sich 2009 ehrgeizige Ziele gesetzt: Bis 2025 muss jede vierte Kilowattstunde regenerativ erzeugt werden, der Anteil steigt dabei jedes Jahr. Schon 2016 müssen sechs Prozent des Stroms aus Solarenergie stammen.

Anders als in Deutschland, wo die Produzenten erneuerbarer Energien einen festen Betrag je Kilowattstunde vergütet bekommen, schreibt Nevada dem quasi-monopolistisch agierenden Energieversorgungsunternehmen NV Energy diese Quoten vor. Tom Fair, Vizepräsident für erneuerbare Energien bei NV Energy, erläutert, warum er dieses Vorgehen bevorzugt. Es ermögliche ihm, sich verschiedene Projektideen unabhängiger Unternehmen anzusehen und dann Abnahmeverträge mit den Produzenten zu schließen, die ihm den Strom aus erneuerbaren Quellen am kostengünstigsten zuliefern.

»Typisch Amerikaner, es geht wieder nur ums Geld!«, könnte man sagen. Aber simple Vorurteile führen auch hier nicht ans Ziel. Die strengen behördlichen Vorgaben führen dazu, dass Solarstrom in Nevada nicht nach dem Motto »Koste es, was es wolle« erzeugt wird. Statt einzelner kleiner Module entstehen immer mehr große Solarfarmen, die mit bestmöglichem Wirkungsgrad zu vertretbaren Kosten produzieren.

Ganz vorn dabei ist die Kommune Boulder City, die Staudamm-Stadt, die gleich mehrere Standortvorteile in die Waagschale werfen kann: erstens viel Sonne. Vor einer Kneipe hängt das Schild: »Wenn die Sonne nicht scheint, geht das erste Getränk aufs Haus.« Bei durchschnittlich 308 Sonnentagen im Jahr kann das kein Verlustgeschäft sein. Zweitens Stromleitungen. Denn Solarwerke, die ein halbes Gigawatt Spitzenleistung in den Mittagsstunden erzeugen können, müssen die vielen Elektronen irgendwie abtransportieren können. Und da ist es natürlich von Vorteil, wenn aufgrund des nahen Wasserkraftwerks die Stromautobahn schon steht. Drittens hat die Gemeinde rechtzeitig ausreichend Fläche in einem breiten, unbebauten Tal gekauft.

Wer auf dem Highway 95 Richtung Süden fährt, wird schon von der Straße aus die beiden Solarfarmen sehen, die derzeit als Renommierprojekte gelten. Nachdem man auf den »Eldorado Valley Drive« eingebogen ist, trotz des vielversprechenden Namens ein einfacher staubiger Wirtschaftsweg, sieht man rechts eine große silbern glänzende, links eine ähnlich große schwarze Fläche, jeweils mit einem größeren Gebäudekomplex. Erstmals verstehe ich, warum man von Farmen spricht.

Die silberne Fläche, das ist »Nevada Solar One«, mit einer Maximalleistung von 64 Megawatt das – zumindest während ich dies schreibe – zweitgrößte Solarthermiewerk der USA. Seine Inbetriebnahme 2007 markierte einen Wendepunkt für eine Technologie, die lange Zeit irgendwie interessant, aber nicht wirtschaftlich erschien. Zuvor war zwanzig Jahre lang kein solches Werk in den USA gebaut worden. Bei Solarthermiewerken wird – in diesem Fall durch Spiegel in Form einer Dachrinne – eine Flüssigkeit so weit erhitzt, dass sie verdampft. Mit dem Dampf wird eine Turbine angetrieben, ganz so wie in einem Kohlekraftwerk.

Die Solarthermie konkurriert mit der Photovoltaik, der Technik, bei der ein Halbleiter bei Sonneneinstrahlung direkt Strom erzeugt.

Und diese Konkurrenz befindet sich direkt auf der anderen Straßenseite. Die Ernte beträgt maximal 48 Megawatt, also etwas weniger, die »Kupferberg-Solarfarm« stellt aber Anfang 2011 dennoch die größte Photovoltaikanlage der Vereinigten Staaten dar. Die schwarz glänzenden Solarmodule sind in Dünnschichttechnik ausgeführt – eine recht kostengünstige Bauart, die zwar nur rund zehn Prozent des einfallenden Sonnenlichtes nutzen kann, jedoch in den letzten Jahren zunehmende Verbreitung gefunden hat.

Die beiden Werke werden in der Las-Vegas-Region nicht allein bleiben. Insgesamt hat das zuständige US-Innenministerium Ende 2010 den Bau neuer Solarprojekte mit einer Gesamtleistung von mehr als 3,5 Gigawatt genehmigt. Zusätzlich kündigte der Energieminister Steven Chu im Dezember 2010 an, mehr als 50 Millionen Euro in ein Solar-Forschungsprogramm zu stecken. Das Ziel ist auch hier, die Kosten durch Neuentwicklungen zu senken. Als Testgelände wird das »Nationale Sicherheitsgelände Nevedas« dienen – ein ehemaliges Atomtestgelände, das ungefähr die Fläche Berlins beansprucht.

Nevada ist auch ein Lehrstück über Zivilisation. Am Hoover-Damm findet sich eine kleine Gedenktafel für die mehr als 100 Arbeiter, die auf der Baustelle ums Leben kamen: »Sie sind gestorben, um die Wüste blühen zu lassen.« So würde dies heute – glücklicherweise – niemand mehr ausdrücken. Aber der Mensch hat die Kraft, auch sehr unwirtliche Landschaften zu besiedeln. Er benötigt dazu Wasser und Energie, nicht mehr, aber auch nicht weniger. Nun ist Wasser nicht Thema dieses Buches, aber es gibt, gerade in Wüstenregionen, einen Zusammenhang. Der besteht auch darin, dass man Meerwasser entsalzen und zu kostbarem Trinkwasser machen kann, wenn man über die dafür erforderliche Energie verfügt. Ein wesentliches Argument der Europäer übrigens, um nordafrikanischen Staaten das Desertec-Projekt schmackhaft zu machen.

Anhand des Wassers kann man, besser noch als anhand der Energie, deutlich machen, wie schnell Ressourcen bei übermäßiger Inanspruchnahme versiegen. Als nach der ersten Besiedlungswelle das Grundwasser nach Hunderten von Bohrungen weniger wurde, hat man sich mit dem Hoover-Damm beholfen. Nun aber sinkt der Wasserspiegel im Lake Mead nach einer zwölfjährigen Trockenperiode bedrohlich. Noch um etwa drei Meter darf er fallen, dann müsste das ohnehin schon mit verminderter Leistung arbeitende E-Werk ganz abgeschaltet werden. Zu groß wäre die Gefahr, dass Luftblasen in die Turbinen geraten, dort plötzlich zerplatzen und dabei Teile der Anlagen zerstören. Amerikanische Wissenschaftler führen die Trockenperiode auf den Klimawandel zurück und prognostizieren mit einer Wahrscheinlichkeit von 50 Prozent, dass der Lake Mead bis zum Jahr 2021 völlig ausgetrocknet sein wird. Für die Stadt Las Vegas wäre das existenzbedrohend. Nicht wegen des fehlenden Stroms, sondern aufgrund des dann viel schwerer zu importierenden Wassers.

Ein weiterer Akt des Lehrstücks besteht darin zu erkennen, dass der Mensch die Natur im Zivilisationsprozess formt. Der Hoover-Damm ist zwar der größte, aber letztlich nur einer von vielen Eingriffen in den natürlichen Lauf des Colorado River: Flussauf- und -abwärts liegen ein Dutzend weiterer Dämme und außerdem noch zwei Fließwasserkraftwerke. Aber auch die Solarfarmen werden das Erscheinungsbild der Region prägen, wenn sie denn einmal einen wesentlichen Anteil an der Energieerzeugung der Region erreicht haben. Verglichen mit dem – zumindest im Zentrum mit Kratern übersäten – Atomwaffen-Testgelände ein milder Eingriff, zugegeben. Dennoch wird über ihn zu Recht diskutiert. »Für Sie mag das aussehen, als sei hier nichts als Dreck und Staub«, so Tom Fair. »Aber es gibt Menschen, die sehen darin ökologisch höchst sensible Gebiete.«

Es ist eine Frage der Perspektive. Aus dem Flugzeug sieht man tatsächlich nichts als Fels und Sand, in dieser Reihenfolge. Beim Wandern durch einen Naturpark hingegen sehe ich eine viel dichtere Vegetation, als ich gedacht hätte. Die Joshua-Bäume mit ihren dicken, behaarten Stämmen und den kleinen Palmblatt-Kronen mögen besonders spektakulär sein. Empfindlicher sind die Flechten und Moose, die die Felsen überziehen und 300 Jahre brauchen, um nach einer Zerstörung wieder zur alten Größe zu gedeihen.

Dennoch: Um Wasser und Energie für unsere Zivilisation zu nutzen, sind Eingriffe in den Naturhaushalt unumgänglich. Die Frage ist nur, wie wir diese Eingriffe so gestalten, dass diese Erde lebenswert bleibt. Für uns und für (möglichst) alle anderen Lebewesen.

Außerdem stellt sich die Frage, wie wir eine Umstellung auf eine kohlendioxidarme, perspektivisch sogar -freie Energiewirtschaft bezahlen wollen. Oder anders formuliert: wie wir möglichst wenig von unserem Wohlstand abgeben müssen, um Energie sauber zu erzeugen. Eine ökonomische Frage also, der ich in Bonn nachgehe.

»DEM KOHLENDIOXID EINEN PREIS GEBEN«

Eine Villa aus den zwanziger Jahren. Einst schlug hier das Herz der alten Bundesrepublik, nur wenige Minuten sind es zu Fuß ins ehemalige Kanzleramt. In der Villa residierte früher der ägyptische Botschafter, jetzt gehört das Haus Solar-Multimillionär Frank Asbeck. Vermietet hat er es an das Max-Planck-Institut zur Erforschung von Gemeinschaftsgütern. Hier forscht und publiziert Carl Christian von Weizsäcker, Neffe des ehemaligen Bundespräsidenten. Der zum Zeitpunkt meines Besuchs 72-Jährige leitete lange Zeit das renommierte energiewirtschaftliche Institut an der Universität Köln, zuletzt entfachte er 2009 eine heftige Debatte, als er in der FAZ für eine rationale Klimapolitik warb.

Seine Grundidee ist schlicht: Alle Staaten, die nennenswerte Mengen an Kohlendioxid emittieren, also vor allem die OECD-Staaten und die BRIC-Länder (Brasilien, Russland, Indien und China), setzen sich mit der OPEC an einen Tisch und vereinbaren eine Obergrenze für das jährlich ausgestoßene Kohlendioxid. Diese Menge wird dann in Form von Zertifikaten an alle Länder verteilt, und zwar langfristig proportional zur Einwohnerzahl. Weil aber momentan die reichen Länder pro Kopf deutlich mehr Kohlendioxid ausstoßen, erhalten sie zu Beginn auch mehr der begehrten Zertifikate. Dafür zahlen sie in einen Fonds ein, der mit diesem Geld Zertifikate kaufen kann, und zwar so, dass der Preis für eine Tonne Kohlendioxid immer rund 45 Euro beträgt – das wäre etwa das Dreifache des heutigen Preises im europäischen Emissionshandel. Damit bekommt das Klimagas CO_2 einen weltweit einheitlichen Preis, der es den einzelnen Energieerzeugern erlaubt, in neue Technologien zu investieren. Der Clou an einem solchen System: Es setzen sich solche Technologien durch, die besonders preiswert saubere Energie erzeugen.

»Warum sollte ein Emissionshandelssystem besser sein als ein Quotensystem oder eine Einspeisevergütung?«

»Das ist klassische Ökonomie. Der Charme liegt darin, dass man dem CO_2 einen Preis gibt. Derjenige, der das CO_2 nicht einspart, zahlt einen bestimmten Preis. Wenn er zu Kosten, die unter diesem Preis liegen, CO_2 einsparen kann, dann wird er es machen. Es gibt kein anderes administratives System, das diese Intelligenz hat.«

»Das funktioniert aber nur, wenn man Verlagerungseffekte vermeidet, also zum Beispiel energieintensive Branchen nicht auswandern können.«

»Das muss ein weltweites System sein. Wenn wir das alleine machen, haben wir das Problem, dass energieintensive Branchen anderswo sogar noch mehr CO_2 produzieren. Weil wir kein weltweites System haben, versucht man beim europäischen Handel Unternehmen, die besonders energieintensiv produzieren, von der Verpflichtung auszunehmen, Lizenzen zu erwerben. Das ist aber eine unschöne Geschichte: Wie soll man die frei zugeteilten Mengen zumessen? Was, wenn ein bestimmtes Unternehmen dynamisch wachsen könnte, aber nicht genügend freie Lizenzen besitzt?«

»Wie sieht die zweitbeste Lösung für die Zwischenzeit aus?«

»Der Weg dahin ist gespickt mit politischen Rücksichtnahmen, ein idealer Übergang ist nicht zu erwarten. Auch wenn ich da gelegentlich von Zweifeln heimgesucht werde, ist es sinnvoll, wenn Europa jetzt als Vorreiter weitermacht, das aber in Maßen, also so, dass es nicht zu massiven wirtschaftlichen Verwerfungen kommt. Wichtig ist, dass so etwas wie ein Preisbewusstsein überhaupt entsteht.«

Die Einspeisevergütungen, die das deutsche Erneuerbare Energien-Gesetz (EEG) für die Produzenten regenerativ erzeugten Stroms vorsieht, hält von Weizsäcker für völlig verkehrt. Zum einen, weil es seiner Ansicht nach nicht mit den Grundprinzipien der Marktwirtschaft vereinbar ist, wenn ein Produzent eine Abnahmegarantie für sein Gut – in diesem Fall den Strom – erhält. In einem 2008 geführten Interview mit der Wirtschaftswoche hat er dieses Gesetz sogar mit Zwangsernährung verglichen. Zum anderen verweist von Weizsäcker auf den »Sinn«-Effekt. Der Chef des Wirtschaftsforschungsinstituts ifo, Hans-Werner Sinn, hatte in seinem Buch »Das grüne Paradoxon« darauf aufmerksam gemacht, dass die Besitzer von Rohstoffvorkommen wie Kohle oder Erdöl ihren wirtschaftlichen Vorteil auf jeden Fall nutzen wollen und diese Rohstoffe konsequent fördern. Die Förderung erneuerbarer Energien führt daher nicht zu einem Verbrauchsrückgang, sondern zu einem Preisrückgang der fossilen Rohstoffe. Besonders schlimm wird es, wenn die Anbieter fossiler Rohstoffe erwarten, dass erneuerbare Energieträger künftig noch stärker gefördert werden und der Preis weiter sinkt, denn dann haben sie einen Anreiz, möglichst schnell möglichst viel zu fördern. Das grüne Paradoxon besteht also darin, dass die Förderung erneuerbarer Energie zu einem Mehrverbrauch fossiler Energieträger führen kann.

»Der Sinn-Effekt klingt plausibel, ist er aber auch in der Praxis nachzuweisen?«

»Das ist schwierig, denn der Verbrauch an fossilen Energien steigt ja nach wie vor. Es fällt daher schwer festzustellen, wo deren Preis läge, wenn es die erneuerbaren Energien und die Kernkraft nicht gäbe. Aber würde man eine solche Berechnung anstellen, dann käme wohl heraus, dass der Preis fossiler Energien höher wäre, mit der Folge, dass der Verbrauch geringer wäre. Man muss das Argument allerdings dahingehend abschwächen, dass das Angebot natürlich nicht unelastisch ist, sprich, dass in der Realität die Menge an Gas und Öl, die gefördert wird, natürlich auch vom Preis abhängt. Also wird bei hohen Preisen auch mehr gefördert. Und umgekehrt wird weniger gefördert, wenn durch den Einsatz erneuerbarer Energien und der Kernkraft die Nachfrage sinkt. Aber eben nicht eins zu eins.«

»Die Befürworter der Einspeisevergütungen verweisen auf Hunderttausende Arbeitsplätze, die durch die Förderung erneuerbarer Energien in Europa entstanden sind. Gibt es nicht erhebliche positive wirtschaftliche Effekte durch das EEG?«

»In seiner primitivsten Form ist das ein dummes Argument. Denn je ineffizienter eine Energieform ist, desto mehr Arbeitsplätze entstehen, um ein Kohlekraftwerk zu ersetzen. Das ist volkswirtschaftlich insofern Unfug, als dass der Investor zwar in der kurzen Zeit der Errichtung, zum Beispiel einer Fotovoltaik-Anlage, Arbeitsplätze schafft. Aber in den zwanzig Jahren, in denen er anschließend den Strompreis nach oben treibt, gehen durch die erhöhten Energiekosten Arbeitsplätze verloren. Das lässt sich vergleichen mit den Staatsschulden, die durch den Bau einer Straße entstehen. Auch die schafft Arbeitsplätze, vermindert aber in den kommenden Jahren die Staatsnachfrage, weil der Staat die Schulden abbauen muss. Intelligenter kann man argumentieren, indem man sagt: Wir stehen im internationalen Wettbewerb und wir helfen der heimischen Industrie bei den Stückkosten, indem wir einen Heimatmarkt schaffen. Das ist dann eine Exportsubvention, weil die Hersteller dann zu Grenzkosten exportieren können. Dieses Argument ist im Kern nicht falsch, man kann aber nicht die gesamte Industrie so organisieren, sonst schaffen Sie die Marktwirtschaft ab.«

»In den Vereinigten Staaten haben einige Bundesstaaten feste, jedes Jahr steigende Quoten für erneuerbare Energien vorgeschrieben.«

»Dafür habe ich ein gewisses Verständnis. Dann treten die verschiedenen Formen erneuerbarer Energieerzeugung als Konkurrenten gegeneinander an. Es stellt sich heraus, wer das am günstigsten machen kann. So etwas ist weniger dirigistisch als das, was wir mit der Einspeisevergütung machen. Aber auch das bleibt imperfekt, denn es gibt keine Anreize, die CO_2-Emissionen aus fossilen Energieträger zu mindern.«

»Warum ist Preisstabilität bei den Emissionsrechten so wichtig?«

»So starke Schwankungen wie im derzeitigen europäischen System machen es jedem, der in CO_2-sparende Technologien investieren will, ungeheuer schwer. Deshalb sollte ein Fonds dafür sorgen, dass der Preis innerhalb einer Bandbreite von 40 bis 50 Euro bleibt. Da die Verweildauer von CO_2 in der Atmosphäre so lang ist, entscheidet nicht die Emission in einem bestimmten Jahr, sondern die kumulierte. Also reicht es, dass man den Preis allmählich anhebt, falls sich die gewünschten Effekte nicht einstellen.«

»Wie kommen Sie auf den Preis von 45 Euro je Tonne CO_2?«

»Das müsste man sicher genauer berechnen, wenn es wirklich ernst wird. Idealerweise kennt man dazu die Kosten des Klimawandels – auch hier gibt es Grenzkosten, sprich jede weitere Tonne CO_2 verursacht höhere Kosten als die vorangegangene. Das gilt aber auch für die Vermeidungskosten. Der optimale Preis liegt also theoretisch dort, wo die Kosten für die Vermeidung einer Tonne CO_2 genauso hoch sind wie die Schäden, die durch diese Tonne verursacht werden. Wenn man allerdings ein quantitatives Ziel hat, also zum Beispiel die voraussichtliche Erderwärmung auf zwei Grad begrenzen will, dann wird der Preis durch Angebot und Nachfrage gebildet, das Angebot ist dabei auf eine gewisse Maximalmenge CO_2 begrenzt. Man muss sich allerdings darüber im Klaren sein, dass der Preis nicht so hoch sein darf, dass die einzelnen Mitgliedsstaaten starke Anreize haben, falsche Zahlen zu melden oder ganz auszusteigen.«

»Sollte der Staat einzelne Technologien besonders fördern?«

»Technologieförderung sollte immer direkte Förderung sein, also die Entwicklung einer Technologie finanzieren. Wir wissen, dass jede Technologie, die sich auf dem Markt einmal etabliert hat, mit der Zeit immer effizienter wird. Das galt schon für den mechanischen Webstuhl. Problematisch ist, wenn der Staat in Erwartung einer Lernkurve eine bestimmte Technologie in den Markt drückt. So wie dies mit dem Erneuerbare-Energien-Gesetz (EEG) in Deutschland passiert. Das halte ich für kein gutes System: Es ist sehr teuer und führt mittlerweile ja auch zu erheblichen Diskussionen in der Öffentlichkeit.«

»Für was also sollten deutsche Ministerien Forschungsgelder ausgeben?«

»Neben den erneuerbaren Energien halte ich vor allem »Clean Coal« für prioritär. Schon aufgrund der Braunkohlevorkommen in Deutschland.«

Weizsäcker argumentiert strikt rational, so wie man es von einem Ökonomen erwartet. Wenig Leidenschaft ist zu verspüren. Manchmal verwendet er Formulierungen – »Der Zug ist ja schon abgefahren« –, die einen Anflug von Resignation spüren lassen. Irgendwann frage ich ihn, ob er das Gefühl habe, gegen Windmühlen zu kämpfen. Er lacht, zum ersten Mal. Seinen Forschungsschwerpunkt hat Weizsäcker mittlerweile verlagert: Er sucht nach Indikatoren, mit denen man die Qualität staatlichen Handels messbar machen kann. Zwischen dem nackten Wert des Bruttosozialproduktes und »Happiness«-Faktoren, wie sie die Glücksforschung vorschlägt, will er einen dritten Weg finden.

Man kann die von Weizsäcker angestrebten höheren Preise für die Kohlendioxidemissionsrechte den Kosten für einzelne Technologien gegenüberstellen. Für die Umwelt ist jede vermiedene Tonne CO_2 gleich wichtig. Für die Volkswirtschaft spielt es aber durchaus eine Rolle, wie hoch die von den Bürgern und Industrieunternehmen zu tragenden Energiekosten sind. Eine Studie des Darmstädter Ökoinstituts hat 2007 verschiedene Formen der Stromerzeugung daraufhin verglichen, wie hoch die Kosten je vermiedener Tonne Kohlendioxid sind. Würde man streng nach Kosten-Nutzen-Relation vorgehen, müsste man demnach zunächst alle Kohle- und Gaskraftwerke mit einer Kraft-Wärme-Kopplung versehen, damit die Wärme, die in den Kraftwerken entsteht, nicht verpufft, sondern genutzt und von Abnehmern bezahlt wird. Als Nächstes gälte es alle Effizienzmaßnahmen auszureizen, denn die kosten im Mittel nur fünf Euro je nichtemittierter Tonne Kohlendioxid. Unterhalb der 40-Euro-Schwelle bleiben ansonsten nur Kernkraftwerke, Wasserkraftwerke, Windkraftanlagen auf offener See sowie Blockheizkraftwerke, die mit Biogas betrieben werden. Am teuersten wäre nach der Studie übrigens ein Solarstromimport aus Spanien mit mehr als 60 Euro je Tonne vermiedenen Kohlendioxids. Ein halbes Jahrzehnt später haben sich natürlich bei einigen Technologien die Kosten verringert, daher müsste man eine solche Analyse fortlaufend erstellen. Kosten-Nutzen-Betrachtungen führen auf jeden Fall zu rationalen Entscheidungen statt emotionalen Schnellschüssen.

»DIE ZEITEN BILLIGER ENERGIE SIND VORBEI«

Die Anzahl der Prognosen und Studien zur Energiezukunft scheint unendlich. Nicht einmal während der Arbeit an diesem Buch schaffe ich es, alle jene zu lesen, die im Tagestakt auf meinem Schreibtisch landen. Aber es muss ja einen Absatzmarkt für die fleißigen Ersteller all dieser Powerpoint-Folien und Tabellenwerke zu geben. Ein wichtiger Teilmarkt sind dabei wir Journalisten. Denn jede Nachricht, die mit einer plakativen Zahl arbeiten kann, hat höhere Chancen, gelesen zu werden. Und was zählt mehr als Aufmerksamkeit in einer Welt des medialen Überflusses?

Studie ist aber nicht Studie, in Sachen »Energie der Zukunft« gibt es eine höchste Autorität: den einmal im Jahr von der Internationalen Energieagentur (IEA) erstellten »World Energy Outlook«. Früher diente dieser Ausblick vor allem der Beobachtung der Ölpreisentwicklung. Die Gründung der IEA durch die führenden Industrienationen der Welt war eine Reaktion auf die erste Ölkrise Anfang der siebziger Jahre. Die in Paris ansässige Organisation sollte ein Gegengewicht zum Erzeugerkartell OPEC bilden und sich unter anderem darum kümmern, dass die strategischen Reserven stets für mindestens 90 Tage reichen. Folglich hatte die IEA einst den Ruf, ähnlich schwach an erneuerbaren Energien interessiert zu sein wie ihr ölproduzierender Gegenpart. Das hat sich gewandelt, spätestens seit Nuobo Tanaka im Jahr 2007 die Leitung der Agentur übernommen hat. Er war es, der auf dem Klimagipfel in Kopenhagen 2009 an die Staatschefs appellierte, es sei höchste Zeit, mit dem Umbau des Energiesystems zu beginnen. Wolle man das Ziel von zwei Grad maximaler Erderwärmung erreichen, müsse sofort gehandelt werden. Abwarten ginge zwar auch, aber dann müssten die Maßnahmen nach 2020 so radikal sein, dass das Ganze 7000 Milliarden Euro mehr kosten würde, eintausend Euro je Erdenbürger.

Um zu solchen Aussagen zu gelangen, arbeiten die Statistiker der IEA mit mehreren Szenarien. Neben die Extrembetrachtungen »Current Policies« (weiter so) und »450 Scenario« (die CO_2-Konzentration in der Atmosphäre wird auf 450 von einer Million Teilchen stabilisiert) tritt seit 2010 eine weitere, das »New Policies Scenario«. Es geht davon aus, dass die in Kopenhagen grundsätzlich vereinbarten Klimaziele überwiegend in konkretes politisches Handeln überführt werden. Der Energiebedarf steigt in dieser Zukunftsversion um 1,2 Prozent pro Jahr. Ein deutlicher Fortschritt, legte doch der Verbrauch in den vergangenen drei Jahrzehnten jedes Jahr um zwei Prozent zu. Das Wachstum der Energienachfrage bis 2035 wird nicht mehr von den Industriestaaten getrieben, sondern von den neuen Industrieländern, ganz besonders von China, das 22 Prozent des Weltenergieverbrauchs verantworten wird, dicht gefolgt von Indien mit 18 Prozent.

Auch wenn sich die Nutzung erneuerbarer Energien bis 2035 verdreifacht, führt der insgesamt wachsende Energiebedarf dazu, dass sich ihr Anteil weltweit nur verdoppelt. Öl stellt aber nach Angaben der IEA auch in einem Vierteljahrhundert noch 28 Prozent der Primärenergie zur Verfügung. Und das, obwohl der Ölpreis sich – in heutiger Kaufkraft ausgedrückt – auf 113 Dollar je 159-Liter-Fass einpendeln wird. Anders ausgedrückt: Der heutige Rekordwert ist dann Alltag.

Paris. Bei der Anreise zum Gespräch mit IEA-Direktor Tanaka bin ich deutlich nervöser als vor anderen Interviewterminen. Es ist Ende März, nur drei Wochen nach Erdbeben, Tsunami und Reaktorkatastrophe in seinem Heimatland. Werde ich die richtigen Worte finden? Als ich das Gebäude der IEA betrete, eine in Beton gegossene Zukunftsphantasie der siebziger Jahre, habe ich längst beschlossen, offensiv mit dem Thema umzugehen.

»Lassen Sie mich zunächst mein Mitgefühl für das Leid aussprechen, das Ihrem Volk widerfahren ist.«

»Herzlichen Dank für Ihre Anteilnahme. Eine Katastrophe dieses Ausmaßes hat niemand vorhersehen können. Der schlimmste Tsunami seit mehr als 100 Jahren!«

»In die Zukunft zu sehen ist Teil der Aufgabe der IEA.«

»Es ist wichtig zu verstehen, dass wir keine Prognosen abgeben. Vielmehr gestalten wir Modelle, anhand derer man die künftigen Konsequenzen heutiger Entscheidungen nachvollziehen kann. Wenn man diese Modelle mit bestimmten Daten füttert, etwa zum Ölpreis, dann entsteht daraus ein Szenario. Wir haben in den letzten Jahren mehrere Szenarios aufgebaut, zuletzt das »New Policies«-Szenario.«

»Aber für wie wahrscheinlich halten Sie das Eintreffen eines bestimmten Szenarios?«

»Es gibt Extremszenarien wie »450 ppm« oder »Business as usual«, zwischen denen sich die Realität wahrscheinlich bewegt. Diese wahrscheinliche Mitte haben wir mit »New Policies« abzubilden versucht.«

»Können disruptive Ereignisse wie die Reaktorkatastrophe in Fukushima solche Szenarien nicht von einem Moment auf den anderen obsolet machen?«

»Nun, die meisten Staaten reagieren recht besonnen und versuchen erst einmal, die Ereignisse in Fukushima genau nachzuvollziehen. Aber natürlich wird die Nutzung der Kernkraft stärker hinterfragt.«

»Mit der sofortigen Stilllegung mehrerer Reaktoren scheint Deutschland allein zu stehen. Wird der von Ihnen favorisierte Ausbau der Kernkraft andernorts trotzdem gebremst fortgesetzt?«

»Ich hoffe das! Es wird ansonsten sehr schwer, die Klimaschutzziele zu erreichen. Auch unser 450-ppm-Szenario, das den stärksten Ausbau der regenerativen Energien vorsieht, kommt nicht ohne eine Steigerung des Kernkraftanteils aus.«

»Angenommen, dass es doch eine größere Abkehr von der Kernkraft gäbe, wer würde profitieren: die regenerativen Energien oder die fossilen Energieträger?«

»Ich glaube, dass in einem solchen Fall Erdgas ein großer Profiteur sein könnte. Um zu einer validen Aussage zu kommen, müssen wir aber ein solches Modell erst einmal in Ruhe durchrechnen. Ganz sicher ist aber, dass Öl als Alternative begrenzt ist. Die Tage billigen Öls sind vorüber, ein für alle Mal. Wenn wir Kohle verstärkt nutzen

wollen, dann ist es unabdingbar, dass wir Technologien zur Kohlendioxidabtrennung und -speicherung nutzen.«

»Auch diese Technologien kosten Geld.«

»Ja, aber man kann die Aussage auch erweitern: Die Tage billiger Energie sind vorüber.«

»Diese Entwicklung setzt allerdings voraus, dass sich alle Staaten in Richtung kohlendioxidarme Energieerzeugung entwickeln. Wenn nur die Industrieländer auf erneuerbare Energien setzen, dann reichen die fossilen Reserven für die anderen länger und werden billiger.«

»Von der Tendenz her stimmt das. Deshalb brauchen wir auch internationale Abkommen.«

»Wie wollen Sie die aufstrebenden Nationen China und Indien in ein solches Abkommen einbinden?«

»Mein Eindruck ist, dass wir diese stark wachstumsorientierten Nationen nicht über grüne Appelle ins Boot bekommen. China wird keinem Abkommen zustimmen, das seine wirtschaftliche Entwicklung bremst. Aber auch dort macht man sich Gedanken über die dauerhafte Versorgungssicherheit. Denn die Endlichkeit fossiler Reserven ist ein Fakt, den man auch in China zur Kenntnis nimmt.«

»Sie beraten Ihre Mitgliedsländer nicht nur in energiepolitischer Hinsicht, sondern geben auch technische Empfehlungen. Was sind die Technologien, an denen international am intensivsten weiterentwickelt werden sollte?«

»Ganz sicher spielt die Kohlendioxidabtrennung und -speicherung eine große Rolle. Große Fortschritte macht außerdem die Solarenergie. Darüber hinaus ist es bei einem steigenden Anteil regenerativer Energien wichtig, dass der Transport und die Speicherung elektrischer Energie effektiver werden. Europa ist mit seiner Planung transnationaler Stromtrassen auf einem guten Weg, denn damit wird das einzelne Land unabhängiger von aktuellen Schwankungen, zum Beispiel bei der Belieferung mit Erdgas. Ein Vorgehen, das wir übrigens auch Japan empfohlen haben …«

»... dort aber wegen der Insellage deutlich schwieriger zu realisieren sein dürfte.«

»Nun, zumindest könnten die Inseln untereinander besser verbunden werden. Wir haben zwischen den Hauptinseln heute nur eine Übertragungsleistung von einem Gigawatt, was die Kompensation der Zerstörungen nach dem Tsunami deutlich erschwert. Außerdem betreibt Japan seine Netze aus historischen Gründen nach wie vor mit zwei unterschiedlichen Wechselspannungsfrequenzen.«

»Wird die Forschung an der Kernfusion Ihrer Meinung nach international intensiv genug unterstützt?«

»Hier wird international kooperiert, aber wir wissen alle, dass die Kernfusion zur Energiewende nichts beitragen kann, wahrscheinlich nicht vor 2050. Wir müssen deutlich rascher handeln.«

»In Ihrem Welt-Energieausblick 2010 verweisen Sie darauf, dass der Verzicht auf die Subvention fossiler Brennstoffe die effektivste Klimaschutzmaßnahme wäre. Wie optimistisch sind Sie, dass Sie gehört werden?«

»Diese Subventionen werden ja vor allem in ärmeren Ländern gewährt, die damit den Lebensstandard ihrer Bevölkerung heben wollen. Aber die Regierungen sollten das Geld den Menschen direkt auszahlen und nicht den Ölpreis künstlich niedrig halten. Damit fördern sie nur die Verschwendung und nicht Energieeffizienz.«

Die Internationale Energieagentur ist in einer Energiekrise geboren worden, deren Bedrohlichkeit uns heute unwirklich erscheint. Ein Tempolimit von 100 Kilometern pro Stunde auf Autobahnen, Daimler schaltete die Beleuchtung des Mercedes-Sterns ab, Spiegel-Herausgeber Rudolf Augstein beendete seinen Kommentar »Not lehrt treten« zur Ölkrise 1973 mit den Worten: »Wir müssen für möglich halten, dass unsere Gesellschaften künftig den Mangel verwalten.« Es kam anders, nach den schwierigen siebziger Jahren mit zwei Rezessionen hat sich die Wirtschaft Deutschlands erholt, ist gewachsen. Während Bruttosozialprodukt und Primärenergieverbrauch in den sechziger Jahren im Gleichschritt jährlich um fast fünf Prozent wuchsen, ist mittlerweile eine Entkoppelung beider Kennziffern gelungen. Vor dem Hintergrund der globalen Perspektive wird aber auch deutlich: Sparen allein ist maximal die eine Hälfte der Medaille. So sahen es auch die Spiegel-Redakteure. Das große Geld, so schrieben sie, werde nicht nur »eine Technologie finanzieren, die den knapp gewordenen Energiehaushalt besser nutzt«, sondern in die Entwicklung neuer Energien fließen. Als Beispiele dienten Ölbohrungen, Kohle-, Teersand- und Ölschieferaufbereitung sowie Atomkraft. An dieser Stelle stehen heute die erneuerbaren Energien.

Deshalb wollen wir uns diesen Technologien nun im Detail zuwenden. Nicht aber ohne darauf hinzuweisen, dass ich den Begriff »erneuerbare Energie« verwende, weil er sich so eingebürgert hat. In Wirklichkeit, das wissen wir seit Julius Robert von Mayer, gibt es keine neue Energie, sondern lediglich verschiedene Formen, in denen Energie für eine bestimmte Zeit zwischengespeichert wird. Wenn wir von erneuerbaren oder regenerativen Energien sprechen, so meinen wir damit, dass der Nachschub an Primärenergie innerhalb kurzer Zeit erfolgt, während fossile Energieträger Millionen an Jahren brauchen, um neu gebildet zu werden.

WASSERKRAFT: WIRKLICH UMWELT-FREUNDLICH?

»Wer in denselben Fluss steigt, dem fließt anderes und wieder anderes Wasser zu.«

Dem vorsokratischen Philosophen Heraklit zugeschriebenes Fragment

Mein erstes Lebensjahr habe ich auf dem Hof einer Spinnerei einige Kilometer außerhalb Göttingens verbracht. Dort wurde Schafwolle zu Garn verarbeitet, bis 1969, als die kleine Produktion endgültig unrentabel geworden war. Die Maschinenhalle ist heute teilweise restauriert, ein örtlicher Verein kümmert sich um das kleine Industriemuseum. Die Antriebskraft für die Maschinen kam aus einem kleinen Bach, der Garte, genutzt wurde sie über ein Wasserrad. CO_2-Emission im Betrieb: null.

Um die effektive Kohlendioxidemission einer Anlage, die zur Energieerzeugung genutzt wird, zu messen, muss man allerdings fairerweise immer die Emissionen, die bei der Errichtung angefallen sind, hinzurechnen. Im Fall »meiner« Spinnerei ist das einfach: Das Wasserrad bestand größtenteils aus dem nachwachsenden Rohstoff Holz, vermutlich ist es in Handarbeit entstanden. Anders sieht es aus, wenn Wasserkraftwerke oder Windparks mit Hilfe von Beton, Stahl und schwerem Arbeitsgerät entstehen. Die Zementherstellung ist sehr energieintensiv, und Hochöfen zur Stahlherstellung werden in der Regel mit Kohle befeuert. Lastwagen, Schwertransporter und Baumaschinen fahren mit Dieselkraftstoff. Die gesamten so entstehenden CO_2-Emissionen muss man auf die mit der Anlage erzeugte Strommenge umlegen, so dass auch jede Kilowattstunde Strom aus Wasserkraft eine Emission aufweist.

Allerdings führt die Wasserkraft alle mir bekannten Rankings an, weit vor der Solar- oder der Windenergie: Meist wird ein Wert von nur rund 10 Gramm Kohlendioxid je Kilowattstunde angenommen. Grund für diese positive Bewertung ist die extrem lange Lebensdauer von Wasserkraftwerken. Die Auslegung der Bauwerke erfolgt auf mehr als 100 Jahre, und selbst die Turbinen haben eine Lebensdauer von 60 und mehr Jahren.

Dass Wasserkraftwerke klimafreundlichen Strom produzieren, ist die eine Seite. Die andere führt dazu, dass die meisten Umweltschützer Wasserkraft in großem Maßstab als nicht nachhaltig beurteilen und ablehnen. Um große Leistungen im Gigawattbereich zu realisieren, müssen Flüsse aufgestaut werden. Es entstehen gewaltige Stauseen, die große Gebiete überfluten. Menschen müssen umgesiedelt werden. Klar ist auch: Einen Fluss aufzustauen, ihn abzuriegeln und die Fließgeschwindigkeit zu regulieren, bleibt nicht ohne Einfluss auf die Biosphäre. Insbesondere die im Fluss lebenden Fische erfahren eine gravierende Änderung ihres Lebensraums. Wandernde Fische gelangen nicht mehr zu ihren Laichplätzen, die sich meist im Flussoberlauf befinden. Bauliche Gegenmaßnahmen, zum Beispiel spezielle Fischtreppen, sind bei sehr großen Staudämmen nicht zu realisieren.

Allerdings sind die an den Stauseen entstandenen Kulturlandschaften ja keine Wüsten. Zum Beispiel der Nationalpark Kellerwald-Edersee in Nordhessen. In den zwanziger Jahren wurde südlich von Waldeck eine Talsperre errichtet, um den Wasserstand der Weser besser regulieren zu können. Der Stausee flutete das verschlungene Tal auf einer Länge von fast 30 Kilometern. Heute ist nicht nur die Talsperre selbst eine Touristenattraktion – die (früher nicht existenten) Badestrände in Waldeck ziehen viele niederländische Urlauber an. Südlich des Sees befindet sich der Nationalpark Kellerwald. 2011 wurde er zum Weltnaturerbe ernannt, da es sich um einen der wenigen naturbelassenen Buchenwälder Deutschlands handelt. Im Sommer 2010 wanderte ich mit meinen Söhnen den 70 Kilometer langen »Urwaldsteig« ab, der einmal rund um den See führt. Selten hatten wir als Familie ein intensiveres Naturerlebnis. Besonders beeindruckte uns ein Eichenwald am Nordhang. Seit 3000 Jahren war er sich selbst überlassen. Trockene Witterung und extreme Steillage führten zu einem knorrigen Baumwuchs, der uns an allerlei Waldgeister erinnerte. Wollte man den Edersee heute »renaturisieren«, nicht nur vom Tourismus abhängige Anwohner würden protestieren.

Im dicht besiedelten Deutschland ist der Neubau von großen Wasserkraftwerken ohnehin keine Option. Eine deutliche Steigerung der aus Wasserkraft gewonnenen Elektrizitätsmenge ist allein aus der Restaurierung bestehender Bauten zu erwarten. Anders sieht es in vielen Schwellenländern aus. In China beträgt die Leistung aller Wasserkraftwerke mehr als 200 Gigawatt, jedes fünfte der einhundert größten Wasserkraftwerke der Welt liegt im Reich der Mitte. Ein Ranking, das klar vom umstrittenen Drei-Schluchten-Staudamm angeführt wird. Mit 22,5 Gigawatt Leistung ersetzt er mehr als 20 Kohlekraftwerke. Aber nicht nur in China, sondern in vielen ebenfalls nach Wohlstand strebenden Nationen von Argentinien bis Vietnam werden derzeit Staudämme geplant oder gebaut. Bei vielen der Vorhaben steht nicht allein die Energiegewinnung im Vordergrund, sondern – wie einst beim Hoover-Damm – die Domestizierung von Flüssen. Überschwemmungen verhindern, Dürrezeiten überbrücken, Trinkwasser zu jeder Jahreszeit, das sind zunächst einmal berechtigte Anliegen. In einigen Entwicklungsländern dient die Wasserkraft außerdem dazu, sich von Ölimporten unabhängiger zu machen. So basiert die Stromversorgung der sudanesischen Hauptstadt Karthum fast ausschließlich auf Dieselgeneratoren. Die verbrauchen jährlich Kraftstoff im Wert von 500 Millionen US-Dollar. Die Investition von 1,8 Milliarden Dollar in den Merowe-Staudamm ist da recht schnell amortisiert – auch wenn sein Bau ironischerweise von der China National Petroleum Corporation finanziert wird.

Aber wozu braucht man überhaupt eine Staumauer? Die elektrische Energie gewinnt man in einem Wasserkraftwerk aus der Bewegungsenergie des Wassers. Die Menge der Energie ist also im Wesentlichen davon abhängig, wie viel Wasser wie schnell durch die Turbinen strömt. Die Geschwindigkeit des Wassers wiederum ist proportional zum Höhenunterschied zwischen der Turbine und dem Eintritt in die Zuleitung zur Turbine. Wenn man also auf eine Staumauer verzichten will, dann braucht man einen Fluss, der das ganze Jahr relativ gleichmäßig relativ viel Wasser führt und von Natur aus über ein ordentliches Gefälle verfügt. Wo solche idealen Bedingungen herrschen, sind schon Ende des 19. Jahrhunderts, als der Bedarf an elektrischer Energie rasch stieg, die ersten Fließwasserkraftwerke gebaut worden.

KEIN REINFALL: WASSERKRAFT AUS RHEINFELDEN

Zum Beispiel im südbadischen Rheinfelden, wo 1898 das damals größte Wasserkraftwerk Europas entstand. Der Hochrhein weist auf einer Länge von 150 Kilometern 150 Meter Gefälle auf – das klingt gemächlich, verschafft aber dem reichlich vorhandenen Wasser enorme Kraft. So viel Kraft, dass Gischt entsteht und man die Stimme deutlich anheben muss, wenn man sich direkt am Flussufer unterhält. Mehr als 100 Jahre war das Kraftwerk im Dienst, bis 2011 einige Hundert Meter flussaufwärts sein Nachfolger in Betrieb genommen wurde. Der größte Neubau in Deutschland, wohl auf längere Zeit.

Als ich im Dezember 2010 nach Rheinfelden reise, bin ich wieder einmal viel zu früh. Ich entschließe mich, bei klirrender Kälte, aber strahlendem Sonnenschein vom Bahnhof zu Fuß zur drei Kilometer entfernten Baustelle zu laufen. Ein Glücksfall, denn so habe ich Zeit, vom Bauzaun aus den Abriss des alten Kraftwerkgebäudes zu beobachten. Wie ein kleiner Junge schaue ich dem Zerstörungswerk mehrerer Abrissbagger zu. Die Mauern, die sie malträtieren, scheinen einem neogotischen Schloss zu entstammen – sähe man in einer teilweise schon freigelegten Halle nicht Maschinen, die auch im Deutschen Museum stehen könnten. Sie verarbeiteten 30 Kubikmeter Wasser pro Sekunde und waren einst technisch das Beste, was man konstruieren konnte. Denkmalschützer hatten für den Erhalt des Bauwerks gekämpft. Eigentlich kein Problem, sollte man meinen, da der Neubau ja nicht auf dem gleichen Gelände entsteht.

Allerdings war der Altbau ein Ausleitungskraftwerk, das heißt man zweigte einen Teilstrom des Rheins ab, um die Turbinen mit Wasser zu versorgen. Dieser Seitenarm wird jetzt für einen renaturisierten Fischaufstieg benötigt. Mit seiner Hilfe können wandernde Fische das gewaltige Sperrwerk, das der mitten in den Fluss gebaute Neubau darstellt, überwinden. Eine Ausgleichsmaßnahme, auf die Bauleiter Helmut Reif sehr stolz ist. Der von ihm verfolgte Ansatz unterscheidet sich von anderen dadurch, dass es sich nicht nur um eine technische »Fischtreppe« handelt, sondern um einen Lebensraum, der den ursprünglichen Charakter eines Mittelgebirgsflusses mit Stromschnellen und Kiesinseln nachahmt. So wird beispielsweise gezielt eine »Lockströmung« erzeugt, damit Lachse und andere Wandergesellen den Einstieg finden. Die Renaturisierungsmaßnahme führte allerdings zu einer neuen Form der Kontroverse: Denkmalschützer standen gegen Umweltschützer. Eine Abwägung, die von den Behörden auf der deutschen und der Schweizer Seite gemeinsam zugunsten der Ökologie getroffen wurde. Bewahren hat eben viele Facetten.

Dass der Neubau überhaupt notwendig wurde, ist nicht nur im Verschleiß des alten Kraftwerks begründet. Das Potenzial der Fließwasserkraft in Deutschland ist nämlich weitgehend erschöpft, zumindest an den großen Flüssen. Will man trotzdem mehr Strom aus Wasserkraft gewinnen, muss man alte Anlagen ertüchtigen oder komplett neu bauen. Das neue Werk in Rheinfelden holt mehr als drei Mal so viel Strom – nämlich 600 Megawattstunden im Jahr – aus dem gleichen Fluss. Die bessere Ernte ist teilweise der grundsätzlichen Bauweise zu verdanken: Das Kraftwerk, bestehend aus einem 200 Meter breiten Stauwehr und einem daneben gesetzten Turbinenhaus, überspannt die gesamte Breite des Flusses. So durchlaufen heute 95 Prozent des Wassers die vier Turbinen, nur fünf Prozent fließen über das Stauwehr, zumindest bei normalen Wasserpegeln, die an 300 Tagen im Jahr vorherrschen. Wenn nach der Schneeschmelze in den Alpen das Hochwasser kommt, kann das Stauwehr geöffnet werden. Erheblichen Anteil am Zugewinn hat die Manipulation der Fallhöhe: Auf der Oberseite wird das Wasser anderthalb Meter höher gestaut. Um den Auslass tiefer setzen zu können, hat man den Rhein auf einer Länge von fast zwei Kilometern künstlich vertieft. Insgesamt fällt das Wasser nun neun Meter in die Tiefe. Das bedeutet: 1500 Kubikmeter pro Sekunde.

Nicht zuletzt macht sich der Fortschritt im Turbinenbau bemerkbar: Während die alten Maschinen mit einem Wirkungsgrad von zirka 60 Prozent liefen, kommen die neuen auf den branchenüblichen Wert von fast 95 Prozent. Anders als früher gilt dieser Wert nicht nur für eine bestimmte, in der Praxis kaum je exakt auftretende Wassermenge, sondern in einem weiten Betriebsbereich. Denn die zum Einsatz kommenden Kaplan-Rohrturbinen sind vielfach verstellbar und passen sich jeweils genau der anströmenden Wassermenge an. Die Wassergeschwindigkeit wird künstlich dadurch erhöht, dass sich der Einlasskanal vor der Turbine verengt. Strömt das Wasser mit einer Geschwindigkeit von ungefähr einem Meter pro Sekunde ein, so wird es bis zur Turbine auf zwölf Meter pro Sekunde beschleunigt.

Der Betrieb erfolgt vollautomatisch, einen bemannten Maschinenkontrollraum gibt es nicht mehr. Störungen werden überwiegend per Sensorik diagnostiziert. Wenn sich zum Beispiel der Rechen vor dem Kraftwerk, der alle schwimmenden Gegenstände mit einem Durchmesser von mehr als 15 Zentimetern auffängt, zusetzt und die Anströmung nachlässt, wird automatisch eine Reinigungsanlage in Betrieb genommen.

Niedrige Betriebskosten sind das eine, die hohen Investitionskosten das andere. Insgesamt hat der Betreiber Energiedienst, ein Tochterunternehmen von EnBW, knapp 400 Millionen Euro in den Neubau investiert. 3800 Euro je installiertem Kilowatt – eine »Investition für Generationen« nennt das ein Vorstandsmitglied des Versorgers. Zum Vergleich: Ein Kernkraftwerk liegt bei etwa 2000 Euro, ein Gaskraftwerk bei 900 Euro je installiertem Kilowatt. Allerdings: Die Entsorgungskosten sind in dieser Betrachtung nicht enthalten. Und natürlich kostet der Energieträger Wasser den Betreiber nichts.

Neben dem ohnehin begrenzten Ausbaupotenzial der Wasserkraft dürfte der erforderliche lange finanzielle Atem in privatwirtschaftlichen Systemen eine weitere Begrenzung für diese Form der Energiegewinnung sein. Um die Wirtschaftlichkeit des Neubaus zu berechnen, wurde ein Geschäftsplan über 50 Jahre angelegt, das sind 20 Jahre mehr, als fossilen Kraftwerken in der Regel unterstellt wird. Während der Abschreibungszeit von 33 Jahren ist kein Cent verdient. Was nicht bedeutet, dass nach 33 oder 50 Jahren abgerissen werden muss. Allerdings sind Maschinen und Gebäude heute hinsichtlich des Materialeinsatzes optimiert. Das Motto »Viel hilft viel« der frühen Ingenieurskunst kommt nicht nur aus Kostengründen nicht mehr zum Einsatz. Es hilft auch der Umwelt, denn die indirekte Kohlendioxidemission eines Wasserkraftwerkes stammt fast vollständig aus der Herstellung von Beton und hochbelastbaren Stählen. Eine einzige Turbine wiegt beispielsweise 750 Tonnen. Und für das gesamte Kraftwerk kommen 175 000 Kubikmeter Beton zum Einsatz, 55 000 allein für das Stauwehr.

Sollte der Neubau in Rheinfelden irgendwann das Ende seiner Lebenszeit erreichen, so ist kaum zu befürchten, dass es bei einem Abriss wieder Bürgerproteste gibt. Das Kraftwerk ist so in den Fluss integriert, dass man es fast übersehen kann. Das Maschinenhaus ragt gerade so weit über das Wasser, dass es den Winterfluten standhält.

KLEINE TURBINENKUNDE

Wie effektiv man bewegtes Wasser in elektrische Energie verwandelt, ist auch von der Güte der Turbine abhängig. Turbine, das klingt kompliziert. Ist es einerseits auch, der Bau von »Strömungsmaschinen« gilt Ingenieuren als besonders anspruchsvoll, weil die Berechnung der Wechselwirkung von Strömung, Mechanik und – bei befeuerten Turbinen – Thermodynamik durchaus Kenntnisse höherer Mathematik verlangt. Andererseits sind die wesentlichen Erfindungen für Wasserturbinen alle bereits vor mehr als einhundert Jahren und ohne die Hilfe komplexer Simulationsmethoden gemacht worden.

Bei sehr großen Fallhöhen des Wassers kommen in der Regel Peltron-Turbinen zum Einsatz. Sie entsprechen am ehesten dem Wasserrad, das Kinder in der Badewanne bespielen. Die Schaufeln sind als Halbkugeln ausgeführt, auf die der Wasserstrahl mit hohem Druck schießt. Mittlere Fallhöhen zwischen 40 und 200 Metern sind die Domäne von Francis-Turbinen, die einem Mühlrad ähneln. Bei kleinen Fallhöhen kommt es darauf an, die Strömung des Wassers besonders gut auszunutzen. Dafür nutzt man die Schiffsschrauben ähnlichen Kaplan-Turbinen. Zu kämpfen hatte ihr Erfinder Viktor Kaplan vor allem mit einem technischen Phänomen, das fast nur Ingenieuren bekannt ist: der Kavitation. Ein zerstörerisches Phänomen, das Rohre und Turbinen, aber auch Einspritzdüsen in Verbrennungsmotoren schlagartig zerstören kann. Denn der statische Druck in einer Flüssigkeit hängt von deren Fließgeschwindigkeit ab. Wird Wasser (oder eine andere Flüssigkeit) sehr schnell, wird der Druck sehr hoch. Unter Umständen so hoch, dass das Wasser an einigen Stellen verdampft, es bilden sich winzige Dampfbläschen. Die stören nicht weiter, solange das Wasser nicht wieder langsamer wird – zum Beispiel weil eine Turbine einen Teil der Bewegungsenergie entzieht. Dann können diese implodieren und Druckwellen erzeugen, die zentimeterdicken Stahl beschädigen.

Ist die richtige Turbine ausgewählt und optimal auf die Wasserströmung eingestellt, ist sie der Traum eines jeden Energiefachmanns: Im Bestpunkt sind Wirkungsgrade von etwa 95 Prozent zu erreichen. In der Regel werden Turbinen aller Bauarten übrigens liegend und nicht wie klassische Wasserräder stehend eingebaut. Der Grund dafür ist, dass auf der Welle, auf der sich die Turbine dreht, auch der Generator sitzt, der den Strom erzeugt. Der sollte nicht nass werden, deshalb baut man ihn, durch eine schützende Betonwand getrennt, darüber.

KLEIN, ABER FEIN?

Wenn große Wasserkraftwerke in Mitteleuropa nicht mehr gebaut werden können, liegt es nahe, über kleine Kraftwerke in kleinen Flüssen nachzudenken. Selbst in China, wo Megaprojekte kaum auf nennenswerten Widerstand der Bevölkerung treffen (dürfen), gibt es Stimmen, die auf ein Ende des Staudamm-Booms schließen lassen. Die FAZ zitiert Zhou Xizhou, Direktor des Energieberaters Cambridge Energy Research Associates in Peking: »Die Zeit der Riesendämme ist eigentlich vorbei. Als verträglicher gelten die kleineren Vorhaben.«

Aber was ist groß und was klein? Schon innerhalb der großen Wasserkraftwerke gibt es gigantische Unterschiede. Das Kraftwerk an der an sich imponierenden Edertalsperre in Mittelhessen erzeugt maximal 12,5 Megawatt, der Drei-Schluchten-Staudamm in China fast 2000-mal mehr Strom. Irgendwo muss man den Schnitt machen, auch wenn innerhalb der Fachwelt unterschiedliche Meinungen dazu herrschen. Lassen Sie uns »klein« also als alles unter einem Megawatt elektrischer Leistung definieren.

Dass man zuerst große Wasserkraftwerke gebaut hat, ist nicht nur eine Frage des Platzes, sondern auch des Geldes. Bei Kleinwasserkraftwerken sind Kosten von 10 000 Euro je installiertem Kilowatt schnell erreicht. Man redet, wie in der Wirtschaft oft, von Skaleneffekten: Größer gleich effektiver gleich billiger. Wie man Kleinwasserkraftwerke trotzdem wirtschaftlich gestalten kann, darüber denkt Professor Peter Rutschmann nach, der an der Technischen Universität München Wasserbau und Wasserwirtschaft lehrt. Zu seinem Institut gehört die »Versuchsanstalt für Wasserbau« in Obernach, die von Technikpionier Oskar von Miller mitgegründet wurde. Miller ging nicht nur durch die Gründung des Deutschen Museums in die Geschichte ein, sondern prägte die Elektrifizierung Deutschlands maßgeblich. Zu seinen Leistungen gehören die Errichtung des ersten Elektrizitätswerks in Deutschland und der Bau des damals größten Speicherkraftwerks am Walchensee. Die Versuchsanstalt gründete er, um die Anströmung von Turbinen in Wasserkraftwerken in Modellversuchen zu optimieren. Die Institution betreut heute vor allem Neubauprojekte im Ausland.

Rutschmanns Idee ist recht einfach: Man nehme ein vorhandenes kleines Stauwehr, baue einen Schacht hinein, in den man ein standardisiertes und damit billiges Kleinkraftwerk integriert. Eine neue EU-Richtlinie sieht ohnehin vor, dass die vielen kleinen Wehre in Europa in den nächsten Jahren fischdurchgängig gemacht werden. Das kostet natürlich Geld, das teilweise wieder hereinverdient werden könnte, indem die Kommunen den Umbau dazu nutzen, ein Kleinwasserkraftwerk einzubauen – oder sogar einen privaten Investor dafür gewinnen. Allein in Bayern werden 30 000 Querbauwerke in Flüssen und Bächen gezählt. Wobei Rutschmann selbst einschränkt: »Verzeichnet sind alle Bauwerke ab 30 Zentimeter Höhe. Im Moment benötigen wir allerdings eine Mindesthöhe von anderthalb Metern.«

Da das Schachtkraftwerk von Rutschmann nur sechs Quadratmeter Fläche beansprucht und nach dem Einbau vollkommen unter Wasser steht und damit unsichtbar ist, kommt die Entwicklung weniger spektakulär daher als klassische Großkraftwerke. Um eine anspruchsvolle Ingenieursaufgabe handelt es sich dennoch. Denn obwohl auf geringem Raum möglichst viel Strom erzeugt werden soll, muss die Einheit für Geschiebe (so nennen die Wasserbauer den mitgeführten Sand) gut passierbar sein. Damit Fische nicht verletzt werden, soll der von dem Turbinenkanal erzeugte Sog möglichst klein sein. Die Gitterabstände am Rechen, der größere Gegenstände draußen hält, dürfen nur anderthalb Zentimeter betragen, damit größere Fische über das abgerundete Wehr absteigen und nicht in der Turbine zermalmt werden. Das feine Sieb darf die Strömung allerdings nicht so abbremsen, dass eine Stromerzeugung unmöglich wird.

Diese Gegensätze aufzulösen, gelingt Rutschmann, indem er den Einlass mit dem Rechen in die horizontale Ebene verlagert und die Turbinen-Generator-Einheit im Schacht darunter anbringt. Gleichzeitig ist so ein Modul entstanden, das in größeren Stückzahlen in einer Fabrik gefertigt und vormontiert angeliefert werden kann. Vor Ort muss nur der Schacht ausgehoben und ausbetoniert werden. Ein einzelnes Kleinkraftwerk erzeugt eine Leistung von 30 bis 50 Kilowatt. Das klingt erst einmal wenig, eine schlichte Windkraftanlage schafft das Fünfzig- bis Hundertfache. Aber eben nicht kontinuierlich. Und wenn das Wehr breit genug ist, können mehrere solche Einheiten parallel betrieben werden. Am Beispiel eines bestehenden Querbauwerks an der Iller rechnet Rutschmann vor, dass dort der Strom für 2500 Haushalte erzeugt werden könnte. Die schlichte Bauweise der Schachtkraftwerke spart außerdem indirekt Kohlendioxid ein, da zwanzig Prozent weniger Beton benötigt werden. Ein Beispiel dafür, dass auch kleine Kraftwerke effizient gestaltet werden können, indem man die Bauweise größerer nicht kopiert, sondern sich etwas ganz Neues einfallen lässt.

Noch während eine Drei-Schacht-Versuchsanlage in Obernach gebaut wird, hat Rutschmann schon die nächsten Ideen: Eine im Schacht horizontal verbaute Turbine könnte die benötigte Mindesttiefe verringern. 2012 sollen erste Pilotanlagen in Baden-Württemberg und Bayern in echten Flüssen gebaut werden. Auch wenn die Idee der Schachtkraftwerke bei Rutschmann aus der Beschäftigung mit der deutschen Situation heraus entstanden ist, richtet sich sein Blick doch über die Staatsgrenzen hinaus. Denn auch international wird mit zunehmendem Wohlstand versucht werden, die wasserbaulichen Eingriffe in die Landschaft möglichst gering zu halten. Zumal dafür nicht nur ökologische, sondern auch technische Gründe sprechen. Einen Fluss abzuriegeln, ob im Großen oder Kleinen, führt fast immer zu Problemen mit Ablagerungen vor den Sperren oder Wehren. Im Strom unterhalb der Sperren kommt es durch den fehlenden Nachschub an Geschiebe oft zu Erosionen. »Vielleicht müssen wir etwas weniger gierig werden«, so Rutschmann. Bei Hochwasser zum Beispiel sollte der Geschiebedurchgang ermöglicht werden. »Man muss darüber nachdenken, ob man nicht an wenigen Tagen im Jahr alles aufmacht.« Um den Fischbeständen eine bessere Regeneration zu ermöglichen, sind die Abstände zwischen den Staustufen deutlich größer zu halten, als dies in der Hochphase des deutschen Wasserbaus vor 100 Jahren der Fall war.

Ein erstes Auslandsprojekt bahnt sich in Ägypten an. Am Nil gibt es Stauwehre unter Brücken, die rein zur Wasserregulierung gebaut wurden. Will man sie energetisch nutzen, ohne die Wehre umzubauen, wäre ein Ansatz, der auf zwanzig Schachtanlagen setzt, wahrscheinlich der wirtschaftlichste. Abgesehen davon, dass man die teilweise wunderschönen alten Anlagen erhalten kann.

Andere Forscher arbeiten an weiteren Konzepten für die Kleinwasserkraft. So scheint es, als würden die Wasserräder – als Mühlräder schon vor Jahrtausenden bewährt – eine Renaissance erleben. Im Unterschied zur »guten alten Zeit« sind moderne Konzepte jedoch nicht mehr auf eine direkte mechanische Kopplung zwischen Wasserrad und arbeitender Maschine angewiesen. Vielmehr wird mit Hilfe des Wassers auch hier Strom erzeugt. Allerdings stellen der Wirkungsgrad und teilweise auch die Dauerfestigkeit solcher Anlagen eine Herausforderung dar. Ein hoher Wirkungsgrad lässt sich mit Wasserrädern nur erreichen, wenn der Spalt zwischen dem Boden des Flusses und den Schaufeln des Wasserrades möglichst klein ist – ein Problem für größere Fische, die buchstäblich riskieren, unter die Räder zu kommen.

Eine besonders fischfreundliche Idee wurde in der Anglernation Frankreich entwickelt: die VLH-Turbine. »VLH« steht für »Very low Head«, sehr geringe Fallhöhe. Diese Turbine, die bereits getestet wird, bricht mit einem Grundprinzip des Turbinenbaus. Während die Ingenieure aus Effizienzgründen normalerweise versuchen, die Turbine möglichst kompakt auszuführen und die benötigte Leistung mit einer hohen Drehzahl erzeugen, sind die Tüftler des Start-up-Unternehmens MJ2 den entgegengesetzten Weg gegangen: Die Turbine ist genauso groß wie die Fallhöhe, also mindestens 1,4 Meter, und wird in einem quadratischen Modul leicht geneigt in eine Öffnung des Wehrs eingebaut. Die acht dementsprechend großen Schaufeln gleiten mit nur 40 Umdrehungen pro Minute durch das Wasser, so langsam, dass selbst große Fische wie Lachse oder Aale durch die Turbine hindurchschwimmen können – und das sogar gegen den Strom, da die Turbine nur ins Wasser gehängt wird, ohne dass wie bei anderen Bauarten hinter der Turbine ein Kanal angelegt wird, der das durchströmende Wasser beschleunigt. In aufwändigen Tests, bei denen die Fische vor der Turbine ausgesetzt und dahinter wieder eingefangen und untersucht wurden, konnte die grundsätzliche Schutzfunktion der VLH-Turbine bestätigt werden. Damit der Generator trotz der geringen Turbinendrehzahlen Strom in der richtigen Frequenz liefert, kommt ein Getriebe zum Einsatz, wie wir es auch aus Windkraftanlagen kennen. Damit kann die Turbine auch bei niedrigem Wasserdurchfluss im Hochsommer optimal betrieben werden – nur bei Hochwasser wird sie aus dem Wasser gefahren, damit kein Stau entsteht. Aus anderthalb Metern Fallhöhe kann eine VLH mehr als 100 Kilowatt Leistung erzielen, abhängig wie immer von der Fließgeschwindigkeit des Wassers.

Während sich beim französischen Projekt nur die Turbine anheben lässt, setzt eine kleine Firma aus Karlsruhe auf ein bewegliches Krafthaus, das einen Teil bestehender Stauwehre ersetzen soll. Bei Normalwasser überströmt der Fluss das Krafthaus, Fische können über dessen Dach in den niedrigeren Flussabschnitt hinuntergleiten. Bei höheren Wasserständen wird das Krafthaus angehoben, unter ihm können nicht nur Fische, sondern auch jegliches Geschiebe ungehindert passieren. Technisch ist dieses Konzept faszinierend, zumal es ermöglicht, auch bei Hochwasser die volle Kraftwerkleistung zu erbringen. Allerdings sind die Baukosten einer derart komplexen Anlage erheblich – was erste Pilotanwender wie die Stadtwerke im badischen Offenburg bislang nicht geschreckt hat. In der Gemeinde Gengenbach wird eine der ersten deutschen Anlagen regulär betrieben und erzeugt den Strom für 750 Haushalte.

Kleine Wasserkraftwerke beflügeln seit einigen Jahren Erfinder, Forscher und Ingenieure. Dabei sind praktikable und auch wirtschaftliche Lösungen entstanden. Zwar befinden sich die meisten Projekte noch in den Kinderschuhen oder bestenfalls in erster Erprobung, aber es liegt auf der Hand, dass hier Potenzial besteht. Allerdings sollte man die Erwartung nicht zu hoch schrauben: Was man mit kleinen Kraftwerken erzielt, sind vor allem klassische Mitnahmeeffekte. Wenn man Stauwehre ohnehin renovieren muss und Energie knapper wird, warum nicht beides kombinieren? Eine Lösung für den Energiehunger dieser Welt bietet die Kleinwasserkraft nicht. Zumal Wasser in vielen Regionen dieser Erde eine ähnlich knappe Ressource wie Energie ist und wohl vorerst auch bleiben wird.

Zudem wird die Wasserkraft von der drohenden Klimaveränderung stärker beeinflusst als andere Formen der Energieerzeugung. Schmelzende Gletscher und geringere Schneefälle in bestimmten Regionen können dazu führen, dass die Wasserstände im Sommer geringer ausfallen als gewohnt. Glaziologen – Gletscherforscher also – haben solche Szenarien beispielsweise für die Donau durchgespielt. Sie kamen zu dem Schluss, dass die fehlenden Niederschläge in heißeren Sommern den größten Einfluss auf mögliche Pegelstandsänderungen ausüben dürften. Im Rekordsommer 2003 konnte die Trockenheit noch durch stärkere Gletscherschmelzen ausgeglichen werden – ein Effekt, der auf Dauer buchstäblich dahinschmilzt. Für die Wasserkraft mit ihren langen Planungs- und Amortisationszeiten bedeutet es auf jeden Fall, dass stärkere jahreszeitliche Schwankungen einkalkuliert und bei der Konstruktion berücksichtigt werden sollten. Einzelne Experten befürworten sogar, in den Alpen künstliche Wasserspeicher zu errichten.

Dass heute eine möglichst ungehinderte Fischwanderung zu einem zentralen Thema beim Um- und Ausbau von Wasserkraftwerken gemacht wird, wird von allen Experten, die ich gesprochen habe, uneingeschränkt begrüßt. Allerdings sind für sehr große Kraftwerke, die mit Talsperren arbeiten, keine Lösungen erkennbar. Hier werden bestehende Ökosysteme zerschnitten, es entstehen neue, nicht unbedingt weniger wertvolle Lebensräume. Um allerdings bestimmten Arten, die zur Fortpflanzung auf die Wanderung angewiesen sind, ein Überleben zu gewähren, gibt es nur einen Weg, wenn man auf die Nutzung der ansonsten sehr umweltfreundlichen Wasserkraft nicht verzichten will: bewusst bestimmte Flüsse und Regionen völlig unberührt zu lassen, und zwar großflächig. Vielleicht ist es sogar das modernere Konzept von Naturschutz, Kulturlandschaften und National- oder Naturparks nebeneinander zu fördern, anstatt überall kleine Eingriffe vorzunehmen, die weniger Schaden anrichten. Aber eben doch schaden.

NOCH MEER KRAFT

Die Nutzung der Wasserkraft beschränkt sich bislang fast ausschließlich auf das Binnenland. Logisch, denn hier besteht schließlich die Nachfrage. Jedem Skipper, der hinaus aufs Meer fährt, ist jedoch klar, dass die ungeheuren Wassermassen der Meere und Ozeane weitaus größere Kräfte bergen als die der Flüsse und Seen. Warum also nicht Wellen, Meeres- und Gezeitenströmungen nutzen, um für den Menschen nutzbare Energie zu gewinnen?

Das Meer ist nicht leicht zu zähmen. Selbst Gezeitenkraftwerke, bei denen die Energieernte an der Küste erfolgen kann, gibt es deshalb erst wenige. Nennenswert sind eigentlich nur zwei: das bereits 1961 fertiggestellte Werk Rance an der französischen Atlantikküste und das kürzlich in Betrieb genommene Sihwa-ho in Südkorea. Beide leisten rund 250 Megawatt und arbeiten mit Turbinen, die in eine Staumauer eingelassen sind, mit der eine natürliche Bucht vom Meer abgetrennt wurde. In Korea, einem der größten Erdölimporteure der Welt, gibt es mittlerweile Planungen für weitere Anlagen. Das größte Gezeitenkraftwerk der Welt mit einer Leistung von 8,5 Gigawatt sollte an der Mündung des Severn bei Cardiff entstehen. Die britische Regierung entschied sich jedoch Ende 2010 gegen eine Verfolgung des Projekts. Die hohen Kosten von bis zu 34 Milliarden Euro und das große technische und ökologische Risiko sprächen für sie dafür, sich lieber anderen Energiequellen, vor allem Wind und Atomkraft, zuzuwenden. Gegen Gezeitenkraftwerke gibt es erhebliche ökologische Bedenken, die aus meiner Sicht durchaus berechtigt sind. Denn die Küsten sind nicht nur für Urlauber, sondern auch für sehr viele Tierarten – ob Wasservögel oder Reptilien – äußerst wertvolle Biotope. Eine großtechnische Nutzung ist ohne massive Umwelteingriffe kaum möglich.

Es könnte sich als günstiger erweisen, Meeres- und Gezeitenströmungen direkt zu nutzen, indem man Turbinen unter Wasser platziert. Ähnlich wie Windräder können sie an einem Turm montiert werden, dessen Fundament in den Meeresboden gerammt wird. Verglichen mit dem Staudammbau ist diese Bauart weitaus weniger kapitalintensiv. Die erste kleine kommerzielle Anlage mit 1,2 Megawatt Leistung ist seit 2009 in der irischen See bei Strangford in Betrieb. Sie liefert jährlich sechs Gigawattstunden Strom und ist damit doppelt so effektiv wie eine im Meer stationierte Windturbine gleicher Leistung – aber auch doppelt so teuer. Da Wasser deutlich dichter als Luft ist, laufen die kleineren Rotoren recht langsam, was Fische schonen soll. Experten befürchten dennoch, dass die Anlagen ausgerechnet jene Tiere gefährden, die der Mensch besonders ins Herz geschlossen hat: die Meeressäuger. Von Turbinen in Stücke gehäckselte Delphine, das kann sich eine zivilisierte Gesellschaft nicht leisten. Als besonders problematisch könnte sich herausstellen, dass die Orientierung von Meeressäugern durch elektromagnetische Felder, die in Generatoren zwangsläufig entstehen, leidet. Da die Feldstärke abhängig von der Entfernung mit der dritten Potenz abnimmt – also in zwei Metern Abstand nur noch ein Achtel der Feldstärke herrscht – macht es durchaus einen Unterschied, ob der Generator im Wasser angebracht ist oder wie bei einer seebasierten Windkraftanlage in einer Höhe von einhundert Metern über dem Wasser. Da sich diese Technik noch in einem frühen Entwicklungsstadium befindet, ist es für ein abschließendes Urteil viel zu früh. Anhand der Prototypenkraftwerke sollten einschlägige Untersuchungen durchgeführt werden, damit man die ökologischen Folgen dieser an sich vielversprechenden Idee besser abschätzen kann.

Unter bestimmten Bedingungen kann man an der Küste nicht nur die Kraft der Gezeiten, sondern auch die der Wellen nutzen. Dazu muss – beispielsweise in eine Hafenmole – eine Röhre am Ufer gebaut werden, in die das Wasser mit jeder Welle einströmen kann. Das Wasser verdrängt dann die Luft in der Röhre, und die Luftbewegung treibt eine an der oberen Öffnung des Rohrs sitzende Turbine an. Schwappt die Welle zurück, strömt die Luft in die andere Richtung. Solche mit einer schwingenden Luftsäule arbeitenden Kraftwerke haben einige Nachteile: Turbinen, die in beide Richtungen arbeiten, haben geringere Wirkungsgrade als solche, die auf eine Strömungsrichtung optimiert sind, und zwar etwa 60 Prozent. Zudem sollen sie recht laut sein. Nach einer langwierigen Bauphase ging um Juli 2011 das erste kommerzielle Kraftwerk dieser Bauart im Hafen von Mutriku an der baskischen Küste in Betrieb. Ein anderes Konzept wird in Lysekil an der schwedischen

Westküste erprobt: Ein Lineargenerator sitzt auf dem Meeresboden in 25 Metern Tiefe und ist über ein Seil mit einer kleinen Schwimmboje verbunden. Die Wellen schaukeln die Boje auf und ab, das Seil bewegt den Kern einer Magnetspule im Generator. Die Untersuchungen laufen noch bis 2013. Die beteiligten Wissenschaftler weisen darauf hin, dass die Testanlage der Meeresfauna eine Erholung von der zuvor intensiv betriebenen Fischerei gewährt.

Noch unbedingter wirken die Kräfte des Meeres auf offener See. Wer mit der Kraft der Wellen arbeiten will, muss sich jedoch weit hinaus wagen. In Küstennähe bremst der Untergrund die Bewegung der Wasserteilchen, die Welle türmt sich auf, bricht und gibt dabei einen guten Teil ihrer Energie ab. Wellenkraftwerke sind daher erst ab ungefähr zwanzig Meter Wassertiefe sinnvoll – also zum Beispiel nicht im deutschen Wattenmeer. Das Potenzial ist allerdings vor allem vor den Westküsten Europas nicht unerheblich. Allein entlang der britischen Küste, so wird behauptet, könnte man mit der Energie der Wellen den gesamten Strombedarf des Landes decken.

Wie man die Kraft des Meeres technisch bändigen kann, dazu sind in den letzten Jahrzehnten mehr als 1000 Patente angemeldet worden. Meist blieb es bei einer Idee. Einen Schritt weiter gingen dänische und deutsche Forscher, die vor zehn Jahren einen Wellendrachen entwickelten. Bei ihrem »Wave Dragon« handelt es sich um eine schwimmende Stahlbeton-Plattform für tiefe Gewässer, die von den herannahenden Wellen überspült wird. Das Wasser fließt stets zur Mitte der Plattform, wo es durch mehrere Kanäle abfließt. In jedem Kanal sitzt eine klassische Turbine und produziert Strom – letztlich wird also die Schwerkraft genutzt, um aus der »unordentlichen« Bewegungsenergie der Wellen zunächst Lageenergie zu gewinnen. Der 2003 im dänischen Fjord Nissum Bredning ausgesetzte Prototyp war eine der wenigen Konstruktionen, die nicht schon in der Testphase von den Wellen zerstört wurde. Allerdings riss im Januar 2005 ein starker Sturm die Plattform aus ihrer Verankerung – die Forscher hatten eine Messeinrichtung in die Ankerkette integriert, die der Belastung nicht standhielt. »Wir hatten damals schon jede Menge Schwierigkeiten mit dem Prototypen«, räumt Wilfried Knapp von der Technischen Universität München ein. »Zum Teil waren es wirklich dumme Kleinigkeiten. Aber nichts, was das Funktionsprinzip grundsätzlich in Frage gestellt hätte.«

Im Rahmen des von der EU geförderten Projekts wurde nicht nur die Funktion, sondern auch die ökologische Verträglichkeit des Wellendrachens geprüft. Am Ende von Gesprächen mit 56 verschiedenen Interessengruppen in Wales, wo das erste Kraftwerk in Originalgröße gebaut werden sollte, waren alle gravierenden Befürchtungen ausgeräumt. Akustische Messungen ergaben, dass das Turbinengeräusch deutlich geringer wäre als das vorbeifahrender Schiffe. Die schwimmenden Plattformen könnten sogar als Fischreproduktionsreservate dienen, da aufgrund der Verankerung das Fischen mit Schleppnetzen unmöglich wird.

Baden ging das Projekt dann in der Finanzkrise 2009, als die geplante, wesentliche größere Pilotanlage nicht finanziert werden konnte. Pionier Knapp hat den Eindruck, dass es vielen anderen Projekten nicht besser geht. »Es ist ein bisschen die Luft raus.« Allenfalls würden Prototypen ausgebracht, aber die Euphorie, die noch vor wenigen Jahren herrschte, sei erloschen.

Sollte es dennoch gelingen, den Wellendrachen wiederzubeleben oder ein anderes Forschungsprojekt zum Erfolg führen, wäre eine Nutzung der Wellenenergie eine interessante Ergänzung zu Windkraftanlagen im Meer. Denn die Wellen bauen sich stets zeitversetzt zur Luftbewegung auf. Zwischen dem Höhepunkt eines Sturmes und dem maximalen Wellengang liegen etwa zweieinhalb Stunden. Kombiniert man also Wind- und Wellenkraftnutzung, kommt man zu einer gleichmäßigeren Stromerzeugung. Vielleicht führt dies eines Tages sogar zu schwimmenden Kombikraftwerken im Meer, die sich die Stromführung teilen. Angesichts der aktuellen Schwierigkeiten, die Wellenkraft überhaupt zu nutzen, ist das allerdings noch Zukunftsmusik.

Unerschlossene Potenziale bietet also auch die Wasserkraft als Klassiker unter den erneuerbaren Energien – selbst dann, wenn der Neubau großer Talsperren nur begrenzt erfolgt: Bestehende Anlagen können effizienter gestaltet oder durch einen Neubau ersetzt werden, wie wir am Beispiel Rheinfelden gesehen haben. Kleine Anlagen mit minimalem Landschaftseingriff tragen vielleicht künftig zu einer nachhaltigen Stromproduktion bei. Und die technisch noch weitgehend ungenutzten Kräfte, die Gezeiten und Wellen in sich bergen, sind mit weiterer Forschung zu erschließen. Insgesamt ist bei einem steigenden Weltenergiebedarf jedoch kaum davon auszugehen, dass der relative Anteil der Wasserkraft deutlich gesteigert werden kann.

Ganz anders sieht es bei der Windkraft aus: Im Gegensatz zur Wasserkraft besitzt sie ein erhebliches Ausbaupotenzial. Doch auch dies liegt vor allem auf hoher See.

VON DER ÖKOPHANTASIE ZUM MILLIARDENGESCHÄFT: WIE WINDKRAFT EFFEKTIVER WIRD

> »In diesem Augenblick erhob sich ein leichter Wind und die großen Flügel begannen sich zu bewegen. Als Don Quijote dies sah, rief er: ›Und wenn Ihr auch mehr Arme erhöbet als der Riese Briareus, solltet Ihr's mir dennoch bezahlen.‹«
>
> *Miguel de Cervantes Saavedra, Der sinnreiche Junker Don Quijote von der Mancha*

Endlich ist es so weit. Heute werde ich das erste Mal einen Offshore-Windpark besuchen. Fast vier Monate habe ich mit Anfragen, Warten und Recherche verbracht. Dass es so lange gedauert hat, habe ich mir teilweise selbst zuzuschreiben. Ich wollte keine Versuchsanlage besuchen, wie sie mit Alpha Ventus vor der deutschen Küste betrieben wird, sondern einen Park, der sich als Kraftwerk bewährt hat und nun im Normalbetrieb läuft. Denn anders als andere erneuerbare Energien ist die Windkraft längst über das Stadium einzelner Pilotprojekte hinaus.

Wer solche Windparks sehen will, der muss nach Großbritannien oder Dänemark. Mein ursprünglicher Plan, mir den derzeit weltweit größten Windpark Thanet im Südosten Englands anzusehen, scheitert. Immer werde ich vom Betreiber vertröstet, man lässt Journalisten nicht gerne zu nahe heran. Aber genau das will ich: Nah ran, mit aufs Wartungsboot, einen persönlichen Eindruck gewinnen. Sally Shenton, die Betriebsleiterin des Windparks »Robin Rigg«, auf einer Sandbank zwischen der englischen und der schottischen Küste gelegen, hat mit der Nähe kein Problem. Allerdings könne sie keine Ausfahrt garantieren, das hinge vom Wetter ab, schreibt sie noch in der Woche zuvor per E-Mail.

Als ich morgens in Workington aufwache, strahlt die Sonne. Kein Grund zu befürchten, dass wir wegen schlechten Wetters im Hafen festsitzen. Als Sally mich mit ihrem Golf vom Hotel abholt und Scherze über das ungemütliche Wetter macht, lache ich – ebenso, als sie mir etwas später in ihrem Büro ein Armband überreicht, das gegen Seekrankheit helfen soll.

In der Nacht ist eine der 60 Turbinen abgeschaltet worden, wir sollen vor Ort feststellen, ob man trotz des starken Seegangs eine Crew für die notwendige Reparatur entsenden kann. Wir betreten ein Schiff, das der Betreiber E.ON eigens für Bau und Betrieb des Windparks hat bauen lassen: einen rund 15 Meter langen Katamaran, der stabiler im Wasser liegt als ein Einrumpfboot. Der Bug ist gerade wie bei einer Fähre. Gewaltige Gummiflächen am Bug ermöglichen es, das Schiff direkt an den Türmen der Windkraftanlagen anlanden zu lassen. Der übrige Aufbau ähnelt einem Seenot-Rettungskreuzer. Der Skipper, der sich von mir aus nicht ganz verständlichen Gründen nicht Kapitän nennen lassen will, sitzt auf einer deutlich erhöhten Brücke.

Wir verlassen den Hafen von Workington und nehmen Kurs auf den elf Kilometer entfernten Windpark. Der Katamaran springt über die rund einen Meter hohen Wellen und ich verstehe, warum der Skipper sich angeschnallt hat. Ich hüpfe ungewollt auf und ab und überlege, ob ich das Anti-Übelkeitsband nicht doch hätte anlegen sollen.

Nach einer knappen halben Stunde sind wir vor Ort. In sechs Reihen stehen hier 60 weiße Türme, jeder 80 Meter hoch. Am östlichen Rand ist ein kleines Umspannwerk auf Stelzen errichtet worden. Sonst nichts. Trotz des gewaltigen Windes drehen sich die dreiblättrigen Rotoren, jeder mit einem Durchmesser von mehr als 40 Metern, scheinbar alle mit gleicher Geschwindigkeit. Scheinbar, denn am Kontrollmonitor an Land sehe ich später, dass die Windgeschwindigkeit erheblich variiert. Vor allem die innen stehenden Windkraftanlagen produzieren etwas weniger, vermutlich weil die Anströmung von ihren Nachbarn gestört wird.

Wir fahren F2 an, das ist die Anlage, die wegen drohender Überhitzung der Elektrik abgestellt wurde. Der Skipper versucht ein Anlegemanöver, ein Wagnis bei dem Wellengang, da er auf wenige Zentimeter genau manövrieren muss. Beim zweiten Versuch klappt es, doch das Boot schaukelt so stark auf und ab, dass ich mir nicht zutraue, auf die am Fundament angebrachte Leiter umzusteigen. Sally entscheidet, es sei heute zu gefährlich, die Anlage zu betreten. Die meisten ihrer Ingenieure und Techniker sind Gefahren gewohnt.

Sie haben zuvor für Ölunternehmen oder die Marine gearbeitet, einer hat sogar in der Antarktis Forschungsstationen gebaut. Sally aber achtet strikt auf Sicherheit und ist stolz darauf, dass es noch keinen Unfall mit ernsthaften Folgen gegeben hat.

Dass die Kräfte der Natur nicht berechenbar sind, hat Sally beim Bau des Windparks ständig zu spüren bekommen. Robin Rigg wurde im September 2010, etwa ein Jahr später als geplant, fertig. »Auf jeden Tag, den wir gearbeitet haben, kam einer, an dem wir pausieren mussten«, erläutert Sally. Wobei das der statistische Schnitt ist, teilweise musste die Mannschaft wochenlang an Land ausharren und auf besseres Wetter warten.

Seit der Einweihung läuft der Windpark anstandslos. Für 2011 lautet das Produktionsziel 573 Gigawattstunden Strom. Da jede der Turbinen eine Maximalleistung von 3 Megawatt hat, könnten bei Optimalwind 1577 Gigawattstunden produziert werden. 36 Prozent Auslastung, das klingt nicht viel. Verglichen mit landgestützten Anlagen ist es das aber, denn die bringen maximal 25 Prozent. Nicht weil der Wind an Land unbedingt schwächer weht, sondern weil die Anströmung der Turbinen durch Gebäude, Hügel oder Bäume gestört wird. Sally kümmern Auslastungszahlen wenig. »Das ist die Natur. Den Schalter, mit dem wir den Wind an- und abschalten können, haben wir noch nicht erfunden. Viel wichtiger ist mir, dass wir mehr als 98 Prozent des tatsächlich vorhandenen Windes nutzen konnten, um Strom zu produzieren.« Ich frage, ob sie stolz sei. »Ja«, antwortet die Mutter zweier Mädchen, die als Maschinenbauingenieurin früher Kohle- und Gaskraftwerke optimiert hat. Sie könne mit ihrer Arbeit etwas gegen den Klimawandel tun, und spannend sei die Aufgabe ohnehin.

Das wird sie auch auf absehbare Zeit bleiben. Denn anders als bei Autos oder Kohlekraftwerken gibt es noch keine langjährige Erfahrung mit Hochsee-Windparks. Robin Rigg war eine der ersten kommerziellen Anlagen und soll für mindestens 20 Jahre Strom liefern, also bis 2030. Was wird als Erstes verschleißen? Sallys besondere Aufmerksamkeit gilt den Getrieben, die die Rotordrehzahl so übersetzen, dass der Generator mit genau der Geschwindigkeit läuft, die für die Wechselstromproduktion gebraucht wird. Vier Getriebe wurden mittlerweile ausgetauscht. Beim ersten Mal dauerte es acht Tage, bis die betroffene Anlage wieder lief. »Bei der vierten wussten wir vom drohenden Ausfall und konnten das Getriebe vorher tauschen.« Potenzielle Schwachstellen sind auf lange Sicht aber vor allem das Fundament und die Rotoren.

Manchmal treten auch Wartungsfälle auf, an die niemand vorher gedacht hat. So haben sich Kormorane die Außenleitern der Windkraftanlagen als Jagdsitz ausgesucht. Ihr Kot verschmutzt die Leitern so stark, dass eine sichere Nutzung nicht mehr möglich ist. Der Punkt »Vogelkot entfernen« wurde neu in den Wartungsplan aufgenommen. Der Naturschutzbund NaBu rief den Kormoran 2010 in Deutschland wegen seiner Gefährdung zum »Vogel des Jahres« aus. Dass er etwas so Unnatürliches wie eine auf See gebaute Windkraftanlage zu seinem Lebensraum erkürt, war nicht vorhersehbar. Ähnliche Erfahrungen machte der Betreiber des neuen Münchner Flughafens im Erdinger Moos: Nach Aufnahme des Flugbetriebs brüteten mehr Paare des in Bayern sehr seltenen Großen Brachvogels auf dem Gelände als je zuvor. Dennoch bedeuten die Meeres-Windparks natürlich einen Eingriff ins Ökosystem, der schon mit dem Bau beginnt. Die Fundamente der heutigen Anlagen werden in den Boden gerammt. Man darf sich das so ähnlich vorstellen, als ob ein Nagel in die Wand geschlagen wird. Nur dass für jede Windkraftanlage etwa 8000 Schläge benötigt werden, die in der Spitze einen Lärm verursachen, der in 750 Metern Entfernung noch bei bis zu 200 Dezibel liegt (die Schmerzgrenze für den Menschen beträgt etwa 130 Dezibel). Meeressäuger wie der Schweinswal werden vertrieben, was zu Forderungen nach einem Baustopp im Sommer geführt hat – obwohl gerade dann die besten Wetterbedingungen herrschen. Abhilfe könnten neue Verfahren schaffen, bei denen gebohrt anstatt gerammt wird. Das Bauunternehmen Hochtief und der Spezialmaschinenhersteller Herrenknecht entwickeln gemeinsam eine Vertikal-Schachtbohrmaschine weiter, die sich im Tunnelbau schon bewährt hat. Messungen an einem unter Wasser stehenden U-Bahn-Tunnel haben ergeben, dass sich der Schallpegel in 750 Metern Entfernung auf 117 Dezibel oder sogar noch weiter absenken ließe.

Ist die Anlage einmal in Betrieb, sind besonders gefiederte Wesen in Gefahr. Es scheint bei Vögeln Arten zu geben, den Seetaucher beispielsweise, die besonders empfindlich auf menschliche Störungen reagieren und selbst vor weit entfernten Schiffen oder Windkraftanlagen fliehen. Ihr Lebensraum wird also stark eingeschränkt. Ebenso gibt es Arten, die einfach nicht umsiedeln wollen, die Heringsmöwe etwa. Die geht dafür ein höheres Risiko ein, mit den Rotorblättern zu kollidieren. An Land sind Windkraftanlagen immer wieder ins Gerede gekommen, weil Greifvögel und Fledermäuse, relativ seltene Arten also, buchstäblich unter die Räder gekommen waren. Es lässt sich festhalten, dass keine Form der Energieerzeugung ohne Folgen für die Umwelt bleibt. Die Frage besteht vielmehr darin, welchen Preis wir in Kauf nehmen wollen und welchen nicht.

Bei der Auswahl des Standortes für einen Meeres-Windpark sind Artenschutzkriterien ein wichtiger Faktor, nicht aber der einzige. Idealerweise ist ein gewisser Abstand zur ökologisch und touristisch besonders sensiblen Küste gegeben, gleichzeitig sollte der Park schnell zu erreichen sein, damit bei Störungen direkt reagiert werden kann. Einen wesentlichen Einfluss auf die Kosten hat, wie tief der Meeresboden an der gewählten Stelle ist. Eine Sandbank in einigen Meilen Entfernung zur Küste ist ein Glücksfall, mit dem deutsche Gewässer nicht aufwarten können. Eines Tages ist es vielleicht möglich, dass die Windkraftanlage gar nicht mehr im Boden verankert werden muss. Die weltweit erste schwimmende Anlage, genannt »Hywind«, testet Stateoil in Norwegen – 220 Meter über dem Meeresboden. Der Aufwand ist nicht unerheblich: Damit die Turbine mit einem Rotordurchmesser von bis zu 120 Metern auch bei schwerem Seegang nicht einfach umfällt, reicht die mit Ballast beschwerte Plattform bis in 100 Meter Tiefe und wird mit drei Stahlseilen am Meeresboden verankert.

Die größten Bedenken gegen die Errichtung von Windparks im Meer kommen allerdings nicht von Artenschützern – sondern von »Landschaftsschützern«, die um die intakte Postkartenoptik des jeweiligen Küstenabschnitts besorgt sind. Nicht nur in Deutschland, auch in Workington gab es solche Stimmen. Ich versuche, mit dem kritischen Blick eines erholungssuchenden Touristen auf den Park zu schauen. Aber sosehr ich mich bemühe, die weit entfernte Anlage trübt meinen ästhetischen Genuss nicht mehr oder weniger als ein vorbeifahrendes Schiff. Abends fahre ich wieder an die Küste. Vielleicht wirkt der Windpark bei Sonnenuntergang bedrohlicher, unästhetischer. Doch noch immer genieße ich den Blick auf die irische See, hinter dem Horizont liegt Belfast. Der Wind weht so heftig, dass ich das Gesicht von der Seeseite abwenden muss, um atmen zu können. Was mich jedoch stört, sind die weniger als halb so großen, direkt an der Steilküste montierten Windkraftanlagen mit ihren lauten Geräuschen. Vielleicht müssen wir mehr in Alternativen denken. Bauen wir große Windkraftparks an einigen geeigneten Plätzen auf dem Meer? Oder viele einzelne Windkraftanlagen an jedem geeigneten Ort der Republik?

Dass wir nicht hinter die Errungenschaften der Windkraft zurückfallen sollten, zeigt ein Blick auf die zwanzig Meilen südlich von Workington gelegene Wiederaufbereitungsanlage Sellafield. Der letzte Schadensfall ereignete sich dort 2005, als über Monate hinweg unbemerkt 83 000 Liter einer hochradioaktiven Flüssigkeit ins Meer geleitet wurden. In den Jahren 1965 bis 1985 floss sogar ganz offiziell radioaktives Wasser in die irische See. Und 1957 ereignete sich auf dem Gelände, auf dem damals ein Plutonium-Brutreaktor für britische Atomwaffen betrieben wurde, ein Brand, der zu den schlimmsten Unfällen der Nuklearindustrie vor Tschernobyl gezählt wird. Der eigentliche Skandal ist aber: Obwohl Milliardensubventionen in die Anlage flossen, ist sie wegen technischer Schwierigkeiten nie richtig ins Laufen gekommen. Aus aller Welt herbeigeschaffter Atommüll stapelt sich auf dem Gelände. Britische Regierungsmitglieder sprechen mittlerweile von der größten Fehlinvestition in der Geschichte Großbritanniens.

AUSGEFORSCHT? DIE ZUKUNFT DER WINDENERGIE

Bei der Stromerzeugung aus Windkraft handelt es sich um eine reife Technologie. Reif in dem Sinn, dass sie zwar noch nicht mit längst abbezahlten Kohlekraftwerken konkurrieren kann, aber die Erzeugungskosten deutlich unter den Endpreisen liegen, die ein normaler Haushalt für die Kilowattstunde Strom bezahlt. Die Anlagenhersteller sind mittlerweile potente Industrieunternehmen – allein Weltmarktführer Vestas machte 2010 einen Umsatz von sieben Milliarden Euro. Zu den Anbietern gehören ferner Großkonzerne wie Siemens, die über riesige interne Entwicklungsabteilungen verfügen. Gibt es da überhaupt noch einen Bedarf für weitere Forschung?

Und ob! Nach Meinung von Dr. Stephan Barth, Leiter des Forschungsinstituts ForWind, befindet sich die gesamte Windbranche noch im Stadium einer Manufaktur. Vor allem im stark wachsenden Sektor der im Meer gebauten Anlagen fehlten Standards. Dazu brauche man auch Forschung: »Man muss das ganze System von vorne bis hinten durchdenken.« Insbesondere müsse die Zuverlässigkeit noch deutlich steigen. Fakt ist, dass in vielen Bereichen der Windanlagenfertigung heute noch Handarbeit zählt. Nun sind die Stückzahlen, beispielsweise bei der Fertigung von Rotorblättern, deutlich niedriger als im Automobilbau. Dennoch wäre ein höherer Automatisierungsgrad erstrebenswert – wie er etwa im Flugzeugbau bei ähnlich kleinen Stückzahlen erreicht wird. Davon ist man jedoch noch meilenweit entfernt.

Eines der wichtigsten Felder der Forschung ist die bessere Ausnutzung des vorhandenen Windes. Dazu sollen künftige Windkraftanlagen mehr über den Wind wissen. Nicht über den Wind, der die Rotorblätter antreibt – der wird mit einem Windgeschwindigkeitsmesser schon heute von jeder Anlage gemessen –, sondern über zukünftig zu erwartenden Wind. Ein Autofahrer kennt schließlich auch mehr als den aktuellen Kurvenradius, wenn er eine Serpentinenstraße befährt. Er überblickt die vor ihm liegende Straße und trifft seine Entscheidungen über Gasgeben, Bremsen und Lenkeinschlag auf der Basis seiner Kenntnisse über den kommenden Streckenabschnitt. Tatsächlich ist es möglich, dieses Prinzip mit Hilfe optischer Techniken auf Windkraftanlagen zu übertragen. Künftige Generationen könnten mit Lasersensoren ausgestattet werden, die es erlauben, auf einige Hundert Meter in den (demnächst kommenden) Wind hineinzuschauen. Die für den Menschen völlig ungefährlichen Laserstrahlen werden von der Windanlage aus gesendet und reflektieren an winzigen Staubteilen oder Pollen, die der Wind mit sich führt. Durch die Teilchenbewegung im Wind verschiebt sich die Wellenlänge des zurückgestrahlten Lichtes leicht. Aus dieser Verschiebung lässt sich dann die Geschwindigkeit des Windes bestimmen – ein Prinzip, das die Polizei zur Verkehrsüberwachung einsetzt. Mit der Kenntnis des Windes sind Extremwindsituationen besser zu steuern, sprich die Anlagen müssten weniger häufig abgeschaltet werden.

Die bestmögliche Ausnutzung des Windes hängt auch von einer aerodynamisch günstigen Form der Rotorblätter ab. Momentan ist die Form starr auf eine hypothetische mittlere Windgeschwindigkeit ausgelegt – und oft eher von Erfahrung als von wissenschaftlicher Erkenntnis geprägt. Klüger wäre es, wenn ein Rotor sich wie der Flügel eines Vogels den Windverhältnissen anpassen könnte. Die große Herausforderung bei Windkraftanlagen besteht darin, solche Mechaniken so zu entwickeln, dass sie mindestens zwanzig Jahre halten. Die ersten Versuche laufen, und auch wenn eine Kommerzialisierung noch zehn Jahre dauern dürfte, zeigen sie, dass die Windkraft noch Potenzial zu höheren Wirkungsgraden hat.

Barth nennt eine Wunschmarke von 3500 Euro je installiertem Kilowatt, heute liegt man noch bei rund 6000. (Bei der Wasserkraft waren es 3800 Euro.) Sparen ließe sich vor allem beim Materialeinsatz. So bestehen die Wände der Türme heute aus zehn Zentimeter dickem Stahl. Der ist nicht nur teuer, sondern außerdem nur mit großem Aufwand auf den Millimeter genau zu verschweißen. Vielleicht haben Sandwich-Materialien eine Zukunft: ein Innen- und ein

Außenrohr, dazwischen eine Füllung, beispielsweise aus Mörtel. Rund die Hälfte des Stahls und 80 Prozent der Schweißarbeit könnten so eingespart werden.

Vielleicht sehen in zehn Jahren Windkraftanlagen ganz anders aus als heute. Diejenigen auf hoher See könnten nur noch zwei und nicht mehr drei Rotorblätter haben. An Land hatte man dreiblättrige Rotoren gewählt, weil sie den besten Kompromiss aus Materialeinsatz, Ertrag und Geräusch bieten. Diese Bauweise wurde auf die Windparks im Meer übertragen. Da dort das Geräusch jedoch weniger wichtig ist, werden Transport und Baulogistik zu Erfolgsfaktoren. Zweiblättrige Rotoren kann man einschließlich vormontierter Gondel nebeneinander auf ein Schiff legen.

Ein weiteres unbestelltes Feld für die Forschung ist die Optimierung der Gesamterträge größerer Windparks im Meer. Denn während die außen stehenden Anlagen frei angeströmt werden, leiden die innen stehenden unter den Turbulenzen, die die vor ihnen aufgebauten Anlagen verursachen. Schon Turbinen in der zweiten Reihe bringen oft nur 60 Prozent des Ertrags der Anlagen, die außen stehen – eine Beobachtung, die ich in Sallys Steuerungszentrale selbst machen konnte. Mit komplexen Strömungsberechnungen versuchen Wissenschaftler die optimale Platzierung der Windanlagen zueinander auszutarieren. Verbleibende Ungleichheiten könnte man dadurch beseitigen, dass man die Turbinen in der ersten Reihe künstlich etwas drosselt, um den Gesamtwirkungsgrad der Anlage zu steigern.

Weiterhin wird untersucht, wie sich große Windparks gegenseitig beeinflussen. Eine durchaus relevante Frage, denn bei einer dichten Bebauung von Nord- und Ostsee bleibt für die küstennahen Windparks weniger Energie übrig. Nicht vergessen: Energie vermehrt sich nicht. Dadurch, dass Windanlagen Bewegungsenergie der Luft in elektrische Energie umwandeln, weht der Wind nach dem Passieren mehrerer großer Windparks tatsächlich schwächer. Allerdings vermögen auch Experten heute noch nicht zu sagen, wie groß dieser Einfluss ist. »Man hat den Wind noch nicht vollständig verstanden«, sagt Stephan Barth, einer seiner besten Kenner.

Weil man die Belastungen nicht genau kennt, ist es zudem schwierig, die Lebensdauer heutiger Meereswindparks vorherzusagen. Zwar können Bauingenieure Tragstrukturen und Maschinenbauer Getriebe auf 30 oder sogar 50 Jahre Standzeit auslegen. Voraussetzung ist allerdings, dass die einwirkenden Kräfte hinsichtlich Höhe und Dauer bekannt sind. Systematisch erforscht werden diese Kräfte und ihre Wechselwirkung mit den Windanlagen erst jetzt. So baut die Universität Hannover ein Testzentrum auf, in dem Tragstrukturen mit hydraulisch erzeugten Kräften belastet werden können. Im Zeitraffer kann man so Anlagen altern lassen und dabei ihr Verhalten beobachten. Das Ziel der Forscher: Komponenten so intelligent zu machen, dass sie ihr Alter und damit mögliches Versagen selbst erkennen können. Dazu gehört auch, dass man die Rotoren mit optischen Sensoren ausrüstet, die beginnende Risse erkennen und an die Leitstelle weitermelden. Bislang erfolgt diese Untersuchung alle ein bis zwei Jahre durch Wartungstechniker.

PERMANENT UND SYNCHRON. DAS NETZPROBLEM

Auf Kongressen und in Fachzeitschriften diskutieren Wissenschaftler intensiv darüber, wie die Windstromerzeugung besser auf das Stromnetz abgestimmt werden kann. Zum Teil ist das eine Frage der Übersetzung der Rotor-Drehzahl in die des Strom erzeugenden Generators. Der muss nämlich den passenden »Drehstrom« mit einer Frequenz von exakt 50 Hertz liefern. Um diese Gleichmäßigkeit trotz des launischen Windes einzuhalten, werden Getriebe eingesetzt (wie im Auto haben diese Apparate die an sich schlichte Aufgabe, eine Umdrehungsgeschwindigkeit in eine andere zu übersetzen). Weil Getriebe aber recht aufwändige und damit wartungsintensive Maschinen sind, gehen einzelne Hersteller andere Wege. Sie setzen sogenannte permanenterregte Synchrongeneratoren ein.

Permanent und synchron, das klingt gut. Um zu verstehen, was gemeint ist, muss man sich kurz mit Elektromotoren auseinandersetzen. Im Inneren eines Synchronmotors befindet sich auf einer Welle ein magnetischer oder magnetisierter Rotor, auch Läufer genannt. Um diesen Rotor herum sitzt der unbewegliche Stator, der bei Anlegen einer Spannung ein Magnetfeld erzeugt. Wie eine Kompassnadel richtet sich der Stator nach diesem Magnetfeld aus. Jetzt der eigentliche Trick: Die Spannung wird nicht nur an einem Punkt des Stators angelegt, sondern nacheinander an mehreren, wodurch die Pole des Magnetfeldes rundherum wandern und den Rotor mitziehen, synchron zur Ausrichtung des Magnetfeldes – etwa so, wie wenn man einen starken Magneten ganz gleichmäßig rund um einen Kompass führt und die Kompassnadel immer auf den Magneten zeigt. Man wandelt also Strom in Bewegung um, etwa um eine

Maschine oder ein Auto anzutreiben. Glücklicherweise funktioniert das auch umgekehrt: Wird der Rotor angetrieben, etwa in einer Windkraftanlage, dann erzeugt sein Magnetfeld eine Kraft, die auf die Elektronen in den Statorpolen wirkt, sie beginnen zu wandern, Strom fließt. In diesem Fall spricht man von einem Synchrongenerator, der in beinahe allen Großkraftwerken zum Einsatz kommt.

Warum kann man aber auf ein Getriebe verzichten? Tatsächlich schwankt die Frequenz des erzeugten Stroms erheblich, allerdings kann man ihn erst durch einen Gleichrichter jagen, der Gleichstrom erzeugt, dann wieder durch einen Wechselrichter, der den Wechselstrom mit der genau passenden Frequenz erzeugt. Möglich ist dieser umständliche Weg, weil permanent »erregte« (also magnetische) Synchrongeneratoren mit sehr hohem Wirkungsgrad arbeiten. Ideal für eine Windkraftanlage, die gerade bei Schwachwinden die maximal mögliche Strommenge liefern soll. Außerdem sind diese Maschinen sehr verschleißarm und damit auf hoher See im Vorteil.

Dennoch hat jedes technische System auch Nachteile, in diesem Fall sind es die Materialien. Um die sehr großen Magnete im Rotor herzustellen, benötigt man mehrere Zentner Seltener Erden. Das sind Metalle, die gar nicht so selten vorkommen, jedoch nur in chemisch gebundener Form. Insbesondere das für starke Magnete besonders gut geeignete Neodym gilt als kritisch. 97 Prozent der derzeitigen Weltförderung stammen aus China, so dass die Europäische Union das Material auf eine Liste von 14 besonders kritischen Rohstoffen gesetzt hat – man befürchtet eine zu große Abhängigkeit von einem einzelnen Land. Je nach Herstellerphilosophie wird bei der Präsentation der nächsten Generation von Meeres-Windkraftanlagen derzeit explizit betont: »Läuft ohne Getriebe« (Siemens) oder »Bewährte Technik mit Getriebe« (Vestas). Einig sind sich die beiden Marktführer darin, dass die kommenden Generationen noch größer werden. Siemens testet in Dänemark eine Sechs-Megawatt-Turbine, die 2014 in Serie gehen soll. Schon 2015 will Vestas mit einer Sieben-Megawatt-Turbine kontern. Wissenschaftler der Fraunhofer-Gesellschaften arbeiten bereits an Konzepten für zehn Megawatt.

Dieses »Immer höher, immer weiter« macht für die Umwelt durchaus Sinn, nicht nur auf hoher See, sondern auch an Land. Denn Windkraft braucht letztlich viel mehr Fläche als klassische Kraftwerke, um dieselbe Menge Energie zu erzeugen. Günter Keil, pensionierter Mitarbeiter des Bundesforschungsministeriums, hat ausgerechnet, dass man eine Fläche von 738 Quadratkilometern benötigt, um die Strommenge des Kernkraftwerkes Philippsburg 2 zu ersetzen. Natürlich ist dieser Vergleich etwas ungerecht, denn die Windkraftanlage kann man an den Ackerrand stellen, während auch harte Befürworter der Kernkraft wahrscheinlich nicht Getreide auf dem AKW-Gelände anbauen wollen. Da es aber nicht nur darum geht, einzelne Kernkraftwerke zu kompensieren, sondern – aus meiner Sicht dringender – die CO_2-Emissionen aus fossilen Kraftwerken zu senken, wird klar, dass wir dringend stärkere und höhere Anlagen brauchen. An Land ist die Höhe mitentscheidend, weil man Anlagen dann eines Tages auch im Wald errichten kann, ohne Bäume zu fällen. Die Windforscher des Fraunhofer Instituts IWES haben ausgerechnet, dass zwei Prozent der Landfläche in Deutschland ausreichen würden, um etwas mehr als die Hälfte der benötigten Strommenge zu erzeugen. Sie gehen in ihrem Szenario davon aus, dass statt der heute üblichen Ein- und Zwei-Megawatt-Turbinen moderne Drei-Megawatt-Turbinen zum Einsatz kommen. Zwei Prozent, das klingt einerseits nicht schlecht, 98 Prozent der Landschaft bleiben unberührt. Andererseits sind natürlich viele Flächen tabu oder nicht wirtschaftlich: Innenstädte, Naturschutzgebiete, Schwachwindzonen. Schaut man sich die IWES-Karte genauer an, entdeckt man, was man schon wusste: Flächen ohne Restriktionen findet man vor allem in Niedersachsen, Schleswig-Holstein und Mecklenburg-Vorpommern, auf die sich demzufolge auch der weitere Ausbau konzentrieren dürfte.

GEMISCHTE BILANZ

Beim Ausbau der alternativen Energien setzt die Bundesregierung mangels Alternativen derzeit sehr stark auf die Windkraft, insbesondere auf seegestützte Anlagen. Wie jede Heilserwartung, so muss auch diese trotz der großen Chancen und des Weiterentwicklungspotenzials enttäuscht werden. Denn die Windkraft schwankt nicht nur tageszeitlich, sondern auch saisonal und zum Teil über mehrere Jahre hinweg. So befand sich die installierte Kapazität, also die maximale Leistung, aller Windkraftanlagen in Deutschland Ende 2010 auf dem Rekordniveau von 27 Gigawatt. Der erzeugte Strom ging von 2008 bis 2010 jedoch permanent zurück, 2010 betrug er nur noch 36,5 Terrawattstunden. Wissenschaftler machen globale Klimaphänomene, nicht nur menschengemachte, sondern auch natürliche, für die Flaute der letzten Jahre verantwortlich.

Es besteht kein Zweifel daran, dass die Diskrepanz zwischen installierter Leistung und tatsächlicher Stromerzeugung durch den Fortschritt der Technik verringert werden kann und wird. Aber, und das ist im Bewusstsein vieler Entscheidungsträger noch nicht angekommen, die Lücke zwischen nomineller und realer Leistung wird nie völlig geschlossen werden. So wie ein Auto mit 200 PS selten oder nie tatsächlich mit seiner Nennleistung betrieben wird. Mit Ausnahme der Wasserkraft und der Geothermie gilt dies für alle Formen der erneuerbaren Energien – ganz besonders für die Photovoltaik, die wir im nächsten Kapitel unter die Lupe nehmen werden.

HEITER BIS WOLKIG: WELCHE PERSPEKTIVEN BIETEN PHOTOVOLTAIK UND SOLARTHERMIE?

»Aber jetzt konnten sie endlich loslegen, übermorgen würde ein neues Kapitel in der Geschichte der industriellen Zivilisation beginnen, und damit wäre die Zukunft der Erde gesichert.«

Ian McEvan, Solar

Die Solarzelle auf dem Dach ist das wahre Statussymbol des guten Bürgers, der sich um die Umwelt sorgt. Voraussetzung ist in der Regel ein Eigenheim und ausreichend Liquidität, um eine Anlageform zu finanzieren, die sich aufgrund garantierter Abnahmepreise besser verzinst als jede deutsche Staatsanleihe und dabei genauso sicher ist.

Als ich im Juni 2011 die Weltleitmesse für Solartechnik in München besuche, werde ich in der U-Bahn eingezwängt, wie ich es nur aus Delhi oder Tokio kenne. Die vielen asiatischen, vor allem chinesischen Gesichter lassen Reiseerinnerungen wieder aufleben. Die Messe »Intersolar« bildet indirekt den Solarboom ab, der sich in den letzten Jahren in Deutschland vollzogen hat. Im Jahr 2000 fand die Intersolar noch in Freiburg statt, die Aussteller füllten damals eine Fläche von 8000 Quadratmetern. 2011 sind es mehr als zwanzigmal so viel.

Noch eindrucksvoller ist das Wachstum nur bei den in Deutschland neuinstallierten Photovoltaikanlagen: Kamen 2008 noch 1,8 Gigawatt neu hinzu, waren es 2009 schon 3,8 Gigawatt und 2010 sogar 7,4 Gigawatt. Welche Branche kann ihren Umsatz schon Jahr für Jahr verdoppeln? Kein Wunder also, dass man sieben, acht Atomkraftwerke abschalten kann, ohne dass man es bemerkt –

oder doch? Unbeabsichtigt weist Carsten König, Hauptgeschäftsführer der Lobby-Organisation »Bundesverband Solarwirtschaft«, auf der Eröffnungspressekonferenz der Messe auf ein großes Problem der Solarenergie hin: Stolz zeigt er zunächst ein Chart, auf dem die in Deutschland installierte Leistung zu sehen ist: 17,2 Gigawatt waren es Ende 2010. Ebenso stolz präsentiert er einige Folien weiter, dass am Sonntag vor der Messe nachmittags um 14 Uhr 12,2 Gigawatt Solarstrom erzeugt wurden. Allerdings war der 5. Juni 2011 ein strahlend schöner Frühsommersonntag – und trotzdem erreichten alle Solarzellen in Deutschland nur zwei Drittel ihrer Nennleistung. Im Grunde nicht schlimm, denn an Sommersonntagen ist der Strombedarf gering. Zur Messeeröffnung an einem regnerischen Mittwoch ist das Verhältnis zwischen Angebot und Nachfrage weit ungünstiger. Was für Solarenergie symptomatisch ist: Die installierte Leistung steht bei Solaranlagen in einem ganz anderen Verhältnis zum tatsächlich produzierten Strom als bei anderen Formen der Energieerzeugung. Je Kilowatt installierter Solarleistung kann – je nach Standort und Ausrichtung der Anlage – nur mit einer Stromerzeugung zwischen 700 und 1200 Kilowattstunden im Jahr gerechnet werden. Das Jahr hat bekanntlich etwas mehr als 8000 Stunden, wir kommen also auf eine Auslastung, die deutlich niedriger ist als bei konventionellen Kraftwerken. Selbst Windkraftwerke, vor allem wenn sie ins Meer gebaut werden, kommen auf den drei- bis vierfachen Ausbeutefaktor. Ein zusätzliches Problem der Sonnenkraft: Drei Viertel des Stroms werden im Sommerhalbjahr erzeugt.

König argumentiert zunächst wirtschaftlich. So habe die hohe Subvention im Binnenmarkt zu 130 000 neuen Arbeitsplätzen geführt. Eine Zahl, um deren absolute Höhe es immer wieder Kontroversen gibt. Sicher richtig ist aber, dass die Mehrzahl der Arbeitsplätze im Handwerk entstanden ist, nicht in der High-Tech-Industrie selbst. Unbestritten ist auch die Technologieführerschaft deutscher Photovoltaikunternehmen, insbesondere bei den Produktionsanlagen, so dass die Exportquote der Branche bei mehr als 50 Prozent liegt.

Die Preise für die Solarmodule sinken deutlich, 2012 soll die sogenannte Netzparität erreicht werden. Darunter wird ein Erzeugungspreis verstanden, der dem durchschnittlichen Preis entspricht, den ein deutscher Haushalt für eine Kilowattstunde Strom bezahlt. Die Netzparität ist eine Erfindung der Solarwirtschaft. Sie besagt übersetzt: Wenn die Möhre aus dem eigenen Garten nicht teurer ist als die aus dem Supermarkt, dann lohnt es sich für die Allgemeinheit, wenn viele Menschen ihre Möhren selbst anbauen. Allerdings verpflichtet sich die Allgemeinheit, jede angebaute Möhre, die nicht im eigenen Haushalt verzehrt werden kann, zu einem vorher festgesetzten Preis abzunehmen, und entbindet das Individuum damit von jedem wirtschaftlichen Risiko.

Die Erzeugungskosten aber, so will es nicht nur die Politik, sondern auch die Solarindustrie, sollen innerhalb von zehn Jahren – also bis 2020 – um fünfzig Prozent sinken. Mehr Kilowattstunden je Euro, das ist das einhellige Entwicklungs- und Forschungsziel der Branche. Um es zu erreichen, gibt es exakt zwei Möglichkeiten: die Nutzung von Skaleneffekten in der Produktion und die Steigerung des Wirkungsgrades der Fotozellen selbst – also mehr Strom aus einer gleich teuren Zelle zu holen.

Die Fertigung von Solarzellen ähnelt der von Computerprozessoren. Man benötigt ziemlich teure Anlagen, die weitgehend automatisiert Zellen erstellen. Um die Investitionen zu amortisieren, ist es natürlich von Vorteil, wenn die Millionen auf möglichst viele einzelne Zellen umgelegt werden. In der Montage der Systeme ist noch immer in weiten Bereichen Handarbeit angesagt, eine Automatisierung lohnt aufgrund des Kapitalbedarfs nur bei sehr hohen Stückzahlen. Insofern ist es glaubhaft, wenn König sagt, die Steigerung der Stückzahlen sei »mindestens genauso wichtig« wie die des Wirkungsgrades.

AUS PHOTONEN WERDEN WANDERNDE ELEKTRONEN

Trotzdem ist die Steigerung des Wirkungsgrades natürlich eine spannende Aufgabe für Ingenieure. Denn die Solarzellen, die sich heute auf deutschen Dächern befinden, nutzen deutlich weniger als zwanzig Prozent des Sonnenlichtes, um Strom zu gewinnen. Der Rest geht, wie so oft in der Technik, hauptsächlich als Wärme verloren. Bevor wir uns jedoch mit den technischen Möglichkeiten beschäftigen, Solarzellen noch besser zu machen, werfen wir einen Blick auf die Fotozellen: Wie wird aus einem Photon, das auf die Oberfläche einer Solarzelle trifft, überhaupt ein bewegtes Elektron, also elektrische Energie?

Stellen wir uns das Photon als Lichtteilchen vor (und behalten im Hinterkopf: Es handelt sich um ein Modell, das die Wirklichkeit abbilden soll, nicht um die Wirklichkeit selbst). Es fliegt mit konstanter Lichtgeschwindigkeit in ungefähr acht Minuten von der Sonne zur Erde. Wenn wir Glück haben, wird es nicht in der Atmosphäre – etwa an Wolken – absorbiert und trifft auf einem Stück Land auf (mit einer Wahrscheinlichkeit von 1:3, denn zwei Drittel der Erdoberfläche sind von Meeren bedeckt). Das Photon trägt eine bestimmte Energiemenge mit sich, abhängig davon, mit welcher Wellenlänge es schwingt: Schnelles Hin- und Herschwingen bedeutet viel Energie, klar. Wenn wir wiederum Glück haben, trifft das von uns beobachtete Photon nicht irgendwo auf, sondern genau auf der Oberfläche einer Solarzelle beliebiger Bauart.

Die Oberfläche der Solarzelle besteht aus einer dünnen Schicht eines Halbleitermaterials, in dem Elektronenüberschuss herrscht. Hinter der dünnen Schicht liegt eine dickere, in der gezielt ein Elektronenmangel geschaffen wurde, man kann auch von Löchern oder positiver Ladung sprechen. An der Grenze zwischen beiden Schichten entsteht ein elektrisches Feld. Trifft genau jetzt ein Photon auf diese Grenzschicht, verwandelt es sich vollständig in Energie und existiert fortan nicht mehr. Die Energie ist groß genug, um ein Elektron aus einem festen atomaren Gitter herauszuschlagen. Das elektrische Feld sorgt dafür, dass dieses sofort in die obere Schicht abtransportiert wird. Legt man nun noch jeweils einen elektrischen Kontakt auf die Oberseite und die Unterseite der Zelle, so wandert das Elektron durch den Draht – es fließt Strom, solange das Bombardement durch die Lichtteilchen anhält.

Als Halbleitermaterial kommt für Solarzellen überwiegend Silizium zum Einsatz. Doch Silizium ist nicht gleich Silizium: Beim klassischen Herstellverfahren, bekannt von Computerchips, schmilzt man Sand ein, züchtet aus der Schmelze hochreine Kristalle und zersägt diese in sehr dünne Scheiben. Hochreine Kristalle bedeutet, dass frühestens nach fünf Millionen völlig gleichmäßig angeordneten Atomen eine Verunreinigung auftritt – daher spricht man auch von »monokristallinen Zellen«. Um sich das langwierige Ziehen der Kristalle aus der Schmelze zu sparen, kann man es auch in Blöcken erstarren lassen. Beim Aushärten entsteht allerdings keine vollkommen gleichmäßige Gitterstruktur, sondern ein Gefüge aus Körnern. An deren Grenzflächen werden der Elektronen- und Photonenfluss gestört, daher sinkt bei diesen »polykristallinen« Materialien der Wirkungsgrad um etwa zwei Prozentpunkte.

Auch wenn die beiden Formen kristalliner Silizium-Solarzellen noch immer 80 Prozent des Weltmarkts ausmachen, so haben in den letzten Jahren deutlich kostengünstigere Dünnschicht-Solarzellen große Marktanteile gewonnen. Bei ihnen wird das Halbleitermaterial hauchdünn auf ein Trägermaterial (in der Regel Glas) aufgedampft. Dabei bilden sich keine Kristalle, das Silizium liegt »amorph«, also unordentlich, vor und besitzt nur noch etwa ein Drittel des Wirkungsgrades. Dafür ist die Schicht nur ein Hundertstel so dick, man braucht also generell weniger Material und außerdem ist der Herstellprozess bedeutend günstiger. Als Halbleiter setzt man heute vorwiegend Cadmium-Tellurid und Kupfer-Indium-Selenid ein.

Um das richtige Material für die Solarzellen gab es in den letzten Jahren eine intensive Diskussion. Nicht zuletzt, weil es sich beim in die Mode gekommenen Cadmium um ein giftiges Metall handelt, das in hohen Dosen sogar tödlich sein kann. Nun werden Solarzellen nicht gegessen, aber sicher irgendwann entsorgt. Auch wenn die Hersteller beteuern, einen geschlossenen Stoffkreislauf einzurichten, darf man es niemandem verübeln, wenn er die Vorstellung scheut, sein Dach mit Cadmium zu pflastern. Die Menge Cadmium je Solarmodul fällt mit 22 Gramm relativ gering aus. Aber solche Angaben können täuschen. Denn allein First Solar, Marktführer in der Dünnschicht-Solartechnik mit mehr als vier Gigawatt installierter Leistung, hat bislang fast 70 Tonnen Cadmium in seinen Modulen verwendet. Immerhin geben einige Unternehmen ihren Kunden eine umfangreiche Rückgabegarantie: Nach der Demontage übernimmt First Solar den Abtransport und die Entsorgung alter Module – eine vorbildliche Geschäftspraxis, die mir bei Computer- oder Autoherstellern bislang nicht bekannt ist.

Außerdem muss man die mögliche Cadmium-Emission in Relation zu anderen Erzeugungswegen und zur CO_2-Emission setzen. Ein niederländisch-amerikanisches Wissenschaftlerteam hat vor einigen Jahren herausgefunden, dass die Cadmium-Freisetzung bei Solarzellen um den Faktor 90 bis 300 geringer ist als bei Kohlekraftwerken. Da bei der Produktion von Solarmodulen Energie verbraucht wird, schneiden die Cadmium-Tellurid-Zellen bei der Treibhausgas-Bilanz sogar besser ab als die Siliziumzellen: Je nachdem, wie der für die Produktion erzeugte Strommix gestaltet ist, emittieren sie indirekt zwischen 20 und 35 Gramm Kohlendioxid je erzeugter Kilowattstunde. Die gesamten indirekten Treibhausgasemissionen von Solaranlagen betragen übrigens zwischen 78 und 217 Gramm Kohlendioxid-Äquivalent je Kilowattstunde und liegen damit signifikant über denen der Windkraft, die auf maximal 38 Gramm kommt.

Für kristallines Silizium spricht, dass es sich chemisch um ein unglaublich stabiles Material handelt: In der äußeren Schale eines

Siliziumatoms befinden sich genau vier Elektronen, die in einem Kristallgitter jeweils als Bindung zum benachbarten Atom fungieren. Diese Eigenschaft teilt es mit reinem Kohlenstoff – auch als Diamant bekannt. Die Solarzellen selbst könnten hundert Jahre und mehr halten, ohne dass nennenswerte Einbußen beim Wirkungsgrad zu verzeichnen sind. Das komplette Modul, das ja auch aus elektrischen Komponenten besteht, wird diese Lebensdauer aber wohl nicht erreichen. Dennoch ist die Langzeitstabilität sicher höher als bei den empfindlichen Dünnschichtmodulen, die im Lauf weniger Jahre bereits einen leichten Rückgang der Energieproduktion aufweisen.

DER SONNENGOTT

Freiburg im Breisgau. Hier, am südwestlichen Ende Deutschlands, unweit des Kaiserstuhls, wirbt man seit langem damit, dass die Region – und damit der Wein – sonnengesegnet ist. Der ideale Standort für das größte Solarforschungsinstitut Europas, das Fraunhofer Institut für Solare Energiesysteme. Mehr als 1000 Mitarbeiter, Standorte in Boston und Singapur und ein hoher zweistelliger Millionenetat – Voraussetzungen, mit denen man einen in die USA abgewanderten Spitzenwissenschaftler zurückholen konnte. Professor Eike Weber hatte 23 Jahre an der Elite-Uni in Berkeley gelehrt, bevor es ihn wieder nach Deutschland verschlug. Er gilt als Koryphäe auf dem Gebiet der halbleiterbasierten Solartechnik. Dieser sportliche, selbst im Februar braun gebrannte Mann mit festem Händedruck und breitem Lachen wirkt wie ein Surfer, nicht wie ein Autor mehrerer Hundert wissenschaftlicher Publikationen.

Weber ist Überzeugungstäter und schreibt schon einmal einen einseitigen Artikel in der Frankfurter Allgemeinen Sonntagszeitung, um seine Ideen voranzubringen. Überschrift: »Sonnenstrom ist klasse!« Ausnahmsweise habe er ihn völlig alleine verfasst, aus Ärger über einen Beitrag, der sich in der vorhergehenden Woche kritisch mit den Subventionen für die Solarindustrie beschäftigte. Gleich zu Beginn unseres Gespräches schwört er mich ein: »Wir haben keine Wahl. Wir müssen mit dem Umbau unseres Energiesystems beginnen.«

Webers Hauptargument: »Photovoltaik basiert auf 50 Jahren Erfahrung mit der Halbleitertechnik. Das hat zur Folge, dass die Preise kontinuierlich und gnadenlos heruntergehen.« Übertragen gelte das Moore'sche Gesetz auch hier: Gordon Moore, einer der Gründer des Chipherstellers Intel, hatte Mitte der sechziger Jahre vorausgesagt, dass sich die Anzahl der Schaltkreiskomponenten auf einer definierten Chip-Oberfläche alle ein bis zwei Jahre verdoppele – und dies bei konstanten Kosten. »Unser Moore'sches Gesetz heißt«, so Eike Weber, »dass bei jeder Verdoppelung der installierten Kapazität die Kosten um 20 Prozent sinken.« Dass die weltweite Kapazität weiterhin drastisch steigen wird, verdeutlicht er anhand folgender Rechnung: Im bisherigen Rekordjahr 2010 wurden weltweit 20 Gigawatt zugebaut. Wolle man 2050 nur zehn Prozent des Strombedarfes aus Fotozellen gewinnen, bräuchte man aber 12 000 Gigawatt, Nennleistung wohlgemerkt. Dies würde dann, bliebe der jährliche Zubau auf dem Niveau von 2010, rund 600 Jahre dauern.

Auch wenn Weber in der Sonntagszeitung plakativ von »fast 1000 Jahren« spricht (so großzügig muss man eigentlich nicht runden), der von ihm behauptete degressive Zusammenhang zwischen Erzeugungskosten und Menge scheint mir plausibel und lässt sich auch anhand mir vorliegender Daten nachweisen – wobei die Zeitreihe für die Photovoltaik selbst noch recht kurz ist und durchaus Ausreißer aufweist: In den Boomjahren vor der letzten Wirtschaftskrise war hochreines Silizium als Ausgangsmaterial für die Chipproduktion so begehrt, dass die Steigerungen der Nachfrage sogar zu einem Preisanstieg geführt haben. Die aktuellen Daten liegen jedoch wieder auf der langfristigen Kurve, so dass das Ziel einer Halbierung der Erzeugungskosten innerhalb einer Dekade durchaus realistisch ist. Man darf auch nicht vergessen, dass die Sonneneinstrahlung in Südeuropa und Nordafrika im Schnitt doppelt so hoch ist wie jene in Deutschland. Mit der gleichen Technik geerntet, sind die Erzeugungskosten dort nur halb so hoch.

Trotzdem: Ohne weitere technische Fortschritte beim Energienutzungsgrad der Fotozellen geht es nicht. Dazu nehmen wir als Anschauungsmuster ein Solarmodul von genau einem Quadratmeter Fläche und montieren es perfekt ausgerichtet auf unser Dach. Die Sonne strahlt mit etwa einem Kilowatt pro Quadratmeter ein, in Frankfurt am Main tut sie das im Schnitt 1000 Stunden pro Jahr. Nach einem Jahr müsste unser Modul also ungefähr 1000 Kilowattstunden Strom produziert haben. Für unseren Haushalt mit einem Jahresstromverbrauch von rund 4000 Kilowattstunden benötigen wir also nur vier Quadratmeter Fläche. Klasse!

So einfach ist es leider nicht. Denn zunächst werden wir feststellen, dass im Juli, wo wir ohnehin im Urlaub sind und ansonsten im

Garten grillen, fünfmal so viel Strom am Tag zur Verfügung steht wie im Januar, wo wir das Licht bereits nachmittags einschalten. Das viel größere Problem: Ich habe den völlig unrealistischen Fall von 100 Prozent Wirkungsgrad angenommen – die komplette Sonneneinstrahlung würde also ohne Verlust in Strom verwandelt. Das gibt uns aber die Chance, die Relevanz von Wirkungsgraden zu verdeutlichen: Zehn Prozent Wirkungsgrad wie bei heutigen Billig-Solarmodulen aus dem Baumarkt bedeuten, dass ich 40 Quadratmeter Dachfläche bräuchte. Eine Verdoppelung des Wirkungsgrades auf nicht unrealistische 20 Prozent hätte eine Halbierung des Flächenbedarfes auf etwa 20 Quadratmeter zur Folge. Da aber das Streulicht an einem Januartag, gehen wir davon aus, dass kein Schnee auf den Solarmodulen liegt, um den Faktor fünf geringer ausfällt, wären dann (unrealistische) 100 Quadratmeter notwendig.

Weil wir gerade dabei sind: Würde man alle nutzbaren Dachflächen in Deutschland mit Solarzellen ausstatten, das haben Wissenschaftler der Technischen Universität München ausgerechnet, könnte man damit in der Spitze 161 Gigawatt Strom erzeugen, deutlich mehr als die Spitzennachfrage, die bei etwa 85 Gigawatt liegt. Aber eben nur unter perfekten Wetterbedingungen und mittels diktatorischer Zwangsinstallation. Die Münchner haben für ihre Berechnungen übrigens eine mittlere Leistung von 150 Watt je Quadratmeter angenommen: nicht das Ende der Fahnenstange.

Einige Zeit hielt Webers Institut mit 41,1 Prozent den Wirkungsgrad-Weltrekord für Solarzellen. Im Jahr 2009 musste er den Titel an die Boeing-Tochter Spectrolab aus Kalifornien abgeben, die eine Zelle mit 41,6 Prozent entwickelt hatte. Erzielt wurden beide Rekorde mit Konzentratorzellen. Bei dieser High-Tech-Spielart der Photovoltaik werden Linsen benutzt, um das einfallende Sonnenlicht auf eine darunter liegende mehrlagige Zelle zu konzentrieren. In jeder Schicht dieser in der Regel dreilagigen Zelle wird Licht einer bestimmten Wellenlänge absorbiert. Allerdings hat auch diese Technik Nachteile: Konzentratorzellen sind auf direkt einfallendes Sonnenlicht angewiesen. Mit dem Streulicht, das an wolkenverhangenen Tagen bei uns dominiert, können sie nichts anfangen. Daher sind solche Zellen ideal für Solarkraftwerke in südlichen Regionen; die Module werden dort auf in zwei Achsen bewegliche Paneele montiert und fortlaufend dem Stand der Sonne angepasst. Die Technik ist noch im Aufbau, ein erstes Pilotkraftwerk mit einem Megawatt Leistung wurde ausgerechnet von dem Ölkonzern Chevron bestellt. Noch nicht einmal die Erzeugungskosten sind genau bekannt, sie dürften aber etwa um den Faktor zwei über denen heutiger Silizium-

Solartechnik liegen. »Das ist die S-Klasse unter den Solarzellen«, sagt Weber.

Normale Solarzellen, die keine 20 Prozent Wirkungsgrad besitzen, können durch neue Fertigungsverfahren noch wesentlich effektiver werden. Besonders die Kontaktierung ist nämlich ein kritischer Punkt: Einerseits braucht man elektrische Kontakte, um den erzeugten Strom abtransportieren zu können, andererseits stören sie in mehrfacher Hinsicht. Auf der Vorderseite der Solarzelle führen sie zu einer Verschattung bestimmter Bereiche des Halbleiters. Auf der Rückseite absorbieren großflächige Kontakte einen bestimmten Anteil der langwelligen Lichtstrahlung, die eigentlich in den Halbleiter zurückgespiegelt werden sollte. Außerdem sind wandernde Elektronen, die der Oberfläche zu nahe kommen, besonders gefährdet, in ein Loch zurückzufallen und damit elektrisch neutralisiert zu werden. Fachleute sprechen von »Rekombination« – es kommt zusammen, was eigentlich zusammengehört. Und doch sollen sie einander fernbleiben, weil wir die Elektronen ja für den Stromfluss brauchen.

Um die Rekombination möglichst klein zu halten, werden einzelne Siliziumatome in der Nähe der Leiterschicht gegen Aluminiumatome ausgetauscht. Besser aber wäre es, zwischen dem Leiter und dem Silizium eine Zone zu schaffen, die elektrisch völlig »passiviert« ist, die also keine Elektronen aufnimmt oder passieren lässt. Tolle Idee – dann fließt ja auch kein Strom mehr! Es sei denn, man bohrt in einem vernünftigen Abstand Löcher durch den Kontakt und die Passivierungsschicht. Beispielsweise mit einem hochpräzisen Festkörperlaser. Genau das ist die Idee der am Fraunhofer Institut entwickelten und patentierten »Laser-Fired Contacts«. Die Ergebnisse des neuen Verfahrens überzeugen: Weniger als fünf Prozent des Lichts werden an der Rückseite absorbiert, vorher waren es 20 Prozent. Und die Rekombination findet fünf- bis vierzigmal langsamer statt als in konventionell kontaktierten Zellen. Weber gerät fast ins Schwärmen: »Das Unglaubliche an dieser Technologie: Wir können heute Zehntausende solcher Kontakte auf einer Solarzelle in einer Sekunde setzen.« Die Kombination der lasergefeuerten Kontakte mit neuen Oberflächenstrukturen hat es den Freiburgern 2004 erstmals ermöglicht, eine polykristalline Siliziumsolarzelle mit mehr als 20 Prozent elektrischem Wirkungsgrad herzustellen.

Die Kontakte auf der Vorderseite sollen perspektivisch ganz entfallen, zumal sie nicht nur Wirkungsgrad kosten, sondern beim Zusammenfügen der Zellen zu Modulen schwierig zu handhaben sind. »Rückseitenkontakte sind ein ganz wichtiges Thema, um schneller bessere Zellen zu günstigeren Preisen zu machen«, so Weber. Auch hier stutzt man erst einmal: Denn der elektrische Kontakt wird ja immer an beiden Enden eines Leiters benötigt. Tatsächlich wird auch bei der Rückseitenkontaktierung ein positiver Kontakt an die Oberseite der Zelle geführt – nur eben von der Rückseite her, durch winzige Löcher, die man zum Beispiel ebenfalls mit dem Laser bohren kann.

Ein weiterer Forschungsansatz von Weber ist »schmutziges Silizium«. Offiziell heißt es UMG-Silizium (»Upgraded metalurgical-grade«). Während hochreines kristallines Silizium bis zu 400 Dollar je Kilo kostet, ist dieses im Hochofen eingeschmolzene Silizium um das Hundertfache billiger. Der Nachteil: Es ist vor allem mit Phosphor und Bor verunreinigt und dadurch kein Halbleiter, sondern ein Leiter. Daher muss die Metallschmelze mit Chemikalien behandelt werden, um die wichtigsten Verunreinigungen zu beseitigen. Gelingt es, in einem solchen Prozess relativ reines Silizium zu gewinnen und die verbleibende Verunreinigung möglichst optimal im fertigen Produkt zu verteilen, dann sind die Investitionskosten deutlich geringer. Um eine Fabrik für 1000 Tonnen hochreines Silizium zu errichten, muss man etwa 100 Millionen Dollar in die Hand nehmen, bei UMG-Silizium wären es nur 20 Millionen Dollar. Auch sinkt der Energieverbrauch für die Herstellung von UMG-Silizium um zwei Drittel, weil das Ausgangsmaterial nur eingeschmolzen, nicht aber verdampft wird. »Das ist ein Schritt zu deutlich verbesserten Erntefaktoren«, erläutert Weber. Moderne Silizium-Solarzellen spielen den Energieaufwand für ihre Herstellung erst nach zwei bis drei Jahren wieder ein. »Wir wollen auf deutlich weniger als ein Jahr kommen.«

Von der zur Herstellung verwendeten Energie abgesehen, darf man auch ansonsten nicht allein auf den Zell-Wirkungsgrad schielen. Denn ein Teil der mühsam geernteten Sonnenenergie geht auf dem Weg von der Zelle über Modul, Kabel und Wechselrichter ins Netz wieder verloren. Sehr gute Solarstromanlagen erhalten etwas mehr als 80 Prozent des Stroms. Der Wechselrichter, der den Gleichstrom aus den Fotozellen in Wechselstrom umwandelt, ist dabei ein relativ unkritisches Bauteil. Zwar sind 99,03 Prozent – der aktuelle Weltrekord einer Fraunhofer-Entwicklung – nicht beim Handwerker um die Ecke zu haben, aber 96 bis 97 Prozent sind ja auch nicht schlecht. Den Stromwandlern kommt außerdem eine entscheidende Rolle beim Verhindern großflächiger Stromausfälle zu: Reißt der Himmel schlagartig auf und der mit eingebauter Vorfahrt ins Netz fließende Solarstrom übersteigt die Nachfrage, dann müssen andere Kraftwerke heruntergeregelt werden. Da dies nicht in der gleichen Geschwindigkeit passieren kann, wie Elektronen fließen, muss der Wechselrichter es richten und die Leistung der Anlage sanft hoch- und runterfahren.

Am Ende unseres Gespräches lädt mich Weber auf eine kurze Fahrt mit seinem Toyota Prius ein. Er nimmt an einem Flottenversuch der Plug-in-Version teil, bei der die Batterie des Fahrzeugs an der Steckdose aufgeladen werden kann. Die Ladestation vor dem Institutsgebäude wird mit dem hauseigenen Solarstrom gespeist. Weber sieht zufrieden, fast stolz aus. »Ich kann damit 20 Kilometer elektrisch fahren, das reicht vollkommen aus, um nach Hause zu kommen.« Er berichtet, seine Fahrweise sei durch das lautlose elektrische Dahinrollen bedeutend friedlicher geworden. Ein Überzeugungstäter eben.

Eine einzige Entwicklung haben wir in unserem Gespräch nicht gestreift: organische Photozellen, ein netterer Ausdruck für die Plastik-Solarzelle. Lange Zeit galten sie als hoffnungslos, weil ihr Wirkungsgrad deutlich unter fünf Prozent lag. Im April 2011 gab aber Mitsubishi die Entwicklung einer Zelle bekannt, die 9,2 Prozent des Sonnenlichts in Strom verwandelt. Was hinter dem Technologiesprung steht, ist aufgrund mangelnder Detailinformationen nicht bekannt. Sollten sich weitere deutliche Entwicklungsschritte vollziehen, hätte diese Zellenbauart den Vorteil aller Plastikgegenstände: Sie wäre konkurrenzlos billig in der Herstellung. Dazu muss aber auch ein Nachteil jedes Kunststoffs überwunden werden: Die langkettigen Moleküle zersetzen sich unter direkter Sonneneinstrahlung allmählich – und es liegt nun einmal in der Natur der Solarzelle, dass sie der Sonne ausgesetzt wird.

STROM AUS DER WÜSTE

Welcher Anteil des deutschen Strombedarfs eines Tages direkt mit Photovoltaik zu decken ist, dazu gibt es – wie so oft – sehr unterschiedliche Studien. So rechnet das offizielle Szenario der Bundesregierung, erstellt im Herbst 2010, kurz vor der damaligen Verlängerung der Laufzeiten für Kernkraftwerke, mit 15 Prozent des Gesamtbedarfs. Aber auch das Szenario des Fraunhofer ISE kommt »nur« auf den doppelten Anteil, den Rest müssen andere Energiequellen leisten.

Ein Teil des Rests könnte aus solarthermischen Kraftwerken stammen, sofern wir nicht darauf setzen, sämtliche Energie im eigenen Land zu erzeugen. Denn die Energie der Sonne muss man nicht zwingend mit Halbleitern direkt in elektrische Energie verwandeln. Stattdessen kann man die Strahlen der Sonne auch auf eine Flüssigkeit richten, die sich im Photonenfeuer erwärmt. Ist die Flüssigkeit heiß genug, dann kann man sie in einer Dampfturbine technisch nutzen. Wie beim Wasserkraftwerk sitzt hinter der Turbine ein Generator, dessen Rundlauf elektrischen Strom erzeugt. Klingt erst einmal deutlich umständlicher – warum sollte man einen solchen Umweg gehen?

Man könnte es so formulieren: Der Vorteil solarthermischer Kraftwerke liegt gerade in ihrem umständlichen Prozess. Denn während bei der Photovoltaik jeder Wolkenschatten sofort zu einem drastischen Abfall der elektrischen Leistung führt, arbeitet die Solarthermie, wie der Name schon sagt, mit Wärme, also mit einer sehr trägen Energieform. Wärme ist überdies sehr gut zu speichern, beispielsweise in salzhaltigen Flüssigkeiten – das kennt jeder, der schon einmal am späten Abend im Meer war und sich gewundert hat, dass sich das Wasser nicht kühler als zur Mittagszeit anfühlte. Solarthermische Kraftwerke kann man daher rund um die Uhr mit einer gleichmäßigen Leistung betreiben, sie liefern den in einer postfossilen Energiewelt hochbegehrten Grundlaststrom, genauso wie Atom- oder Fließwasserkraftwerke. Dr. Luis Crespo, der den spanisch dominierten Interessenverband »Protermosolar« vertritt, versteift sich sogar zu der Behauptung: »Photovoltaik wird ohne uns immer das Back-up fossiler Energie benötigen, wir werden gemeinsam mit Biomasse-Kraftwerken das Rückgrat der Energieversorgung der Zukunft bilden.«

Tatsächlich erlebt die Technologie in den letzten Jahren einen gewaltigen Aufschwung. Allein in Spanien arbeiten im Sommer 2011 bereits 19 Kraftwerke, 11 befinden sich derzeit im Bau. Noch haben die meisten Anlagen relativ kleine Dimensionen, Leistungen bis zu 50 Megawatt dominieren. Bis 2020 will Spanien mehr als fünf Gigawatt installiert haben – wobei auch hier die Spitzenleistung gemeint ist. Umgerechnet laufen die Anlagen 7,5 Stunden auf Volllast, aber im Gegensatz zu landgestützten Windkraftanlagen, die auf vergleichbare Werte kommen, liefern sie den entstehenden Strom gleichmäßig ab.

In solarthermischen Kraftwerken wird der Strom wie in einem Kohlekraftwerk erzeugt: Ein Arbeitsmedium, im einfachsten Fall Wasser, wird durch die Sonne erwärmt und treibt dann eine Turbine an. Damit das Medium in solchen Kraftwerken überhaupt heiß genug wird, reicht selbst in Andalusien oder Arizona die Sonneneinstrahlung nicht, sie muss gebündelt werden. International spricht man daher auch von »Concentrating Solar Power«, konzentrierter Solarkraft. Die überwiegende Mehrzahl der heute gebauten solarthermischen Kraftwerke nutzt Parabolrinnen, um das Sonnenlicht einzufangen. Darunter kann man sich Halbschalen aus Spiegeln vorstellen, die die Form einer sehr großen Dachrinne haben. In der Mitte der Rinne wird die zu erhitzende Flüssigkeit durch eine kleine Leitung geführt. Die Rundung des Spiegels ist so konstruiert, dass jeder Sonnenstrahl, egal wo er auf dem Spiegel auftrifft, so reflektiert wird, dass er in der Mitte auf die Leitung trifft. Die bis zu 200 Meter langen Rinnen werden exakt von Nord nach Süd ausgerichtet und können in Ost-West-Richtung gedreht werden, um dem Sonnenlauf zu folgen. Dieses Billardspiel mit den Sonnenstrahlen haben sich übrigens zwei schwäbische Ingenieure bereits 1907 ausgedacht und sogar 1912 in Ägypten erprobt. Solange Kohle jedoch konkurrenzlos billig war, konnte sich ein solches Kraftwerk nicht durchsetzen.

In den Vereinigten Staaten, aber auch in europäischen Forschungszentren wie Jülich wird intensiv an Alternativen zu den Parabolrinnen gearbeitet, die eine höhere Ausbeute der Sonnenenergie versprechen. Insbesondere die Turmtechnik scheint etwas aufzuholen. Bei einem Solarturmkraftwerk werden speziell beschichtete Spiegel so im Halbkreis um einen Turm aufgestellt, dass sie das eingefangene Sonnenlicht auf genau einen Empfänger nahe der Spitze des Turms konzentrieren – so ähnlich wie wir als Kinder versucht haben, mit einem Taschenspiegel Lichter an die gegenüberliegende Hauswand zu werfen. Der Unterschied: Bei einem Turmkraftwerk sind es mehrere Hundert Spiegel, deren Licht gebündelt wird und die so ein Arbeitsmedium – Luft oder Wasserdampf beispielsweise – auf bis zu 1100 Grad Celsius erhitzen. Der Wirkungsgrad von Turbinen hängt ganz wesentlich von der Maximaltemperatur ab. Daher sind solch extreme Temperaturen, bei denen zumindest billige Stähle schon zu schmelzen anfangen, natürlich ein Fortschritt. Aber eben auch eine Herausforderung beispielsweise für die Materialentwicklung. Parabolrinnenkraftwerke erreichen übrigens eine Arbeitstemperatur von 400 Grad Celsius. In den letzten Jahren wird auch mit speziellen Ölen experimentiert, die sich auf mehr als 500 Grad Celsius erhitzen lassen.

Interessant sind darüber hinaus auch die Fresnel-Konzepte, die explizit darauf zielen, Parabolrinnenkraftwerke zu ersetzen. Sie bedienen sich eines Tricks, mit dem auch die Linsen in Leuchttürmen, Autoscheinwerfern oder Digitalkameras arbeiten: Wie das Licht in einer Linse gebrochen – in diesem Fall gebündelt – wird, hängt allein vom Durchmesser der Linse und deren Krümmung ab. Was normalerweise zu sehr dicken Linsen führt, weil man den oberen und den unteren Rand in einer bauchigen Linie verbindet. Fügt man jedoch ringförmige Stufen ein, in denen die Krümmung, ein Stück nach hinten versetzt, erneut beginnt, hat dies auf die Bündelung keinen Einfluss, allerdings benötigt man viel weniger Material. Montiert man die Fresnel-Linsen in einem Solarthermiekraftwerk zudem dicht nebeneinander auf dem Boden, so dass sie das eingefangene Licht auf ein zentral geführtes Rohr mit dem Arbeitsmedium werfen, ist auf weniger Fläche eine höhere Temperatur zu erzielen. Ein weiterer Vorteil dieser Technik könnte die geringere Empfindlichkeit gegen Stürme sein. Auch diese Technik steckt noch in den Kinderschuhen, das zurzeit größte Projekt ist ein 30-Megawatt-Kraftwerk, das in der Region Murcia, Südspanien, entsteht.

Eine spannende und offene Frage ist, ob bei der Solarthermie noch deutliche Wirkungsgradsteigerungs- oder Kostensenkungspotenziale bestehen – denn momentan sind die Erzeugungskosten ungefähr gleichauf mit der Photovoltaik, die auf jeden Fall noch Potenzial hat. »Züge mit unterschiedlichen Geschwindigkeiten« seien die beiden Technologien, so Solarpapst Weber. Da bei der Solarthermie klassische Kraftwerkstechnik zum Einsatz kommt, ist eine Wirkungsgradsteigerung vor allem über höhere Temperaturen des Arbeitsmediums zu erzielen. Neben der Turmtechnik, bei der die höhere Konzentration der Sonnenstrahlen auf einen Punkt zu einem heißeren Medium führt, steht die Weiterentwicklung des Mediums im Fokus. Bei den Komponenten selbst – den Turbinen etwa – dürfte das Kostensenkungspotenzial beschränkt sein, denn sie unterscheiden sich nicht grundsätzlich von den Bestandteilen klassischer fossiler Kraftwerke.

Im Zweifelsfall wird man aber gar nicht für Photovoltaik und gegen Solarthermie (oder umgekehrt) votieren, sondern die spezifischen Vorteile beider Technologien kombinieren. Also das Feld mit Solarzellen für den akuten Strombedarf am Tag auslegen und nebenan das Solarthermiekraftwerk für die nächtliche Grundlast bauen. Eine Richtung, in die sich auch Desertec entwickelt, die Initiative, die uns den Strom aus der Wüste holen will.

Immer wieder werde ich im Zuge meiner Recherche gefragt, warum man eigentlich so wenig vom Desertec-Projekt hört, ob es womöglich ins Stocken geraten sei. 2009 hatten sich deutsche Industrieunternehmen unter Führung der Rückversicherung Munich Re in einer Initiative zusammengeschlossen, die in Nordafrika solarthermische Kraftwerke bauen wollte. Ein Teil des Stroms sollte nach Europa transportiert werden und dort 2050 etwa 15 Prozent des Strombedarfes decken. Ist das ehrgeizige Vorhaben durch die »Arabellion« und den Libyen-Krieg ins Stocken geraten?

Womöglich handelt es sich eher um ein kommunikatives als um ein politisches Problem. Denn der mediale Hype um den Wüstenstrom führte zu der überzogenen Erwartung, es würden schon bald gigantische Kraftwerke in der Wüste stehen und kurzfristig in nennenswertem Umfang unseren Atom- und Kohlestrom ersetzen. Tatsächlich setzte die Planung von Desertec immer darauf, in den Staaten Nordafrikas einzelne Projekte zu realisieren und so allmählich zu einer relevanten Produktionskapazität zu gelangen. Das eine gigantische Kraftwerk, das durch viele Köpfe geisterte, war nie geplant. Am weitesten gediehen sind die Planungen in Marokko, wo im November 2010 das erste Solarthermiekraftwerk Nordafrikas in Betrieb genommen wurde. Die Leistung beträgt bescheidene 20 Megawatt. Auf einer etwa zum gleichen Zeitpunkt durchgeführten Konferenz der Desertec-Industrie-Initiative (DII) überraschte Abdellah Griech, Chef des staatlichen Energieversorgers ONE Morocco, die Teilnehmer mit der Ankündigung, dass bis 2020 Sonnenkraftwerke mit einer Gesamtleistung von zwei Gigawatt gebaut werden sollen. Dass das politisch stabile Marokko mit bescheidenen Rohstoffressourcen voranschreitet, ist nicht verwunderlich. Spannend wird sicher die Frage, wie sich die großen Flächenstaaten Algerien und Libyen politisch entwickeln, die über große Ressourcen an fossilen Rohstoffen (Erdgas und Erdöl) verfügen. Gehen wir davon aus, dass sich auf Dauer demokratische Gesellschaftsordnungen etablieren und die fossilen Reserven schmelzen, so besteht hier mittelfristig sicher das Potenzial zu einer energiewirtschaftlichen Zusammenarbeit mit Europa. Nur gilt auch hier: Von heute auf morgen, also bis 2020, sind keine Wunder zu erwarten.

WARUM IN DIE FERNE SCHWEIFEN?

Neben den solartechnischen Kraftwerken zur Stromerzeugung steht noch die klassische »kleine« Solarthermie, die in den letzten Jahren etwas unter die Räder gekommen ist, weil sich Politiker, Medien, Handwerker und Hausbesitzer auf die Photovoltaik gestürzt haben. Statt Strom aus dem Sonnenlicht mit Kollektoren warmes Wasser zu gewinnen, ist nicht abwegig. Schon mit sechs Quadratmeter Fläche lässt sich der Warmwasserbedarf einer vierköpfigen Familie im Sommerhalbjahr zu 100 Prozent decken. Und bezogen auf das ganze Jahr sind es immerhin 60 Prozent. Die tageszeitliche Verschiebung zwischen maximaler Produktion und Nutzung stellt kein Problem dar: Wer nicht um ein Uhr mittags duschen will, wird auch abends noch warmes Wasser vorfinden, weil sich Wasser generell sehr gut isolieren lässt.

Die Technik für die klassische Solarthermie ist vergleichsweise simpel und daher sehr ausgereift. Vereinzelt gibt es aber doch immer wieder Vorschläge für weitere Verbesserungen. So hat sich ein Forscher am Fraunhofer Institut für Solare Energiesysteme überlegt, wie er den Wirkungsgrad der Anlagen verbessern kann. Kernstück einer solarthermischen Anlage ist der Kollektor, der in der Regel aus einem stark lichtabsorbierenden Glas und einem darunter liegenden Luft-Wasser-Wärmetauscher besteht: einem Kasten also, in dem sich die Luft stark erhitzt und die Wärme an das Wasser weitergibt, das in Kanälen durch den Kasten geführt wird. Wie gut die Wärmestrahlung von der Luft in das Wasser übergeht, hängt stark davon ab, wie gleichmäßig die Wasserkanäle durchströmt werden. Sehr viele kleine Äderchen wären also das Optimum. Die Gesamteffizienz der Anlage ist außerdem davon abhängig, wie viel Energie für das Pumpen des Wassers aufgewendet werden muss – was für möglichst große Durchschnitte und wenig Kurven spricht. In der Vergangenheit haben Ingenieure die Verteilung der Kanäle vor allem entsprechend der Erfahrung und der Herstellbarkeit vorgenommen. Der neue Ansatz orientiert sich an natürlichen Systemen, die das gleiche Problem zu lösen haben: Gefäße in Tieren und Pflanzen. Solche natürlichen Kanäle lassen sich mathematisch mit Fraktalen beschreiben. Wendet man diese recht komplizierten Formeln auf die besagten Wasserkanäle an, so kommen ungewöhnliche, sehr formschöne Verläufe heraus – und mehr warmes Wasser.

Ebenfalls nur Wasser und Sonnenlicht benötigt man für eine revolutionäre Maschine, die Dan Nocera, Professor für Energie und Chemie am MIT, entwickelt. Eigentlich handelt es sich um ein künstliches Blatt, das wie sein natürliches Vorbild Wasserstoff aus Sonnenlicht und Wasser erzeugt, aber zehnmal so effizient arbeitet. Der Wasserstoff wird in einem kleinen Tank gespeichert und dann in einer Brennstoffzelle verstromt. Vier Liter Wasser sollen reichen, um in sonnenreichen Staaten den Tagesbedarf an Elektrizität für eine Familie zu erzeugen. Mit dem indischen Industriemagnaten

Ratan Tata hat Nocera einen Verbündeten für eine Kommerzialisierung seiner Idee gewonnen. Für Schwellenländer mit schwachem Stromnetz ist jede Form der dezentralen Energieversorgung potenziell ein gutes Geschäft.

Der Vollständigkeit halber sei erwähnt, dass man die Wärme der Sonne auch nutzen kann, um ein Gebäude im Sommer schön kühl zu halten. Das ist keine Zauberei, sondern Physik. Deshalb schwitzen wir Menschen, wenn es heiß ist: Der Schweiß auf der Haut verdunstet unter Wärmezufuhr, die Wärme entschwindet mit dem dann gasförmigen Wasser in der Luft. Genau diesen Effekt nutzt die Verdunstungskühlung, die jedoch nur wenige Grad Linderung bringt. Um vollverglaste Großraumbüros oder Besprechungsräume im Sommer kühl zu halten, muss man zunächst Energie zuführen, um ausreichend Wasser aus der Luft kondensieren zu lassen. Bei der sorptionsgestützten Kühlung kann man dazu solarthermisch erhitztes Wasser nutzen. Außerdem wird die zugeführte Luft getrocknet, damit sie möglichst viel Feuchtigkeit aufnehmen kann. Eines der ersten Häuser, das eine solche Kühlung in Deutschland einsetzte, war das der Industrie- und Handelskammer in Freiburg.

Die Solarkühlung dürfte besonders in Südeuropa oder anderen heißen Kontinenten deutliche Einspareffekte zeitigen. Um den Energieverbrauch von Gebäuden zu senken, gibt es natürlich viele weitere faszinierende Technologien. Aber so wichtig Energieeffizienz ist, sie ist nicht Thema dieses Buches.

REIFEGRADPRÜFUNG

Abschließend lässt sich für die Solarenergie festhalten, dass es sich mit Ausnahme der solarthermischen Warmwassergewinnung um eine relativ unreife Form der Stromgewinnung handelt. Aber »unreif« bedeutet keinesfalls chancenlos, sondern lediglich, dass noch viel Potenzial schlummert, um die technischen Wirkungsgrade zu steigern und die Kosten zu senken. Für Ingenieure und Naturwissenschaftler ist das allein Anreiz genug, sich mit einer Technologie zu beschäftigen. Für die Photovoltaik spricht, dass es naheliegend ist, das gewünschte Ausgangsprodukt, also Strom, auf möglichst direktem Weg zu produzieren. Außerdem liegen die Skaleneffekte, die den Strom billiger machen, in der Produktion der Fotozellen, nicht im Betrieb. Somit eignet sich diese Technik hervorragend für dezentrale Erzeugungsstrukturen. Trotzdem sollten die von Desertec und anderen projektierten Solarthermiekraftwerke in der Wüste keinesfalls abgeschrieben werden. Sie bieten eine weitgehend witterungsunabhängige permanente Stromversorgung. Wie alle großen Infrastrukturprojekte sind die Wüstenkraftwerke allerdings auf staatsübergreifende politische Zusammenarbeit angewiesen.

Die größte Gefahr für beide Technologiepfade stellt überzogene Heilserwartung dar. Sie führt in der Regel nach dem Hype zu Enttäuschung und Ablehnung einer Technik, die zweifellos einen immer wichtigeren Beitrag zur Energieversorgung der Zukunft leisten wird. Gilt das auch für eine vierte Naturkraft, die sich als Energieressource erschließen lässt: die Geothermie?

NACHWUCHSSTAR GEOTHERMIE?

»Vor mir sah ich zu meinen Füßen einen See von Eis, der so aussah wie Glas und nicht wie Wasser.«

Dante Alighieri, Die göttliche Komödie

Als Dante, geleitet von Vergil, in seiner göttlichen Komödie die Kreise der Hölle durchwandert, stellt er fest: Ganz tief unten in Luzifers Reich brennt keineswegs ein Höllenfeuer. Der Kern der Hölle besteht vielmehr aus Eis. Es ist anzunehmen, dass es sich schon damals nicht um Unwissen, sondern um dichterische Freiheit handelte. Wie heiß es im Inneren der Erde wirklich ist, konnte man am Beginn des 14. Jahrhunderts allerdings nicht wissen.

Im Kern unseres Planeten herrschen 4000 bis 5000 Grad Celsius. Sehr viel Energie also, die wir aber niemals direkt nutzen können. Denn dazu müssten wir mehr als 6000 Kilometer tief bohren. Allein die Erdkruste ist an Land zwischen 30 und 60 Kilometer dick – aber glücklicherweise ist auch sie bereits alles andere als kalt. Mit jedem Kilometer, den wir in die Tiefe gehen, nimmt die Temperatur um etwa 30 bis 40 Grad zu. Dieser Temperaturanstieg geht nur zum Teil aufs Konto der Wärmestrahlung im Erdinneren. Einen Anteil von etwa 50 Prozent haben natürliche radioaktive Zerfallsprozesse. Denn Uran beispielsweise, aber auch Kalium-Isotope oder Radium zerfallen im Erdinneren und setzen dabei Energie frei.

Die Erdwärme zum Wohl des Menschen zu nutzen ist keine neue Idee. Schon die Antike kannte Thermen. Und in Island wird heutzutage fast der komplette Wärmebedarf geothermisch gedeckt. Bei uns, wo deutlich weniger Magma in der Nähe der Erdoberfläche vorhanden ist, haben sich zunächst Wärmepumpen etabliert, für die nur wenige Meter tief ins Erdreich gebohrt werden muss. Die spannende Frage ist, ob man Erdwärme auch nutzen kann, um uns mit der edlen und daher raren Energieform Strom zu versorgen. Dazu sind drei Ausgangsbedingungen zu erfüllen: Erstens benötigt man möglichst hohe Temperaturen, das heißt, man muss in unseren Breitengraden relativ tief bohren. Zweitens muss man die Wärme an die Erdoberfläche transportieren, braucht dazu also Wasser, das man entweder unter der Erde schon vorfindet oder erst hineinpumpen muss. Und weil es kaum gelingt, mehr als 100 Grad warmes Wasser aus der Erde zu holen, ist drittens ein Kraftwerkprozess vonnöten, der auf diesem sehr geringen Temperaturniveau Strom produzieren kann.

Solche Prozesse gibt es, beispielsweise den Kalina-Prozess, erdacht in den achtziger Jahren des letzten Jahrhunderts von dem in die USA emigrierten russischen Ingenieur Alexander Kalina. Sein Trick: Er nutzt ein Ammoniak-Wasser-Gemisch, das von dem heißen Erdwasser erhitzt und anschließend so weit verdichtet wird, dass heißer Dampf entsteht, der eine Turbine antreibt. Da das Ammoniak-Wasser-Gemisch nicht schlagartig, sondern über einen weiten Temperaturbereich kondensiert, ist die Energieausnutzung sehr hoch. Würde man wie in konkurrierenden Verfahren stattdessen ein organisches Fluid verwenden, käme man auf nur knapp 10 Prozent elektrischen Wirkungsgrad. Die Angaben zum noch jungen Kalina-Verfahren schwanken, reichen aber bis zu einer Verbesserung um 60 Prozent (das wären absolut dann 16 Prozent Wirkungsgrad).

IN UNTERHACHING PASSIERT ES

Das erste deutsche Kraftwerk, das den Kalina-Prozess nutzt, steht in Unterhaching. Knapp mehr als 20 000 Einwohner, S-Bahn-Haltepunkt, klassische Münchner Vorstadt. Nicht besonders hässlich, nicht besonders protzig, ein Wohnort für Besserverdienende eben. Was man der Stadt nicht ansieht: Sie liegt auf dem süddeutschen Molasse-Becken, ein Gebiet, das sich zwischen fränkischer Alb im Norden und dem Alpenrand im Süden erstreckt. In Tiefen zwischen 1500 und 5000 Metern finden sich umfangreiche Warmwasservorkommen.

Im Büro der Geothermie Unterhaching treffe ich mich mit Geschäftsführer Wolfgang Geisinger. Während ich auf ihn warte, blättere ich durch verschiedene Broschüren, in denen den Bewohnern Unterhachings die Geothermie schmackhaft gemacht wird. Ambiente und Werbung erinnern mich an ein Bürgerbüro eines kleinen Stadtwerkes oder einer Krankenkasse. Der ehemalige Siemens-Manager, einst Opfer einer Umstrukturierung, begrüßt mich freundlich und fährt mich in seinem Toyota Prius zum Kraftwerk. Das steht in einem Gewerbegebiet, das aussieht wie jedes andere kleinstädtische auch: Neben Discounter-Supermärkten haben größere Handwerksbetriebe ihre Niederlassungen. Industrie im eigentlichen Sinn fehlt. Ganz am Rand dann eine mit Aluminium verkleidete Halle, so unscheinbar, dass man eher eine kleine Fertigung und nicht eine Pioniertat der Energiewirtschaft dahinter vermutet.

Um die handelt es sich allerdings. Es ist schon ungewöhnlich genug, dass eine relativ kleine Kommune sich entscheidet, ein eigenes Fernwärmenetz aufzubauen und dieses mit Erdwärme zu speisen. Von den Gesamtinvestitionen in Höhe von 80 Millionen Euro entfällt allein die Hälfte auf das Wärmenetz, das Anfang 2011 bereits 4700 Haushalte versorgt. Das entspricht Anschlusskosten von 8500 Euro je Haushalt, von denen die Kunden maximal 3000 Euro selbst tragen müssen. Ein Ausbau auf bis zu 10 000 Haushalte ist geplant.

Seit 2009 wird in Unterhaching die Geothermie zudem zur Stromerzeugung genutzt. Ein Weg mit vielen Hindernissen, da niemand über Erfahrungen mit dieser Technik verfügte. Der Anlagenbauer, aber auch die Kommune hat viel Lehrgeld bezahlt. Allein die Förderpumpe für das Wasser aus der Tiefe wurde fünf Mal ausgetauscht. Mittlerweile sind weniger Störungen zu verzeichnen, die Verfügbarkeit der Anlage, formuliert Geisinger, sei »in einem vernünftigen Fenster«. Damit wird der Betrieb zum ersten Mal kalkulierbar.

Wie hoch allerdings das Ergebnis eines einzelnen Jahres ausfällt, hängt auch davon ab, wie kalt es im Winter ist. Die Versorgung mit Heizungswärme hat auch im knackigsten Winter stets Priorität. Bei Außentemperaturen unter –3 Grad wird die Kalina-Anlage abgeschaltet, der Ertrag aus dem eingespeisten Strom fehlt dann. Wird es noch deutlich kälter, –16 Grad etwa, kann es sein, dass sogar fehlende Wärme durch ein Öl- oder Gas-Heizkraftwerk erzeugt werden muss. Das wird aber ohnehin als stille Reserve für den Notfall benötigt.

Unser Rundgang beginnt außerhalb der Halle an einem kleinen containerartigen Gebäude. Darunter führt das Bohrloch in drei Kilometer Tiefe. Die letzten 600 Meter der einzementierten Rohre haben viele kleine Löcher, durch die das Wasser in die Leitung einströmt. Allein durch den Druck der darüberliegenden Gesteinsmassen strömt das Wasser auf eine Höhe von bis zu 150 Metern unter der Erdoberfläche. Um den Rest zu überbrücken, aber auch um die gewünschte Wassermenge von bis zu 150 Litern pro Sekunde zu erreichen, wird in 950 Metern Tiefe eine Pumpe eingesetzt. Die braucht aufgrund ihrer Leistung von 1,3 Megawatt nicht nur einiges an Strom (etwa ein Drittel der Kraftwerksleistung), sondern auch permanente Kühlung. Das Gebläse für die Kühlung ist die einzige direkte Umweltbeeinträchtigung durch das Werk: Sie ist so laut, dass man sich nur mit erhobener Stimme verständigen kann. Freilich bräuchte man sie auch, wenn man keinen Strom erzeugen, sondern nur das Warmwasser nutzen wollte.

Aus der Erde strömt das 140 Millionen Jahre gelagerte Wasser unter neunfachem Atmosphärendruck mit einer Temperatur von 123 Grad Celsius. »Es könnte auch als Heilwasser verwendet werden und wäre dann eine Schwefel-Jod-Quelle, wie man sie aus Bad Tölz kennt«, erläutert Geisinger. Für die Techniker besonders vorteilhaft ist, dass nur wenig Salz im Wasser gelöst ist – damit vermindern sich mögliche Korrosionsprobleme in Leitungen und Anlagen.

Dem Fluss des Wassers folgend, betreten wir das eigentliche Kraftwerk. »Es wird jetzt ein wenig laut«, warnt Geisinger. Obwohl die Kalina-Anlage zu Wartungszwecken abgeschaltet wurde, surren die für den Wärmebetrieb notwendigen Wasserpumpen mit unangenehm hoher Frequenz. Außerdem riecht die Luft leicht stechend, ein Hinweis darauf, dass es immer wieder Probleme mit der Dichtigkeit der ammoniakführenden Anlagenteile gibt. Grundsätzlich ist Ammoniak in höherer Konzentration giftig. Allerdings nutzen auch Brauereien den Stoff, um Bier zu kühlen. Und nicht zuletzt ist es ein Zwischenprodukt bei der Harnstoffgewinnung, den wir in großen Mengen als Dünger einsetzen. In der chemischen Industrie wie in Brauereien kommt es hin und wieder zu Unfällen und Ammoniakaustritt, glücklicherweise fast immer ohne Gefahr für Menschen. Die chemischen Eigenschafen des Stoffes sind jedoch nicht leicht zu ersetzen: Er siedet bei –33 Grad Celsius, kann jedoch unter Druck leicht wieder verflüssigt werden. Außerdem brennt er nur in einem ganz bestimmten, in der Praxis nicht auftretenden Mischungsverhältnis, so dass das Kraftwerk nicht explosionsgeschützt werden muss.

Zunächst wird das Wasser gefiltert. Gesteinsreste, die größer als ein Zehntel Millimeter sind, werden so abgefangen. Viel ist es nicht, eine Hand voll Dreck am Tag. Dann erfolgt die Aufteilung in die zwei Prozesse zur Wärme- und Stromerzeugung. Wie viel Wasser an dieser Weiche wohin fließt, entscheidet sich am Bedarf des Fernwärmenetzes, der sich wiederum im Wesentlichen aus der Außentemperatur bestimmt. Die Prozesse, wie ursprünglich geplant, in Reihe hintereinander zu schalten, hat sich als nicht durchführbar erwiesen. Die hinter der Kalina-Anlage verbleibende Temperatur von 60 Grad Celsius reicht nicht aus, um ein großes Fernwärmenetz zu betreiben. Von einer klassischen Kraft-Wärme-Kopplung kann man also nicht sprechen. Eine Ausnahme stellt ein benachbartes Gewächshaus dar, das einen kleinen Teil des Restwassers abnimmt und mit 35 Grad zurückliefert.

Anders sähe es aus, wenn es sich bei Unterhaching nicht um eine gewachsene Siedlung handelte, die im Wesentlichen in der Mitte des 20. Jahrhundert entstanden ist. Eine moderne Passivhaus-Siedlung käme mit einem Fernwärmeniveau von 60 Grad zurecht – man könnte die Erdwärme deutlich besser ausnutzen; vor allem mehr Strom erzeugen. Ein kleines Beispiel dafür, wie Energieversorgung als Element der Stadtplanung zum Klimaschutz beitragen kann. Denn ohne politische Unterstützung kann die Fernwärme gegen den Gasanschluss nicht bestehen: Es handelt sich um hohe Infrastrukturkosten, die Verbraucher in der Regel nicht mittragen wollen.

Jenes Thermalwasser, das für die Verstromung übrig bleibt, dient dazu, das zunächst flüssige Ammoniak-Wasser-Gemisch, das zu 89 Prozent aus Ammoniak besteht, in zwei Stufen komplett zu verdampfen. Das Ammoniak sorgt dafür, dass das Gemisch besser verdampft, das Wasser trägt dazu bei, dass es besser kondensiert. Der Dampf treibt eine Turbine an, die ursprünglich als Verdichter für Kältemaschinen gebaut und dann modifiziert wurde. Nach Meinung von Fachleuten liegt hier großes Entwicklungspotenzial.

Der durchschnittliche elektrische Wirkungsgrad der Anlage in Unterhaching, so stellt sich heraus, liegt bei zehn Prozent. Allein die Kühlleistung, die benötigt wird, um die im geschlossenen Kreislauf geführte Ammoniaklösung nach der Turbine wieder komplett zu verflüssigen, raubt fast ein Sechstel der Anlagenleistung. Erschwerend kommt hinzu, dass sie sehr oft im Teillastbereich gefahren wird, was bei jeder Stromerzeugung mit Dampfturbinen Wirkungsgrade kostet. Geisinger rechnet damit, dass bei reinem Volllastbetrieb zwei oder drei Prozentpunkte mehr drin wären. Eine Folge der Entscheidung, bei dem Unterhachinger Kraftwerk nicht dem Strom, sondern der Wärme Vorfahrt zu gewähren. Unsinnig ist diese Entscheidung dennoch nicht. Denn zum einen ist der energetische Wirkungsgrad bei der Fernwärme viel höher, er beträgt 91 Prozent. Außerdem ist jede Pumpe auf eine gewisse Förderleistung ausgelegt. Wer im Winter viel warmes Wasser fördert, muss es also auch im Sommer irgendwie sinnvoll nutzen. Selbst im extrem kalten Jahr

2010 benötige die Wärmeerzeugung in Unterhaching im Schnitt nur ein knappes Viertel des gesamten Thermalwassers. So bleiben letztlich nur zwei Alternativen: entweder die Förderleistung deutlich zurückzunehmen und dann an kalten Tagen mehr Gas zu verbrennen, oder die übrige Wärme, wenn auch mit nicht gerade sensationellem Wirkungsgrad, zu verstromen. Klimafreundlicher ist auf jeden Fall die zweite Variante.

Am Ende bleibt Warmwasser, das wieder in die Erde zurückgepumpt wird. Allerdings nicht am gleichen Ort, sondern 3,5 Kilometer entfernt. Nur so verhindert man, dass an der Entnahmestelle das deutlich kältere Wasser, das schon einmal genutzt wurde, wieder hochgepumpt wird.

Stolz auf die Pioniertat der Unterhachinger ist nicht nur der Geschäftsführer. »Wir brauchen die Technologie nicht im Wald zu verstecken, sondern können nah an den Bürger ran.« Den Grund sieht Geisinger auch in der Kopplung von Strom- und Wärmeerzeugung. Denn während der Strom ins Netz eigespeist wird und damit letztlich nicht genau rückverfolgbar ist, kann bei der Wärme jeder Bezieher genau nachvollziehen, dass sie von eigenem Gemeindegrund stammt. In das Projekt waren die Bürger von Anfang an einbezogen. Eines Sonntags habe der Pfarrer sogar nach dem Gottesdienst ins Gemeindehaus eingeladen. Programmpunkt: Diskussion mit dem Bürgermeister zur Geothermie. In weniger katholischen Gegenden müssten sicher andere Formen der Bürgerbeteiligung gefunden werden. Zudem sind die Unterhachinger von der Geologie besonders begünstigt. Aber sie haben etwas daraus gemacht, etwas gewagt – und meinem Eindruck nach auch etwas gewonnen.

DIE ERDE BEBT

In Unterhaching und den Nachbargemeinden sind in der Tiefe ausreichend wasserspeichernde Gesteine (Aquifere) vorhanden. Wenn nicht, kann man die Erdwärme trotzdem nutzen, indem Wasser in ausreichender Menge eingeleitet wird. Bei hohem Wasserdruck bahnt es sich seinen Weg zwischen der Einleitungsstelle und dem Förderrohr. Die entstehenden Risse können mehrere Hundert Meter lang und bis zu einem Zentimeter dick sein. Man spricht von »hydraulischer Fraktionierung« oder »Hot-Dry-Rock-Verfahren«. Allerdings ist dieses Verfahren weitaus stärker in der Diskussion, da es mit höherer Wahrscheinlichkeit Erdbeben hervorrufen kann. Keine Megabeben, aber doch »seismische Ereignisse«, wie es im Branchenjargon heißt, die zu Schäden an Gebäuden führen können. In Basel wurde ein Projekt abgeblasen, nachdem verschiedene Beben mit einer Stärke von bis zu 3,4 auf der Richterskala verzeichnet wurden. Eine anschließend eingesetzte Expertenkommission kam zu dem Schluss, dass sogar Beben bis zu einer Stärke von 4,5 und Schäden von mehr als 600 Millionen Euro zu erwarten sind.

Für eine dicht besiedelte Gegend sicher nicht tragbar. Anders sieht es eventuell aus, wenn im australischen Outback gebohrt wird. Im Cooper-Becken im Bundesstaat South Australia wird seit einigen Jahren versucht, die Hitze im Boden zu nutzen. Die Geographie bietet gute Voraussetzungen: Bereits in etwas mehr als 2000 Meter Tiefe können Temperaturen von 250 Grad Celsius erreicht werden. Das ist genug, um konventionelle Kraftwerktechnik einzusetzen, die einen deutlich höheren Wirkungsgrad besitzt. Und deutlich billiger ist: Das eigens für dieses Projekt gegründete Unternehmen Geodynamics spricht von »deutlich unter« 10 Cent je Kilowattstunde. Sollten die Pläne Realität werden, könnte Australien allein aus diesem Vorkommen für mehrere Jahrzehnte ein Viertel seines Strombedarfs decken. Auch im Cooper-Becken hat es während der ersten Bohrungen Erdbeben von bis zu 2,7 auf der Richterskala gegeben – mitten in unbewohnter Wüste.

Auch wenn weniger brachiale Erschließungsmethoden als bei der Fraktionierung zum Einsatz kommen, sind leichte Beben nicht auszuschließen. Der bekannteste Fall dürfte das Beben am 15. August 2009 im pfälzischen Landau sein, das zu Gebäudeschäden geführt hat. Die im Anschluss eingesetzte Expertengruppe kam zu dem Ergebnis, dass ein Zusammenhang zwischen dem Beben und der Geothermieanlage »sehr wahrscheinlich« ist. Allerdings seien auch leichte strukturelle Schäden »sehr unwahrscheinlich«. Im Klartext: Mag sein, dass der Putz bröckelt, das Tragwerk wird nicht geschädigt. Die Ursache vermuten die Experten darin, dass auch bei der sogenannten hydrothermalen Geothermie das Wasser mit einem gewissen Druck in die Erde zurückgepumpt wird. In Landau betrug dieser Druck bis zu 60 bar. Günstiger sind die Verhältnisse in Unterhaching, wo gar nicht gepumpt, sondern der Druckunterschied zwischen dem Wasser in der Anlage – sieben bis neun bar – und dem deutlich geringeren Druck im unterirdischen Wasserreservoir genutzt wird. Zudem besteht der Verdacht, dass der Temperaturunterschied zwischen dem eingeleiteten kalten Wasser und dem warmen Gestein in mehreren Tausend Metern Tiefe Spannungen im

Boden und damit Beben auslösen kann. Auf jeden Fall ein Hinweis auf weiteren Forschungsbedarf, unter anderem für das Deutsche Geoforschungszentrum in Potsdam: Im von der EU mitfinanzierten Projekt »Geiser« will es Gefahren analysieren und Vermeidungsstrategien entwickeln. Ergebnisse sind für 2013 zu erwarten. So lange sollten Bohrungen und Betrieb auf jeden Fall genauestens überwacht werden.

Die Bohrtechnik selbst ist übrigens kaum ein limitierender Faktor. Die heute eingesetzte Technik wurde bereits im 19. Jahrhundert für die Erdölförderung entwickelt. Der Bohrer sitzt dabei auf einem Rohrgestänge, durch die Rohre wird Wasser mit hohem Druck in Richtung Bohrkopf gespült. Dort befreit es den Kopf von dem Bohrmaterial und spült es an der Außenseite des Bohrgestänges wieder an die Erdoberfläche. Theoretisch wären so Tiefen von mehr als zehn Kilometern erreichbar. Für die Geothermie reichen zwischen drei und sieben. Natürlich wird die Fördertechnik im Ölsektor immer weiter verfeinert. Spektakulär sind Bohrungen, bei denen mehrfach die Richtung gewechselt wird. Diese Technik kann man auch für die Geothermie nutzen, bei der man immer zwei Löcher bohren muss: eines, um das Wasser aus der Erde zu holen, das andere, um es wieder hineinzupumpen. Kosten sparen könnte man, indem man beide Bohrungen von einem Standort aus vornimmt – dann muss allerdings eine der beiden abbiegen.

Welches Potenzial die Geothermie hat, signifikant zur deutschen Stromversorgung beizutragen, ist umstritten. Das Büro für Technikfolgenabschätzung beim Deutschen Bundestag hat 2003 in einer Studie die Bandbreite aufgezeigt: Das technisch nutzbare Potenzial liegt demnach nur in Deutschland bei unglaublichen 300 000 Terrawattstunden, dem 600-Fachen des deutschen Jahresstrombedarfs. Allerdings sei die geothermische Stromerzeugung nur dann wirtschaftlich, wenn man sie an ein Fernwärmenetz koppelt. Das zu bauen lohnt nur in verdichteten Siedlungsräumen. Aber angenommen, das wird konsequent getan, dann sind maximal 25 Prozent des deutschen Strombedarfs zu decken. Verbleibt es hingegen bei den heute bestehenden Fernwärmenetzen, dann sinkt das Potenzial auf zwei Prozent.

Allerdings ist der Strom aus Geothermiekraftwerken besonders begehrt: Er fließt immer, solange die Anlage keinen technischen Defekt aufweist, also mehr als 8000 Stunden im Jahr. Allerdings ist das »solange« ernst zu nehmen: In der Anfangszeit stand die Unterhachinger Anlage immer wieder still. Es handelt sich nun einmal um eine Technologie, die weit unreifer ist als Photovoltaik oder Windkraft. Das spricht aus meiner Sicht aber nicht gegen, sondern explizit für eine Weiterentwicklung der Technik.

Man kann übrigens wunderbar diskutieren, ob die Geothermie überhaupt eine erneuerbare Energie ist. Oder vielmehr daran aufzeigen, dass es in einem Universum, das zur Entropie neigt, keine unendlich verfügbare Energiequelle gibt, die sich beständig erneuert. Am weitesten reicht ganz sicher die Sonne, erst in fünf bis sechs Milliarden Jahren wird sie verlöschen. So lange reichen auch die aus Sonnenenergie abgeleiteten Energieformen: die Bewegungsenergie des Windes, die durch unterschiedlich stark erhitze Luft zustande kommt. Die Wasserkraft, die davon lebt, dass Wasser unter Sonneneinstrahlung verdunstet und als Niederschlag wieder auf die Erde fällt. Und die Biomasse, die das Sonnenlicht für die Photosynthese nutzt. Ein geothermisches Reservoir kühlt sich hingegen bei der Nutzung relativ schnell ab, die meisten Projekte sind so gerechnet, dass die Nutzung nach 50 Jahren aufgegeben wird. Allerdings weiß man das mangels Erfahrung nicht wirklich und kann nur simulieren und abschätzen. Natürlich wärmt sich ein abgekühltes Reservoir auch wieder auf, denn der Nachschub an Wärme aus dem Erdinneren sowie durch natürliche Radioaktivität bleibt ja bestehen. Wie lange es dauert, ein von 120 auf 60 Grad abgekühltes Reservoir wieder mit Wärme zu beladen, weiß man nicht – es handelt sich aber wahrscheinlich eher um einige Jahrtausende. Ist das noch »erneuerbare« Energie? Und wie betrachten wir dann das Erdöl und die Kohle? Schließlich wird jeden Tag neues Erdöl, neues Erdgas, neue Kohle gebildet, wo Meere oder Seen versanden und allmählich von Gesteinsschichten überlagert werden. Allerdings dauert es eben mehr als Hundert Millionen Jahre, bis wir wieder so viel fossile Rohstoffe haben wie 1847, als in Baku zum ersten Mal nach Erdöl gebohrt wurde.

Alle bis hierher vorgestellten Technologien, Wasser, Wind, Sonne und Erdwärme, erzeugen Strom mit einer sehr günstigen Kohlendioxidbilanz: Das Treibhausgas wird nur in dem Umfang frei, wie die Produktion der Kraftwerke nicht selbst mit erneuerbaren Energien erfolgt. Trotzdem stellen sie nicht die einzige Form erneuerbarer Energie dar, denn in einem weiteren Sinn ist der Begriff auf jede Technologie anwendbar, die einen geschlossenen Kohlendioxid-Kreislauf bietet. Deshalb wollen wir nun der Frage nachgehen, welche Chancen Energie aus Biomasse bietet. Insbesondere ist zu hinterfragen, ob Biomasse auch »Bio« ist.

VOM ACKER GEMACHT: WELCHEN BEITRAG BIOMASSE ZUR ENERGIE-ERZEUGUNG LEISTEN KANN

> »Wald ist mehr als eine Papierzellstoffressource und eine Energieplantage für das Wachstum.«
>
> *Kerstin Ekman, Der Wald*

Wer sich, vielleicht angeregt durch die Lektüre dieses Buches, intensiver mit Energiethemen beschäftigt und dann in der Tageszeitung oder im Internet entsprechende Artikel liest, der wird immer wieder auf Politiker treffen, die sich für eine »carbon-free economy« einsetzen. Und dann erkennen, dass es sich, wie so oft, um eine Hohlphrase handelt. Denn Kohlenstoff ist der wichtigste Grundbaustein allen Lebens auf dem Planeten Erde. Kohlenstoffatome haben nämlich eine tolle Eigenschaft: Sie binden sich gern und stabil, nicht nur mit ihresgleichen, sondern auch mit Sauer- und Wasserstoff, gerne auch zu großen und sehr komplexen Molekülen. Insgesamt sind mehr als vier Millionen Kohlenstoffverbindungen bekannt, dem stehen rund 100 000 Moleküle gegenüber, die alle anderen chemischen Elemente miteinander bilden. Das kohlenstofffreie Wirtschaften wird also schon mal nichts, denn dazu müssten wir alles Leben abschaffen.

Für den Energiesektor von besonderer Bedeutung sind Kohlenstoff-Wasserstoff-Verbindungen, kurz Kohlenwasserstoffe. Wenn sie verbrennen, sprich mit Sauerstoff reagieren, wird sehr viel thermische Energie frei (und neben Wasser das eigentlich problematische Kohlendioxid). Umgekehrt formuliert: In wenig Masse steckt viel chemische Energie. Es war hauptsächlich diese Eigenschaft, die hohe Energiedichte flüssiger Kohlenwasserstoffe, die Benzin- und Dieselmotor zum weltweiten Siegeszug verholfen hat.

Will man die vor vielen Millionen Jahren in Erdöl, Gas und Kohle umgewandelte Biomasse nicht nutzen, um den darin gebundenen

Kohlenstoff nicht als Kohlendioxid in die Atmosphäre zu entlassen, aber trotzdem nicht auf Kohlenwasserstoffe verzichten, dann bleibt genau eine Möglichkeit: die Biomasse heranzuziehen, die heute auf der Erde nachwächst. Dabei wird ja nur das Kohlendioxid frei, das die Pflanze zuvor per Photosynthese aus der Luft geholt hat.

Damit es sich allerdings wirklich um einen geschlossenen Kreislauf handelt, sind ein paar Randbedingungen zu beachten. Denn erstens schadet, wer einen Urwald abholzt und verheizt, nicht nur der Artenvielfalt, sondern vernichtet auch einen großen Kohlendioxidspeicher. Der wächst nicht kurzfristig nach, sondern, wenn überhaupt, in mehr als 100 Jahren. Zweitens werden Düngemittel für den Anbau verwendet und muss die energetisch genutzte Biomasse maschinell transportiert werden: Hierfür wird Energie verbraucht, so dass die Kohlendioxidbilanz nur ausgeglichen ist, wenn sämtliche Energie für diese Prozesse selbst aus erneuerbaren Quellen stammt. Drittens wird im konventionellen Landbau fast immer stickstoffbasierter Dünger eingesetzt. Der Teil des Stickstoffs, der nicht von den Pflanzen verarbeitet werden kann und im Boden verbleibt, verbindet sich mit Sauerstoff zu Lachgas – und wirkt als Treibhausgas 300-mal stärker als Kohlendioxid. Gelangt der Stickstoff statt in die Atmosphäre als Nitrat ins Trinkwasser, kann er im Körper in das extrem gesundheitsschädliche Nitrit umgewandelt werden. Und viertens ist Biogas nichts anderes als Methan, dessen Treibhauspotenzial 21-mal größer als das von Kohlendioxid ist. In Biogasanlagen gehen bis zu 15 Prozent des entstehenden Methans verloren, was die Gesamtklimabilanz deutlich trübt.

Darüber hinaus besteht noch das Problem der Flächennutzungskonkurrenz. Hinter diesem sperrigen Begriff verbirgt sich das schlichte Problem, dass sich auf einem Stück Land nicht gleichzeitig dichte Bebauung, Urwald und Nutzwald sowie Ackerflächen zum Anbau von Nahrungs- und Energiepflanzen befinden können. Der Mensch muss sich entscheiden. Worauf ich hinweisen will: Es geht um mehr als die oft diskutierte Frage »Teller oder Tank?«. Aus ethischer Perspektive betrachtet ist es zweifellos richtiger, das vorhandene Ackerland zunächst dafür zu nutzen, alle Menschen satt zu bekommen, und Energiepflanzen nur auf dem verbleibenden Rest anzubauen. Allerdings gehen solche Betrachtungen immer davon aus, dass die Ackerfläche konstant bleibt – was nicht der Fall ist, wie unzählige Berichte über Brandrodungen in den Tropen zeigen. Es stellen sich also weitere Fragen, die immer wirtschaftliche, ökologische und ethische Dimensionen haben: Sollten wir nicht die wenigen Urwälder, die auf der Erde noch existieren, konsequent unter völligen Naturschutz stellen? Sollten wir Nutzwälder, naturnah bewirtschaftet, unberührt lassen, statt zu roden? Können wir die zusätzlichen zweieinhalb Milliarden Erdbürger, die bis 2050 erwartet werden, von den heutigen Agrarflächen ernähren? Der größte Bevölkerungszuwachs ist in den sehr dicht besiedelten Städten Asiens, Afrikas und Lateinamerikas zu verzeichnen – was passiert dort, wenn der Lebensstandard und damit der Anspruch auf Wohnfläche steigt?

Allen Indikatoren zufolge wird Fläche im Lauf dieses Jahrhunderts eher knapp, sofern wir nicht die heute von Menschenhand unberührten Naturlandschaften angreifen – die machen nur noch ein Viertel der nicht von Eis bedeckten Landoberfläche aus. Zudem verändert der Anbau von Energiepflanzen die Landwirtschaft, es wird mehr gedüngt und öfter geerntet. Bodenbrütende Vögel und Käfer leiden darunter genauso wie die Wasserqualität. Daher postuliere ich an dieser Stelle: Der Anbau von Energiepflanzen mag mit steigenden Öl- und Kohlepreisen ein rentables Geschäft sein, ich halte ihn jedoch für ethisch nicht vertretbar und absolut nicht zukunftsfähig. Was heute in mehr als 6000 Biogasanlagen in Deutschland (2020 sollen es schon 10 000 sein) passiert, ist für mich eine größere Umweltsünde als die Nutzung der Kernkraft. Denn die Grundstoffe sind in der Regel Mais aus konventioneller Landwirtschaft (Biobauern arbeiten nicht für Bioenergie) und Gülle aus der Massentierhaltung. Dass für die damit verbundene Umweltverschmutzung und Tierquälerei nach dem Einspeisegesetz auch noch Subventionen fließen, ist allenfalls Ausdruck erfolgreicher Lobbyarbeit der Bauernverbände, sicher aber nicht der Vernunft. Zwar sind einige grobe Fehlentwicklungen in der 2011 verabschiedeten Novelle des Gesetzes über erneuerbare Energien beseitigt – so dürfen »nur« noch 60 Prozent Mais in die Anlagen. Doch noch immer erhält eine Tierfabrik, die ihre Gülle verstromt, bis zu 25 Cent je Kilowattstunde.

Es gibt über die Kritik an den ökologischen Folgen großflächiger Monokulturen hinaus noch einen Grund, nicht auf den Anbau von Energiepflanzen zu setzen: Biomasse entsteht letztlich durch Umwandlung der Sonnenenergie in chemische Energie, die in den Pflanzen gespeichert wird. Der Wirkungsgrad dieser Umwandlungskette ist miserabel: Nur 0,17 Prozent des auf einem Maisacker eingefallenen Sonnenlichts werden zu elektrischer Energie, wenn der Mais in die Biogasanlage wandert. Dabei ist der Energieaufwand für Anbau und Transport des Getreides noch nicht eingerechnet, er macht in der Regel mindestens 50 Prozent aus, so dass maximal ein Tausendstel des Sonnenlichts genutzt wird. Grund für diese miserablen Werte ist der schlechte Wirkungsgrad der natürlichen Photosynthese, der unter optimalen Bedingungen theoretisch bei 4,5 Prozent, in der Praxis jedoch unter einem Prozent liegt. Nicht zu vergessen: Um Strom zu erzeugen, wird das Biogas in konventionellen Verbrennungsmotoren verbrannt, so wie wir sie im Auto haben, nur etwas größer und auf Gasbetrieb umgestellt. Weil sie – im Gegensatz zu unseren Automotoren – in der Regel mit konstanter Drehzahl und Last arbeiten, ist der Wirkungsgrad deutlich besser, er beträgt annähernd 50 Prozent. Was allerdings auch bedeutet, dass die Hälfte der mühsam angebauten und dann vergorenen Ackerfrüchte in Form ungenutzter Wärme wieder verloren geht. Zumindest diesen Verlust könnte man sich sparen, wenn Biogas direkt ins Erdgasnetz eingespeist würde, anstatt es zu verstromen.

Würde der Bauer auf dem Acker Solarzellen aufstellen (was in Deutschland verboten ist!), wüchse die Energieernte deutlich: Selbst mit einfachen Dünnschichtmodulen sind zehn Prozent des Sonnenlichts zu nutzen. Im sonnenreichen Süden Europas oder in Indien, wo trotz Millionen an unterernährten Kindern jetzt ebenfalls über Energiepflanzen nachgedacht wird, können Solarkraftwerke deutlich mehr Energie auf gegebener Fläche produzieren. Hinzu kommt, dass der Wirkungsgrad von Solarzellen nicht nur von der Zellenbauart und dem Lichtstrom, sondern auch vom Einfallswinkel abhängig ist. Auf dem freien Feld kann man die Sonnenfänger auf einem beweglichen Trägersystem aufbauen, das die Ausbeute um bis zu 35 Prozent erhöht.

Experten wie der Chemie-Nobelpreisträger Hartmut Michel bilanzieren knapp: »Es ist insgesamt wenig wahrscheinlich, dass die natürliche Photosynthese und die davon abgeleitete Biomasse einen wesentlichen Beitrag zur Lösung des Energieproblems leisten können.« Das ist noch zurückhaltend formuliert: Selbst wenn man alle heutigen Agrarflächen der Welt mit Mais bepflanzte, könnte man damit nur 15 Prozent des heutigen Weltenergiebedarfs decken. Nun ist der Flächenertrag keine Konstante, im Mittel wächst die je Hektar geerntete Menge in Deutschland noch immer mit 1,5 Prozent pro Jahr. In Entwicklungsländern, wo die Landwirtschaft weit weniger automatisiert ist, dürfte das Steigerungspotenzial deutlich größer sein. Ebenso wie der Hunger, nach Nahrung und nach billiger Energie.

Nun sind Mais oder Zuckerrüben nicht das Maß aller Dinge, denn mittlerweile wird intensiv an Alternativen geforscht. Als Energiepflanze eignet sich beispielsweise die bis zu zwei Meter hoch wachsende Durchwachsende Silphie. Im Sommer blüht die mehrjährige Pflanze sympathisch gelb, ab dem zweiten Jahr benötigt sie keine Herbizide mehr, da die Blätter den Boden ausreichend verschatten. Für die direkte Holzverbrennung experimentiert man mit dem plantagenartigen Anbau schnell wachsender Pappeln. Auch das bis zu vier Meter hohe Riesen-Chinaschilf wird man künftig öfter bei uns sehen. Es hat den Vorteil, dass es besonders geringe Ansprüche an den Boden stellt, um anständig zu wachsen. Letztlich löst aber keine der neuen Energiepflanzen die oben skizzierten Probleme, sie werden allenfalls gemindert.

Die Bauern werden ohnehin das anpflanzen, was die höchsten Erträge verspricht. Der Ertrag wiederum ist abhängig von der Höhe der Staatszuschüsse. Denn ohne Subventionen rentiert es sich nicht, Strom aus Biomasse zu erzeugen. Nicht einmal, wenn CO_2-Emissionen heftig besteuert würden. Denn die Vermeidungskosten je Tonne CO_2 betragen bis zu 400 Euro, mehr als der zwanzigfache Preis der heutigen Emissionszertifikate.

Nicht nachhaltig, nicht wirtschaftlich: Damit könnte dieses Kapitel eigentlich enden. Kann es aber nicht, denn erstens gibt es zumindest einen Sektor, der auf absehbare Zeit wahrscheinlich nicht auf Flüssigkraftstoffe mit ihrer hohen Energiedichte verzichten kann: der Verkehr. Und zweitens wird weltweit daran gearbeitet, die Reststoffe zu verwerten, die übrig bleiben, wo der Mensch Feld- oder Waldwirtschaft betreibt.

E10, E85 UND ANDERE ROUTEN

Beginnen wir mit einem Mittelklasse-Pkw heutiger Bauart. Handelt es sich um einen Dienstwagen, ist er wahrscheinlich mit einem Dieselmotor ausgestattet. Mit 70 Litern betankt, fährt er locker 1000 Kilometer am Stück. Der Tank und sein Inhalt wiegen etwa 90 Kilo. Wer ein besonders verbrauchsarmes Auto kauft, kommt heute schon mit 60 Litern über die gleiche Distanz, künftig müssen 40 bis 50 Liter reichen.

Bauen wir den Tank aus und eine Batterie ein. Nicht irgendeine, sondern eine zeitgemäße Lithium-Ionen-Batterie (natürlich tauschen wir auch den Verbrennungs- gegen den Elektromotor und das Getriebe gegen eine Leistungselektronik aus). Leider müssen wir feststellen, dass wir für die gleiche Reichweite ein Batteriesystem mit mehr als 1,5 Tonnen Gewicht verbauen müssen – das zulässige Gesamtgewicht ist deutlich überschritten, das Auto kann nicht mehr sicher bewegt werden, abgesehen davon, dass die Batterie den gesamten Laderaum eines geräumigen Kombis (bei umgeklappten Rücksitzen) füllen würde. Und da wäre noch der Preis: Für die unterstellte 100-Kilowattstunden-Batterie betrüge der etwa 25 000 Euro, im Jahr 2020 wohlgemerkt, heute wäre sie zwei- bis viermal so teuer.

Nun kann man argumentieren, dass der Mensch sich umgewöhnen muss und längere Strecken künftig mit dem Zug fährt. Und dass Batterien noch ein gewaltiges Entwicklungspotenzial haben (haben sie, wie wir noch sehen werden). Dennoch zeigt unser Umbauversuch, wie sehr schon der Pkw-Verkehr von der hohen Energiedichte konventioneller Kraftstoffe profitiert. Aber Autos sind in Europa nur etwa für zwei Drittel der Kohlendioxidemissionen aus dem Verkehrssektor verantwortlich. Das restliche Drittel teilen sich Lastwagen, Busse, Schiffe und Flugzeuge. Diesen Verkehr vollständig auf batterieelektrische Antriebe umzustellen, gilt als unmöglich, zumindest in den kommenden 40 Jahren. Zu Diesel und Kerosin auf Erdölbasis gibt es für diese Branchen nur zwei langfristige Alternativen: auf Biomasse basierende Kraftstoffe oder Wasserstoff, erzeugt mit regenerativen Energien.

Während die Lufthansa 2011 die ersten Versuche mit Biokraftstoffen startete (vorsichtshalber wird erst einmal nur eine von vier Turbinen mit Biosprit betrieben), ist der weniger preissensible Individualverkehr schon teilweise umgestellt. Der Anfang 2011 eingeführte, stark umstrittene Super-Kraftstoff E10 besteht zu zehn Prozent aus Ethanol, einem meist aus Weizen oder Zuckerrüben gewonnenen Alkohol. Zehn Prozent Beimischung sind dabei keineswegs die technische Grenze, sondern die Folge eines EU-Beschlusses, mit dem man die Grenzwerte für die Emission von Pkw festlegte. Auch die Mineralölindustrie müsse ihren Beitrag leisten, argumentierten die Autohersteller. In den USA und Schweden sind Kraftstoffe mit Ethanolanteilen von bis zu 85 Prozent erhältlich. Und Brasilianer fahren gar mit E100, gewonnen aus Zuckerrohr. Ethanol ist immer Benzinbeimischung oder -ersatz. Weniger bekannt ist, dass Dieselkraftstoff in Europa ebenfalls mit Biokraftstoffen versetzt wird. Der Volumenanteil in Deutschland beträgt durchschnittlich 5,5 Prozent. Hergestellt wird dieser Anteil aus Rapsöl (im besten Fall), leider aber auch aus Palmöl, das aus tropischen Ländern stammt.

All diesen Biokraftstoffen der ersten Generation ist gemeinsam, dass sie eigentlich nicht Biokraftstoffe heißen dürften. Für die Kraftstoffherstellung wird die Frucht der Pflanze genutzt, sie sind damit für die gleichen Probleme verantwortlich wie die Biogasanlagen.

Und letztlich genauso wenig in der Lage, unser Energieproblem nachhaltig zu lösen. Friedrich Widdel, Direktor am Max-Planck-Institut für Marine Mikrobiologie, hat Folgendes ausgerechnet: Würde man den Energiebedarf des Kraftfahrzeugverkehrs in Deutschland ausschließlich aus Weizensprit decken, benötigte man eine Anbaufläche von 350 000 Quadratkilometern, also ungefähr die Fläche Deutschlands. Nehmen wir stattdessen Rübensprit, bräuchte man immerhin nur doch die Hälfte der Fläche. Wo bitte sollen wir da noch Straßen und Parkplätze bauen? Das 10-Prozent-Ziel der EU führt nach mehreren Studien des Instituts für Europäische Umweltpolitik zu einer indirekten Landnahme, die zwischen der Ausdehnung der Niederlande und jener Irlands liegt. Durch die Rodung der dafür notwendigen Flächen entstehen, so das Institut, bis 2020 jährlich mindestens 81 Prozent mehr Kohlendioxidemissionen, als wenn einfach rohölbasierte Kraftstoffe verbrannt werden. Also doch nur eine verkappte Agrarsubvention? Nach Berechnungen der Internationalen Energieagentur addieren sich die weltweiten Subventionen auf mehr als 330 Milliarden Dollar – derart stark wird keine andere erneuerbare Energie staatlich unterstützt. Es ist wie beim Schach: Immer gut, noch ein paar Bauern zur Verfügung zu haben.

Ganz anders sähe es aus, wenn man Pflanzenteile nutzen könnte, die bei der Produktion von Nahrungsmitteln ohnehin übrig bleiben, Strukturbestandteile wie Blätter, Stiele oder sogar Rinde und andere Hölzer. Diese Pflanzenteile bestehen allerdings aus Lignozellulose, einem sehr stabilen Faserverbundmaterial. Um Lignozellulose aufbrechen und umbauen zu können, benötigt man entweder sehr energieintensive Hochtemperaturprozesse oder man findet doch einen Weg, sie über Fermentation zu zersetzen. Intensiv geforscht wird an beiden Wegen, die in eine neue, die zweite Generation von Biokraftstoffen münden sollen.

DIE WUNDERSAME MEDIZIN DER HERREN FISCHER UND TROPSCH

Die Chemiker Franz Josef Emil Fischer und Hans Tropsch fanden Mitte der zwanziger Jahre am damaligen Kaiser-Wilhelm-Institut für Kohlenforschung in Mülheim an der Ruhr eine Lösung für eine Aufgabe, die Deutschland seit dem Ersten Weltkrieg umgetrieben hatte: Es musste doch möglich sein, das für die Kriegsführung immer wichtiger werdende Benzin aus der heimischen Kohle herzustellen. In den dreißiger Jahren wurde das Verfahren dann erstmals im großen Stil angewendet, zunächst, weil Devisen knapp waren, später auch, um die deutsche Kriegsführung zu unterstützen.

Der nach seinen Erfindern benannte Fischer-Tropsch-Prozess ist nicht besonders kompliziert: Ein beliebiges kohlenstoffhaltiges Ausgangsmaterial wird bei hohem Druck und hoher Temperatur mit Sauerstoff und Wasserdampf versetzt. Aus der Reaktion entsteht Synthesegas, ein Gemisch aus Kohlenmonoxid und Wasserstoff. Fügt man nun bei Temperaturen von 200 bis 300 Grad Eisen oder Cobalt als Katalysator hinzu, entsteht ein komplexes Kohlenwasserstoffmolekül, das dem aus Erdöl gewonnenen Dieselkraftstoff ähnelt. Katalysatoren sind übrigens Stoffe, die eine chemische Reaktion ermöglichen, indem sie beispielsweise die notwendige Temperatur absenken. Der Katalysator verändert sich bei der chemischen Reaktion selbst aber nicht.

Das Verfahren wurde im Zweiten Weltkrieg in Deutschland intensiv genutzt, zeitweise wurden mehr als 600 000 Tonnen Flüssigkraftstoff aus Kohle gewonnen, um die deutsche Kriegsmaschine trotz der Isolation des Hitler-Regimes am Laufen zu halten. Nach dem Kriegsende erlahmte das Interesse an der Technik, Erdöl war schließlich billig auf dem Weltmarkt zu kaufen. Allein im durch die Apartheid isolierten Südafrika betrieb man noch großtechnische Anlagen. Heute erlebt der Fischer-Tropsch-Prozess eine Renaissance, denn er stellt einen der möglichen Wege dar, aus Pflanzenabfällen Biokraftstoffe zu erzeugen. Im Prinzip kann man sich das so vorstellen, dass die Pflanzenmasse bei diesem Verfahren komplett in seine Grundbausteine zerlegt und dann neu zusammengesetzt wird. So hat der einzige Hersteller, der in Deutschland bis heute bereits in kleinem Umfang Biokraftstoffe der zweiten Generation produzierte, das von ihm patentierte Verfahren auch »Carbo-V« getauft. Ein gutes Geschäft war die Pionierleistung offensichtlich nicht: Im Juli 2011 meldete Choren Insolvenz an. Einer der Hauptinvestoren, die Deutsche Shell, hatte schon 2009 in aller Stille seine Gesellschaftsanteile verkauft.

Eine spannende neue Pilotanlage, die ebenfalls auf dem Synthesegas-Pfad basiert, wird derzeit unter Regie des Karlsruher Instituts für Technologie an den Standorten Karlsruhe, Jena und Chemnitz erstellt. Das von den Wissenschaftlern »Bioliq« getaufte Verfahren vermeidet einige Nachteile klassischer Herstellwege für Biokraftstoffe. Zum Beispiel ist die Energiedichte von Roh-Biomasse recht gering, weshalb für den Transport zu den teuren und deshalb immer zentral errichteten »Raffinerien« weite Wege und damit hohe

CO_2-Emissionen notwendig werden. Die Karlsruher stellen jedoch dezentral Anlagen auf, in denen die Biomasse in einem Schnellverfahren zu Koks und sogenanntem Pyrolyseöl weiterverarbeitet wird. Wieder zusammengemischt hat der entstandene Energierohstoff noch 85 Prozent des Energieinhalts der Biomasse, aber nur noch ein Zehntel des Volumens. In dem fünfstufigen Prozess, an dessen Ende Benzin aus der Anlage fließt, ist außerdem keine Zugabe von reinem Wasserstoff erforderlich, dessen Herstellung sehr energieaufwändig ist.

Dass für einen Totalabriss und anschließenden Neuaufbau bei Häusern wie bei Molekülen relativ viel Energie benötigt wird, ist eigentlich logisch. Da liegt es auf der Hand, sich zu fragen, ob es nicht einen Weg gibt, die Biomasse nur umzubauen. Die Antwort sucht das von der Bundesregierung geförderte Exzellenzcluster mit dem sperrigen Namen »Maßgeschneiderte Kraftstoffe aus Biomasse«.

DIE MASSSCHNEIDER

Aachen, Stadtmitte. Ein funktionales, eher trauriges Gebäude aus den Nachkriegsjahren. Das Besprechungszimmer heißt »Blauer Saal« und ist doch kaum größer als mein Büro. Später sehe ich auch, dass die Motorenprüfstände im Untergeschoss äußerst knapp geschnitten sind, die Techniker müssen sich zwischen den Leitungen durchwinden, um an den Prüfling zu gelangen.

Aber man sollte sich nicht von Äußerlichkeiten täuschen lassen. Denn hier, am Lehrstuhl für Angewandte Thermodynamik an der Technikuni Aachen, wird Forschung betrieben, die zur Weltspitze gehört, ja deren Ansatz sogar weltweit einmalig ist. Während fast überall versucht wird, Biokraftstoffe so zu gestalten, dass sie die Eigenschaften von Benzin und Diesel möglichst perfekt imitieren, forschen die Ingenieure des Instituts gemeinsam mit Kollegen an 20 weiteren Instituten, wie man Motoren und neue Kraftstoffe so optimiert, dass das Zusammenspiel das optimale Ergebnis bringt.

Koordiniert werden die 80 Forscher von Martin Müther. Ein junger Mann, eher unauffällig. Eigentlich wollte er Chemiker werden, studierte dann aber Maschinenbau. Und baut heute Brücken zwischen den verschiedenen Forschungsdisziplinen in einem Projekt, das Biologen, Chemiker, Verfahrenstechniker und Maschinenbauer an einen Tisch bringt.

Gemeinsam haben sie im Aachener Exzellenzcluster einen Weg gefunden, Lignozellulose zu verarbeiten. Zunächst wird das Pflanzen-Rohmaterial mit Hilfe ionischer Flüssigkeiten in seine Hauptbestandteile Zellulose, Hemizellulose und Lignin zerlegt. Das ist wichtig, weil derzeit nur die Zellulose, die zuckerähnliche Moleküle enthält, weiterverarbeitet wird. Ionische Flüssigkeiten klingen geheimnisvoll, gemeint sind jedoch einfach Stoffe, die wie Kochsalz aus positiv geladenen Atomen (Ionen) aufgebaut sind. Während Kochsalz bei Zimmertemperatur fest ist, gibt es auch Salze, die dann schon geschmolzen sind – ionische Flüssigkeiten eben. Im nächsten Schritt, von den Chemikern Depolymerisation genannt, wird die Zellulose in Glukose, sprich Traubenzucker, umgewandelt. Nach intensiver Forschung sind die Aachener heute so weit, dass in zwei Stunden fast die komplette Zellulose genutzt werden kann, nur fünf Prozent bleiben als nicht verwertbarer Abfall zurück.

Glukose ist ein dankbarer Ausgangsstoff, ihre Moleküle lassen sich gut umbauen. Zum Beispiel, indem man sie mit Hilfe von Bakterien, Eiweißen oder Pilzen fermentiert oder Wasserstoff entfernt (man spricht dann von Dehydrierung). Über weitere Verarbeitungsschritte entstehen Moleküle mit so schönen Namen wie 2-Methyltetrahydrofuran, kurz 2-MTHF, die sich als Komponente eines Kraftstoffes einsetzen lassen. In ersten Untersuchungen mit Einzylindermotoren zeigte sich, dass 2-MTHF auch jenseits der guten Kohlendioxidemission Vorteile hat: Rußemissionen können völlig vermieden werden, auch wenn der Stickoxidausstoß minimal ist – bei heutigem Diesel, auch bei Biodiesel, steigt der Stickoxidausstoß stets, wenn die Rußpartikel weniger werden. Allerdings wurde auch deutlich, dass eine Anpassung der Motoren notwendig ist. »Für den Diesel war die Zündwilligkeit zu niedrig, für den Benziner eigentlich zu hoch«, so Müther. Hier kommen die Motorentechniker im Projekt zum Zug, sie entwickeln beispielsweise einen innovativen Glühstift – eigentlich zum Vorheizen des Dieselmotors bei Winterkälte gedacht –, der bei bestimmten Betriebsbedingungen quasi als Zündung funktioniert.

Beim Testen des biologisch gewonnenen 2-MTHF stellten die Ingenieure außerdem fest, dass es die Dichtungen der Einspritzpumpe auflöste. Im Motor müssten also neue Werkstoffe für die Dichtungen verwendet werden – falls 2-MTHF überhaupt das Rennen macht. Denn es handelt sich nur um eine mögliche Komponente eines komplett neuen Kraftstoff-Motor-Systems. Künftig wollen die Aachener auch die übrigen Bestandteile der Pflanze, Hemizellulose und Lignin, zu Kraftstoff verarbeiten. »An das Lignin heranzukommen und es zu verarbeiten, ist allerdings besonders anspruchsvoll«, erläutert Müther. »Da sind wir noch ganz am Anfang.« Kein Wunder, handelt es sich dabei doch um sehr große Moleküle, die durch ihre Festigkeit das Stützgerüst der Pflanzen bilden. Der in Aachen entwickelte Kraftstoff soll letztendlich aus den Verarbeitungspfaden aller drei Pflanzenbestandteile zusammengemixt werden. Der Motor und die Verbrennung werden sich anpassen müssen, um alle Anforderungen zu erfüllen, die man an einen Automotor so stellt: minimale Schadstoffemissionen, geringes Geräusch, hoher Wirkungsgrad, lange Lebensdauer.

In gewisser Weise ist das Vorgehen des Exzellensclusters die Umkehrung der bisherigen Kraftstoffforschung, bei der in den Laboren der Mineralölfirmen versucht wurde, die gegebenen Motoren zu optimieren. Allerdings liegt in dem neuen sinnvollen Ansatz auch eine große Gefahr: Der neue Kraftstoff kann nicht von allen Autos getankt werden. Schon der derzeitige Bestand an Fahrzeugen mit Verbrennungsmotor beträgt weltweit ungefähr eine Milliarde; er wächst jedes Jahr. Automobil- und Mineralölindustrie müssten die Einführung also aufeinander abstimmen. Wie schwierig das sein kann, zeigt das jahrelange Gerangel um die Einführung des schwefelfreien Kraftstoffes, der für Dieselmotoren mit Partikelfilter benötigt wird. Noch heute ist in China oder den USA der Kraftstoff bis zu 200-mal stärker mit Schwefel belastet als in Deutschland. Daher will Müther auch nicht ausschließen, dass für eine Einführungsphase solche Biokraftstoffe doch normalem Benzin oder Diesel beigemischt werden. »Aber das ist nicht Ziel unseres Forschungsansatzes.«

Als ich Müther nach einer Einschätzung zur Energiebilanz seiner maßgeschneiderten Kraftstoffe frage, muss er passen. Weder der Kraftstoff, der hinten rauskäme, noch das Herstellverfahren noch seine Verbrennung seien nach den bisherigen gut drei Jahren Forschung geklärt. Intern rede man noch gar nicht von einem Verfahren, sondern von einem Ansatz. Zwar sei zumindest für 2-MTHF geklärt, dass die wesentlichen Prozessschritte überhaupt funktionieren. »Aber energetisch ist das auch immer eine Frage der Größe einer Anlage. Bislang arbeiten wir mir Reagenzgläsern.« Ab wann werden wir die maßgeschneiderten Kraftstoffe der Aachener denn tanken können? »Unser Zeithorizont sind 15 bis 20 Jahre«, antwortet Müther.

Bei der Besichtigung einer Prüfeinrichtung fällt mir auf, dass es unangenehm stechend riecht. Müther beruhigt mich: »Alle Kraftstoffe, die wir hier entwickeln, sind weniger giftig als Ottokraftstoff. Und wenn es nicht gut riecht, lässt man eher die Finger davon.« Für die spätere Akzeptanz des Autofahrers kann das ein Problem darstellen. Allerdings hatten die Chemiker den Ingenieuren auch schon einen Testkraftstoff gemischt, der nach Schokolade roch.

Immer wieder werden in der öffentlichen Diskussion Biokraftstoffe und batteriebetriebene Elektrofahrzeuge als Konkurrenztechnologien diskutiert. Müther irritiert das nicht. »Für Flugzeuge, Schiffe und Langstreckentransporte benötigt man die Energiedichte eines Flüssigkraftstoffes, der auf Kohlenstoff beruht. Der Energieinhalt, der heute in der Batterie eines Elektrofahrzeugs gespeichert werden kann, entspricht nur etwa einem Liter Benzin.«

Wenn Müther und seine Kollegen erfolgreich sind, können wir dann nicht einfach darauf verzichten, Rohöl zu fördern, und den Kraftstoff aus den Reststoffen der Landwirtschaft gewinnen? Leider ist das, was bei der Nahrungsmittelproduktion übrig bleibt, nicht genug. Maximal 15 Prozent des Energiebedarfs, so schätzt man, lassen sich aus vorhandener Biomasse gewinnen, wenn die Menschen satt werden sollen und man nicht die heutigen Wälder großflächig abholzen will. Wobei Interessensvertreter der Bioenergie-Branche immer wieder darauf hinweisen, dass diese Zahlen nur stimmen, solange wir Fleisch essen. Denn für die Produktion eines Kilos Rinderfleisch benötigt man rund 20-mal so viel Fläche wie für dieselbe Menge Gemüse. Der Fleischkonsum nimmt mit zunehmendem Wohlstand aber weiter zu. Das in Washington ansässige Forschungsinstitut für internationale Ernährungspolitik prognostiziert, dass im Jahr 2020 weltweit 125 Millionen Tonnen mehr Fleisch verzehrt werden als 1996. Der Löwenanteil des Zuwachses entfällt auf Wachstumsländer wie China.

Gesamtgesellschaftlich zu diskutieren und politisch zu entscheiden ist auf jeden Fall die Frage, was wir mit der knappen Biomasse machen, wenn wir davon ausgehen, dass wir den Anbau von Energiepflanzen auf Dauer nicht tolerieren: weiterhin vorrangig verstromen? Oder für den Teil des Verkehrs reservieren, der nur schwer oder gar nicht zu elektrifizieren ist? Ein Argument, das für die Verstromung spricht, sei nicht verschwiegen: Durch den bescheidenen Wirkungsgrad auch hocheffizienter Verbrennungsmotoren – er beträgt im europäischen Verbrauchsmesszyklus nur etwa zwanzig Prozent – ist der Gesamtwirkungsgrad äußerst gering. Einer von Greenpeace in Auftrag gegebenen Studie von EUtech zufolge ist die Einsparung an Kohlendioxid dreimal höher, wenn man Biomasse verstromt und die dabei anfallende Restwärme zum Heizen benutzt, als wenn man sie als Kraftstoff für Fahrzeuge nutzt. Dem kann man entgegenhalten, dass Strom und Wärme auch auf andere Weise regenerativ gewonnen werden können, während für den

Langstreckenverkehr, insbesondere im Güterbereich, alternative Lösungen sehr rar sind.

MEINE BRAUNE MÜLLTONNE

Was passiert eigentlich mit dem Inhalt der brauen Tonne, in der wir unseren Biomüll sammeln, frage ich mich eines Tages. Unsere Kartoffelschalen sind doch ebenfalls Pflanzenreststoffe. Die Pressestelle der Frankfurter Entsorgungs- und Service GmbH verweist auf eine Kombinationsanlage, in der aus 30 000 Tonnen Bioabfall, die in meiner Heimatstadt jedes Jahr anfallen, 12 000 Tonnen Kompost und 2,5 Millionen Kilowattstunden Strom produziert werden. Andernorts wird oft nur das eine oder das andere produziert. Eine besonders spannende Anlage steht im angrenzenden Main-Taunus-Kreis, wo man sich auf die Stromproduktion konzentriert. Aus 45 000 Tonnen Biomüll werden dort jedes Jahr 10,5 Millionen Kilowattstunden Strom erzeugt.

Künftig dürfte es noch etwas mehr werden. Denn seit Mai 2011 wird auch die bei der Verbrennung des Biogases erzeugte Wärme genutzt. Und zwar nicht direkt als Wärme, sondern um Strom zu erzeugen. Ein neues Konzept, das ein Grundproblem der Kraft-Wärme-Kopplung bei Biogasanlagen löst: Zwar kann ein Teil der Abwärme des Verbrennungsmotors genutzt werden, um die für die Gasentstehung benötigte Temperatur zu erzeugen, für den Rest fehlen auf dem flachen Land aber oft die Abnehmer.

Ähnlich wie bei der Geothermie ist es jedoch nicht ganz einfach, aus den relativ niedrigen Temperaturen der Motorabwärme Strom zu erzeugen. Helmut Ziegler weiß, wie es trotzdem geht. Der Geschäftsführer eines kleinen hessischen Unternehmens hat viele Jahre daran getüftelt, einen geeigneten organischen Rankine-Zyklus (ORC, Organic Rankine Cycle) zu entwickeln. Dieser Prozess ähnelt dem Kalina-Prozess, den wir bei unserem Besuch in Unterhaching kennengelernt haben. Er arbeitet jedoch nicht mit Ammoniak, sondern mit Kohlenwasserstoffen, in diesem konkreten Fall mit Pentafluorpropan. Das brennt nicht, ist völlig ungiftig und schädigt auch die Ozonschicht nicht. Entweichen darf das Mittel trotzdem nicht, denn sein Treibhauspotenzial ist 950-mal so hoch wie das von Kohlendioxid. »Was wir machen, ist alles hermetisch dicht«, beruhigt Ziegler.

Der Wirkungsgrad der Ziegler'schen Adaption ist mit 13 Prozent zwar absolut niedrig, aber deutlich besser als der anderer organischer Zyklen, die in der Regel einstellig bleiben. Wesentlicher Grund für die gute Umwandlung der ansonsten verlorenen Wärme in Elektrizität ist die verwendete Expansionsmaschine. Anfangs setzte Ziegler auf einen Schraubenmotor. Bei diesem eher exotischen Motortyp drehen sich zwei schrägverzahnte Wellen (Schrauben ohne Kopf) in einem Gehäuse. Das warme Gas strömt in die Räume zwischen den Wellen und zwischen Wellen und Gehäuse. Diese Arbeitsräume werden in Richtung Ausgang größer, das Gas kann sich so ausdehnen und treibt die Wellen mit der frei werdenden Energie an. Dieses Konzept, unter anderem an der Universität Dortmund erprobt, verwarf er, weil die Reibung der Schrauben ein Drittel der Energie wieder fraß. Stattdessen kommt heute eine modifizierte Turbine aus dem Kälteanlagenbau zum Einsatz, die sehr geringe mechanische Verluste aufweist.

Die Vision von Ziegler: Er will fertige Abwärmenutzungs-Einheiten für Biogasanlagen verkaufen, die »laufen wie ein Kühlschrank«, also keine besonderen Einstellarbeiten mehr erfordern. Während in Flörsheim noch eine Pilotanlage steht, soll bald die Serienproduktion starten. Sein Konzept zur Kraft-Wärme-Kopplung könne darüber hinaus auch für industrielle Abwärme genutzt werden. Als Beispiel nennt Ziegler Glühöfen, in denen Metalle vor der Umformung erhitzt werden, oder Lackierereien. Sein Unternehmen hat der 64-jährige Ziegler mittlerweile an Bosch verkauft. Die zu erwartende Expansion hätte er aus eigener Kraft nicht mehr finanzieren können.

Natürlich können wir unseren Strombedarf nicht allein aus unseren braunen Tonnen decken. Zum einen wird Kompost in der Landwirtschaft gebraucht, und zwar umso mehr, je weniger Kunstdünger eingesetzt wird. Viele städtische Betriebe haben im Vorgriff auf die seit dem Jahr 2005 verbotene Deponierung unbehandelter Siedlungsabfälle in Kompost-Produktionsanlagen investiert. Zum anderen wird in vielen Regionen der Welt der Abfall bei weitem nicht so konsequent getrennt wie bei uns. Selbst wenn der Mischmasch-Müll in einer Verbrennungsanlage landet, muss der feuchte Biomassenanteil zuvor aufwändig abgetrennt oder getrocknet werden – was Energie kostet. Als ein kleiner, aber wichtiger Baustein kann die konsequente energetische Verwertung von Abfällen einen Beitrag leisten, zumal uns sowohl Müllverbrennungs- als auch Biogasanlagen unabhängig von Wind und Sonnenschein beliefern. Nicht einmal eigene Kraftwerke sind zwingend: Mit Hilfe neuer technischer Verfahren, genannt »mechanisch-thermische Stabilisierung«, kann der Abfall von Haushalten und Gewerbebetrieben so behandelt werden, dass er in modernen Kohlekraftwerken mitverbrannt wird und dort die Kohlendioxid-Bilanz zumindest geringfügig verbessert.

Einen kleinen Beitrag liefern auch die Forscher am Fraunhofer Institut für Grenzflächen- und Bioverfahrenstechnik. Sie untersuchen, wie man die Reststoffe aus der südeuropäischen Olivenölproduktion energetisch verwerten kann. Aktuelles Zwischenfazit: Es funktioniert. Würde alles, was bei der Herstellung von jährlich zwei Millionen Tonnen Olivenöl übrig bleibt, zu Biogas vergoren, entspräche die entstehende Bioenergie einer Maisanbauflüche von 2800 Quadratkilometern, mehr als die Fläche des Saarlandes.

HINAUS AUFS MEER?

Aber müssen Energiepflanzen überhaupt an Land angebaut werden? Seit längerem wird intensiv an der Nutzung von Algen geforscht. Die Öffentlichkeit nimmt in Europa nicht viel davon wahr, weil die Versuche der großen Ölkonzerne in weiter Ferne erfolgen. So forscht Shell auf Hawaii, Exxon hat sich mit dem amerikanischen Gentechnik-Pionier Greg Venter zusammengeschlossen. Experimentiert wird aber auch in kleinen deutschen Firmenneugründungen und im Forschungszentrum Jülich.

Die meisten Forschungsansätze gehen dabei keineswegs von Algenfarmen auf dem Meer aus, sondern eher von durchsichtigen Tanks, oft in Kapillarform. Solche Behältnisse könnte man in Gebiete mit sehr hoher Sonneneinstrahlung stellen, wo die »Anbaufläche« nicht mit der klassischen Landwirtschaft konkurrieren würde. Manche Forscher gehen davon aus, dass man das Kohlendioxid, das Algen ohnehin für ihr Wachstum benötigen, nicht indirekt aus der Luft, sondern direkt aus den Abscheideanlagen von Kraftwerken gewinnen kann.

Die Energieproduktion müsste bei Algen nicht indirekt über die Verwertung der Biomasse erfolgen. Es wird intensiv daran gearbeitet, die Algen gentechnisch so zu modifizieren, dass sie Kohlenwasserstoffe als Ausscheideprodukt selbst produzieren. Die Gentechnik wird notwendig werden, weil sich die natürlich vorkommenden Algen nicht so verhalten, wie es sich der Mensch wünscht: Blaualgen – die eigentlich Bakterien sind – wachsen zwar schnell, produzieren dabei aber zu wenig Öl, bei den Grünalgen verhält es sich genau andersherum. Kieselalgen besitzen zwar beide Eigenschaften, bilden in ihrer Körperhülle jedoch, wie der Name verrät, Silizium, das den Verarbeitungsprozess stört. Sollte die Forschung voranschreiten, steht mit Sicherheit, zumindest in Deutschland, eine weitere technikethische Debatte ins Haus: Wollen wir Nahrungsmittel ohne Gentechnik, Energiepflanzen aber mit ihr erzeugen? Aus Platzgründen können wir diesen spannenden Gedanken hier nicht ausführen.

Auch wenn die Algennutzung zur Kraftstoffgewinnung noch ganz am Anfang steht, so scheint nach den bisherigen Ergebnissen doch gesichert, dass sie in der Regel mit deutlich höheren Wirkungsgraden arbeitet als auf Mais oder Rüben basierende Verfahren. Optimistischen Schätzungen zufolge wird man je Hektar genutztem Land sechsmal mehr Kraftstoff gewinnen können als beim Maisanbau. Vermutlich wären außerdem die nachgelagerten Umwandlungsprozesse weitaus weniger energieintensiv.

Ob maßgeschneiderte Kraftstoffe oder Algen, es scheint noch ein langer Weg hin zu echtem Biosprit. Das Elektroauto scheint hingegen fast serienreif, ungeachtet der Einschränkungen, die wir in diesem Kapitel schon kennengelernt haben. Zeit für eine Exkursion nach Münster, wo man nicht nur viel Fahrrad fährt, sondern auch an der Zukunft des Elektroautos forscht.

GIB STROM: KOMMT DAS ELEKTROAUTO?

»Ich bin überzeugt, dass in weniger als 20 Jahren die Mehrheit aller Neuwagen E-Autos sein werden.«

Elon Musk, Chef des Elektrofahrzeugherstellers Tesla, der von 2008 bis 2011 rund 2000 Autos verkaufte.

Keine Technik ist »alternativlos«. Statt Autos mit brennbaren Flüssigkeiten zu betanken, könnte man auch Strom nutzen, den man aus erneuerbaren Energien gewinnt. Das wäre aus Sicht der Energiewirtschaft wünschenswert, weil die meisten Menschen nachts schlafen. Sprich, das Auto wird ohnehin geparkt und der Stromverbrauch durch Büros, Fabriken und private Haushalte sinkt drastisch. Lädt man stattdessen den Strom in die Autobatterie, muss man weniger andere Speicher bauen und spart viel Geld. Wenn der Strom aus Wasser-, Wind- oder Sonnenenergie erzeugt wird, sind die Kohlendioxidemissionen fast null.

Das Fahren mit einem Elektromotor macht nicht weniger Spaß, im Gegenteil: Ein Elektromotor entwickelt seine volle Kraft sofort und muss nicht erst auf Drehzahl gebracht werden. Hat die Automobilindustrie in den letzten 125 Jahren also einfach auf das falsche Pferd gesetzt? Immerhin begeisterte Ferdinand Porsche die Besucher der Pariser Weltausstellung bereits im Jahr 1900 mit einem Auto, das in beiden Vorderrädern einen Elektromotor hatte.

Das Elektroauto hat ein Problem: So gut es fährt, es kommt nicht weit. Und das liegt daran, dass die Energiedichte in einer Batterie deutlich geringer ist als in Diesel oder Benzin. Während ein moderner Dieselkombi mit einer Tankfüllung von 70 Litern mehr als 1000 Kilometer fährt, schafft ein Elektroauto des Jahres 2011 nur 150 Kilometer. Und schaltet der Fahrer die Heizung oder die Klimaanlage ein, schrumpft die Reichweite um die Hälfte. Momentan ist der

Energiegehalt von einem Kilo Dieselkraftstoff ungefähr 60-mal höher als der der besten verfügbaren Batterien.

Trotzdem wäre es ein Fehler, das Elektroauto abzuschreiben. Das wäre so, als hätte man nach dem ersten Atlantikflug von Charles Lindbergh 1927 felsenfest behauptet, der Mensch schaffe es zwar mit Müh und Not über den Atlantik, nie aber zum Mond. Zwischen den beiden die Menschheitsgeschichte prägenden Flügen lagen gerade einmal 42 Jahre. Vier Jahrzehnte, in denen Naturwissenschaftler geforscht und Ingenieure entwickelt haben, um das scheinbar Unmögliche zu realisieren.

WIE EIN WISSENSCHAFTLER GEGEN HEILSERWARTUNGEN KÄMPFT

Das Unmögliche in der Batterietechnik erforscht Professor Martin Winter in Münster. Als ich sein Institut besuche, riecht es in dem Neubau noch nach Farbe. Hinter den Glastüren sieht man junge Menschen in weißen Kitteln im Labor stehen. Ich frage eine junge Wissenschaftlerin nach dem Weg, und sie antwortet mit slawischem Akzent: »I don't speak German.« Rund 40 Millionen Euro wurden in den letzten Jahren hier investiert, um den deutschen Rückstand beim Elektroauto aufzuholen.

Wichtigster Forschungsschwerpunkt in Münster sind Lithium-Ionen-Akkus, also jene Energiespeicher, die wir auch in unseren Laptops und Mobiltelefonen verwenden und die heute die beste Technik am Markt darstellen. Als ich Winter nach deren Potenzial frage, korrigiert er mich zunächst: »Es heißt Li-t-hium mit hartem t, nicht Lizium mit z, sonst müssen Sie auch Zeater statt Theater sagen.« Ihm geht es nicht um ein chemisches Element, sondern darum, dass diese Technologie in der Autoindustrie endlich genauso selbstverständlich ist wie ein Hubkolbenmotor. Und dazu muss man sich mit Chemie beschäftigen und nicht mit Maschinenbau. Die Chemie der Lithium-Ionen-Zelle vergleicht Winter mit zwei leeren Eierkartons, zwischen denen positiv geladene Lithium-Ionen hin und her wandern, wenn Strom in die Batterie oder aus ihr heraus fließt. Eigentlich ganz einfach, doch es bleiben ein paar Fragen: Wieso wandern die Ionen und wieso speichern sie dabei Energie? Und wie kann man die Energiedichte steigern, also bei gleichem Gewicht und Bauraum mehr Ionen vom einen Ende zum anderen wandern lassen?

Die »Wieso«-Frage ist noch recht einfach beantwortet: Ist der Akku völlig leer (was leider immer in den ungünstigsten Momenten passiert), dann befinden sich alle Lithium-Ionen auf einer Seite der Batteriezelle, und zwar auf jener, an die der Pluspol angeschlossen ist. Dieser Eierkarton wird auch Kathode genannt. Die Lithium-Ionen sind dort in eine Matrix aus einem Metalloxid eingelagert, stabil, aber nicht ungeheuer fest gebunden. Beim Laden werden Elektronen in die Kathode hereingepumpt und vertreiben die Lithium-Ionen in den anderen Eierkarton, der Anode heißt und an den der Minuspol angeschlossen ist. Natürlich können die Lithiumteilchen nicht durch den elektrischen Draht wandern, sie nehmen daher den direkten Weg: Sie schwimmen durch eine leitfähige Flüssigkeit, Elektrolyt genannt. Am Ziel, also an der Anode, die heute in der Regel aus Graphit besteht, lagern sie wieder an. So lange, bis alle verfügbaren Ionen den Platz gewechselt haben und die Ladestandsanzeige signalisiert: Der Akku ist voll. Das Entladen funktioniert genau umgekehrt. Sobald man einen elektrischen Verbraucher anschließt, zieht der die Elektronen aus der Kathode, und die Lithium-Ionen können in ihre Heimat zurückwandern. Es ist evident, warum man beim Lithium-Ionen-Akku auch von »Schaukelstuhl-Batterie« spricht.

Die einfachste Möglichkeit, die Speicherfähigkeit zu erhöhen, ist, die Lithium-Menge zu erhöhen. Heutige Akkus bestehen nur zu ein bis zwei Prozent aus Lithium, der Rest ist die notwendige Verdünnung, damit die per se explosionsgefährdete Batterie auch sicher funktioniert. Dies zeigt schon, dass Reichweite nur ein Kriterium für die Antriebsbatterie eines Autos ist. Neben der Sicherheit sind vor allem Zyklenstabilität (also geringe Abnutzung bei vielen Be- und Entladungen), Dynamik (schnell viel Energie aufzunehmen oder abzugeben) und letztlich Kosten wichtig.

Mehr Lithium bei gleichem Gewicht und Bauraum oder ganz andere, auf jeden Fall leistungsfähigere Materialien, das ist ein expliziter Forschungsschwerpunkt in Münster. Der andere besteht darin, die Komponenten heutiger Lithium-Ionen-Batterien, beispielsweise den Elektrolyten, deutlich zu verbessern. Ein dritter besteht darin, umweltverträglichere und billigere Materialien zu finden, also beispielsweise Eisen und Mangan statt Nickel und Cobalt einzusetzen. Winter, der oft als »Batteriepapst« tituliert wird, springt zwischen seinen Ideen hin und her, mit einer Mischung aus missionarischem Eifer und Selbstironie.

Fangen wir vorne an, bei den Eierkartons. Neue Materialien können vielleicht mehr Lithium beherbergen, weil sie die Ionen enger an sich binden. Auf der Anodenseite beispielsweise Silizium oder Aluminium, mit zehnfacher Speicherfähigkeit. Das Problem stellt dann aber die Kathode dar: Die Anzahl der aufnahmefähigen Löcher lässt sich in den heute verwendeten Oxiden nicht deutlich steigern, man müsste die Kathode also deutlich größer machen als ihr Gegenstück. »Das sähe selten dämlich aus und funktioniert außerdem nicht«, erklärt Winter. Also braucht man auch hier künftig neue Materialien, Schwefel beispielsweise. Oder man verzichtet ganz auf einen Eierkarton und setzt darauf, dass die Lithium-Ionen sich mit aus der Umgebungsluft angesaugten Sauerstoff zu einem Oxid verbinden und sich sozusagen ihr Heim selbst bauen. In diesem Fall spricht man von einer Metall-Luft-Batterie. Eine tolle Idee, denn man spart natürlich gehörig Gewicht, wenn man kein Trägermaterial benötigt. Allerdings wird, während man fährt und dabei eine solche Batterie entlädt, Sauerstoff aufgenommen: Die Batterie wird immer schwerer.

Metall-Luft-Batterien sind dennoch ein Hoffnungsträger, denn sie erreichen wesentlich höhere Energiedichten. In der Praxis könnten eines Tages 1500 Wattstunden in einem Kilo Batterie gespeichert werden, in heutigen Elektrofahrzeugen sind es 140 bis 150 Wattstunden je Kilo. »Dann können Sie mit 150 Kilo Batterie schon 500 Kilometer fahren«, so Winter. Die Metall-Luft-Technik ist in Hörgeräten schon im Einsatz. Das Problem: Es handelt sich gar nicht um einen Akku, sondern um eine Batterie, die nicht wieder aufgeladen werden kann. Denn sie verrostet allmählich. Nun müsste es gelingen, die Oberflächenkorrosion durch Anlegen einer elektrischen Spannung wieder rückgängig zu machen. Außerdem ist ein solches System sicherheitstechnisch eine Herausforderung: Nimmt man als Metall wieder Lithium, so kann man sich darüber freuen, dass es so reaktionsfreudig und leicht ist. Oder befürchten, dass es besonders gut brennt.

Neben den Materialien, die darüber entscheiden, wie viele geladene Teilchen aufgenommen werden können, hängt die Leistung einer Batterie von der elektrischen Spannung zwischen Kathode und Anode ab. Stand der Technik sind heute Batteriezellen mit etwa vier Volt, noch im Lauf dieser Dekade, so der offizielle Technologiefahrplan des Fraunhofer Instituts für System- und Innovationsforschung, sollen es fünf Volt werden – das entspräche einer Leistungssteigerung um immerhin 20 Prozent. »Das funktioniert gut, zersetzt aber allmählich den Elektrolyten«, berichtet Winter.

Kommen wir zum Elektrolyten, der beim Transport zwischen den Eierkartons eine wichtige, oft unterschätze Rolle spielt. In Münster arbeitet man an Alternativen zu den heute verwendeten organischen Lösungsmitteln: zum Beispiel an Kunststoffen und an flüssigen Salzen, also ionischen Flüssigkeiten. Winter: »Das Polymer ist wesentlich preiswerter als die ionische Flüssigkeit; die ionische Flüssigkeit zeigt eine bessere Leitfähigkeit. Deshalb mischen wir Polymer und ionische Flüssigkeit zu einem Film.« Der große Vorteil: Ein solcher Elektrolyt erhöht die Sicherheit deutlich, denn er brennt erst bei extrem hohen Temperaturen. Außerdem kann man ihn wesentlich besser rezyklieren – eine Forderung, an die heute außerhalb der Fachwelt niemand denkt. Aber sollten tatsächlich eines Tages Millionen an Elektrofahrzeugen auf unseren Straßen fahren, wird nicht nur die Energiebilanz über deren Umweltverträglichkeit entscheiden, sondern auch, wie wir mit den Batterien umgehen. Dass wir sie nicht auf den Müll werfen, dürfte aber auch im Interesse der Industrie sein. Lithium ist ein teures Metall, vor einigen Jahren gab es sogar Befürchtungen, dass es auf der Erde gar nicht in ausreichender Menge vorhanden sei, um eine Milliarde Elektrofahrzeuge weltweit anzutreiben. Diese sind ausgeräumt, nach einer Analyse des Zentrums für Sonnenenergie- und Wasserstoff-Forschung reichen allein die Reserven für vier Milliarden Batteriefahrzeuge, die Ressourcen sogar für zehn Milliarden.

Zum Unterschied zwischen Reserven und Ressourcen habe ich sicherheitshalber Dr. Volker Steinbach gefragt, der bei der Bundesanstalt für Geowissenschaften und Rohstoffe die Abteilung für Energie und Mineralien leitet. Er bestätigte, was ich einst im Erdkundeunterricht lernte: Als sicher nachgewiesene Vorkommen oder Reserven gelten nur die Rohstoffe, die mit heutigen Methoden wirtschaftlich gefördert werden können. Steigt also der Preis, etwa weil ein Rohstoff knapper wird, können die Reserven wieder wachsen. Da Lithium aber nicht an der Börse gehandelt wird – man brauchte es eben in der Vergangenheit nicht ganz so dringend –, ist seine Preisentwicklung wenig transparent. Daimler-Chef Dieter Zetsche, der das Material für seine Elektrofahrzeuge dringend benötigt, berichtete 2009 bei der Eröffnung eines wissenschaftlichen Kolloquiums in Aachen, dass der Preis für das Ausgangsmaterial Lithiumkarbonat in den Jahren zuvor um das Vierfache gestiegen sei.

Wie viel Energie eines Tages in einem Kilo Batterie gespeichert werden kann, ist noch nicht vorhersehbar. Den immer wieder auftauchenden Wunderbatterien gegenüber ist Winter sehr skeptisch. So hatte ein kleines Berliner Unternehmen im Herbst 2010 großes Aufsehen mit einer Rekordfahrt erregt. Mit einem »Kolibri« genannten Akku fuhr ein umgebauter Audi A2 mehr als 600 Kilometer von München nach Berlin. Der Umbau wurde vom Bundeswirtschaftsministerium mit 275 000 Euro gefördert. Die Presse berichtete geradezu euphorisch, wobei man bei der Auswahl der Pressevertreter sehr selektiv vorging. Der Spiegel-Redakteur Christian Wüst holte sich genauso eine Abfuhr wie ich. Fachleute wie Winter baten um die Möglichkeit, die Technik zu begutachten, wurden aber ebenfalls abgewiesen. Im Dezember 2010 verbrannte das Fahrzeug, so dass man letztlich nie wird rekapitulieren können, was das Wunder bewirkt haben soll. Ein Beispiel dafür, dass man es in Technologie-Umbruchsphasen immer wieder mit Scharlatanen zu tun bekommen kann.

Wann welche Technologie genau kommt, kann selbst der Batteriepapst aus Münster nicht vorhersehen. Zwar ließe sich die Forschung planen, nicht aber deren Ergebnisse. Trotzdem ist er überzeugt, dass es keine Alternative zum Elektroauto geben wird. »Überlegen Sie mal, was wir beim Benzinmotor tun: 120 Gramm CO_2 pro Kilometer ist das aktuelle Ziel. Pro Kilometer, und das bei jedem Auto. Wenn Kohlendioxid ein schwarzes Pulver wäre, vielleicht noch eines, das schlecht riecht, wer würde das alles zusammenfegen?«

DEUTSCHLAND AUF AUFHOLJAGD

Natürlich ist Winter mit seinem Institut nicht der einzige Batterieforscher. Fast könnte man sagen: Täglich werden es mehr. Nicht zuletzt, weil Verkehrs-, Forschungs-, Umwelt- und Wirtschaftsministerium, besessen von der Idee, das Elektroauto auf die Straße zu bringen, 400 Millionen Euro pro Jahr in die Förderung des Elektroantriebs stecken. Ein Löwenanteil des Geldes, das in die Forschung und nicht in unsinnige Schaufensterprojekte fließt, wird auf den Energiespeicher verwendet. Dass man sich auf Aufholjagd befindet, bestreiten selbst Automanager mit Benzin im Blut nicht. Anzulasten ist ihnen der Rückstand beim Batterie-Know-how aber nur bedingt. Denn der Vorsprung der Asiaten liegt nicht an ihrer Autoindustrie. Sondern daran, dass kein vernünftiger Mensch einfach so eine Batterie kauft. Menschen kaufen Maschinen, die sie praktisch oder schön finden. Laptops oder Mobiltelefone beispielsweise. Geräte, die meist aus Asien kommen und deren Fertigung Deutschland vor vielen Jahren aufgegeben hat. Die Angst, es könne der Automobilindustrie mit dem Umstieg auf das Elektroauto ähnlich gehen, sitzt in der Branche tief.

DAS ELEKTROAUTO ALS TEIL UNSERES ENERGIESYSTEMS

Für das Energiesystem lassen sich zwei Dinge festhalten: Erstens ist das Elektroauto nur so umweltfreundlich wie der Strom, mit dem es betankt wird. Volkswagen hat berechnet, dass ein Golf mit Elektroantrieb in Europa für 88 Gramm CO_2-Emission je Kilometer verantwortlich wäre. Der derzeit klimaneutralste zu kaufende Diesel-Golf stößt nur 11 Gramm mehr aus. In China, wo drei Viertel des Stroms aus Kohlekraftwerken stammen, betrüge die Emission sogar 179 Gramm. Nun hat Volkswagen dabei Zahlen aus dem Jahr 2007 zugrunde gelegt, mit dem Wachstum des Erzeugungsanteils an erneuerbaren Energien wird auch das Elektroauto allmählich sauberer.

Zweitens ist die Idee, sehr viele Elektroautos zu einem gigantischen Energiespeicher für Deutschland zusammenzuschalten, weniger ein technisches als ein gesellschaftliches und zeitliches Problem. Dazu wieder eine kleine Rechnung: Wenn alle Pkw in Deutschland Elektrofahrzeuge wären, dann hätten sie sicher eine »Superbatterie«, die ähnliche Reichweiten wie heute erlaubt, sonst würden sie ja nicht gekauft. Also 200 Kilowattstunden statt 26,5 beim Elektro-Golf, der damit maximal 150 Kilometer schafft, solange man Heizung und Klimaanlage ausschaltet. 50 Millionen Pkw gibt es, die könnten zusammen zehn Milliarden Kilowattstunden speichern. 2010 betrug der komplette Stromverbrauch in Deutschland 530 Milliarden Kilowattstunden oder im Schnitt 1,5 Milliarden pro Tag. Ein aus den verschalteten Autobatterien bestehender Puffer könnte eine knappe Woche lang Deutschland fast allein mit Strom versorgen und so auch eine längere Windflaute bei gleichzeitig heftigem Schnellfall überbrücken.

Aber genau da setzt das gesellschaftliche Problem ein, eigentlich ist es sogar ein demokratisches: Kann eine Regierung einzelne Bürger, die ein Auto besitzen, dazu zwingen, es stehen zu lassen, damit andere ausreichend Strom haben? Um dem auszuweichen, kann man versuchen, das Problem ökonomisch zu lösen: Wer teilnimmt, bekommt den eingespeisten Strom besonders hoch vergütet. Mit solchen Anreizsystemen, die das Elektroauto zur Kapitalanlage machen würden, beschäftigen sich die Energiekonzerne ernsthaft. Allerdings darf nicht übersehen werden: Irgendjemand wird am Ende dafür bezahlen müssen, dass dieser Strom dann besonders teuer ist. Im Zweifelsfall bezahlen jene besonders viel, die kein Elektroauto besitzen, weil sie es sich nicht leisten können. Und damit ist doch wieder ein gesellschaftliches Problem entstanden.

Darüber hinaus darf der Zeitfaktor nicht übersehen werden. Die Superbatterie gibt es noch nicht, sie wird es auch 2020 nicht geben. 2030 vielleicht, aber das ist keinesfalls sicher. Und selbst wenn dann Verkaufsstart ist, wird es dauern, bis der komplette Fahrzeugbestand ausgetauscht ist. Ein Auto wird in Deutschland heute nach durchschnittlich 14 Jahren verschrottet. Natürlich werden auch schon vor 2016 Elektroautos verkauft, aber dies in kleinen Stückzahlen mit kleinen Reichweiten für große Städte. Offiziell verfolgt die Bundesregierung zwar weiterhin das Ziel, bis 2020 eine Million Elektrofahrzeuge auf die Straße zu bringen. Es gilt allerdings als offenes Geheimnis, dass es nicht mehr zu halten ist. Das Lieblingsauto der Deutschen, der Golf, kommt erstmals 2013 in einer Elektroversion auf den Markt.

Ergänzend sei an dieser Stelle bereits vermerkt, dass das Elektroauto nicht zwingend eine Batterie benötigt. Stattdessen kann der Strom auch an Bord mit Hilfe einer Brennstoffzelle hergestellt werden. Elektrizität erzeugt die Brennstoffzelle in der Regel aus Wasserstoff, der in einem Tank mitgeführt wird. Da Wasserstoff aber ein universaler Energieträger ist, der nicht nur im Auto zum Einsatz kommen kann, behandeln wir dieses Konzept im nachfolgenden Kapitel über die Energiespeicher.

Das batterieelektrische Auto wird jedenfalls kurzfristig unser Problem, den fluktuierenden Strom aus erneuerbaren Energien in großer Menge für schlechte Zeiten zu speichern, nicht lösen. Zum Glück ist es nicht die einzige Möglichkeit. Wie aber lauten die verbleibenden Optionen?

MIT DOPPELTEM BODEN: WIE KÖNNEN WIR ENERGIE SPEICHERN?

»Zur Sommerzeit, sag doch, was hast du da getrieben?«

Frage der Ameise an die Grille
in der Fabel von Jean de La Fontaine

Der 18. März 2007 war ein historischer Tag für die Verfechter erneuerbarer Energien. Morgens um acht blies der Wind an der deutschen Küste so heftig, dass erstmals mehr Wind- als Atomstrom erzeugt wurde: mehr als 18 Gigawatt. Umweltverbände und Ökostromanbieter jubelten, der Durchbruch schien geschafft. Was fast überall verschwiegen wurde: In der stürmischen Frühjahrsnacht zuvor mussten die Netzbetreiber einen großflächigen Stromausfall verhindern, weil die Nachfrage für den erzeugten Strom nicht da war. Irgendwohin musste er aber fließen, sonst hätte ein Kurzschluss gedroht.

Es klingt nach einem Luxusproblem: »Unser Problem ist nicht der Verbrauch, sondern die Erzeugung. Wir haben durch die Windkraft immer wieder so viel Strom, dass unsere größte Sorge ist, den unterzubringen.« Dies sagt mir im Zuge der Recherche der Produktionsleiter eines deutschen Kraftwerks. Mehr Ökostrom als notwendig, davon kann man doch nur träumen – oder? Was in Politikerohren toll klingen mag, bereitet den Verantwortlichen vor Ort oft Kopfzerbrechen.

Denn anders als bei uns zu Hause, wo wir grundsätzlich mehr Bolognese-Soße kochen, als sechs Menschen essen können, um den Rest einzufrieren, ist die dauerhafte Aufbewahrung von Strom ein echtes Problem. Wir groß es ist, kann man zwischen den Zeilen in einer Studie des ökostromfreundlichen Instituts für Solare Energieversorgungstechnik lesen. Die Wissenschaftler hatten ein Szenario entworfen, wie ganz Deutschland zu 100 Prozent durch regenerative Energien zu versorgen ist. Die Botschaft: Es funktioniert durch eine intelligente Vernetzung verschiedener Kraftwerkstypen. In einem windreichen Jahr bliebe allerdings ein Drittel des gesamten Windstroms ungenutzt, sofern er nicht exportiert werden kann oder eine andere Verwendungsmöglichkeit gefunden wird.

PUMPSPEICHER: DER KLASSIKER

Ganz gut kann man Energie in Form von Lageenergie speichern. Das geht so: Man nimmt einen Gegenstand, arbeitet mit Muskeln oder Maschinen gegen die Schwerkraft und legt ihn höher wieder ab, als man ihn aufgehoben hat. Handelt es sich beispielsweise um einen Karren, den wir einen Berghang hinaufschieben, dann speichert er unsere schweißtreibende Arbeit in Form von Lageenergie und saust damit den Berg hinunter, sobald wir ihn loslassen.

Im Prinzip ist es für die Speicherung egal, was wir den Berg hinaufschieben, da die gespeicherte Energie allein von der Masse des Gegenstandes, der Höhendifferenz und der Erdanziehungskraft abhängig ist. Allerdings sollte ein Gegenstand verwendet finden, der sich ohne allzu große Umstände in Elektrizität verwandeln kann. Bei Festkörpern oder Gasen wäre der Aufwand erheblich, daher nimmt man eine Flüssigkeit, die ohnehin in großen Mengen in der Natur vorhanden ist: Wasser.

Außer Wasser und Bergen benötigt man dann nur noch eine Pumpe und eine Turbine sowie ein Reservoir, in dem man das Wasser in möglichst großer Höhe aufbewahren kann. Der angelieferte Strom wird genutzt, um die Pumpe anzutreiben. Das vom Berg heruntergelassene Wasser treibt eine Turbine an, deren Drehbewegung ein angeschlossener Generator wieder in Strom verwandelt. Während moderne Turbinen in weiten Lastbereichen mit hohen Wirkungsgraden arbeiten, gilt das für den Pumpbetrieb nicht. Experte Peter Rutschmann erläutert: »Sie müssen sich entscheiden, ob sie pumpen oder turbinieren.« Neueste Anlagen sind jedoch auf die starken Stromschwankungen, die erneuerbare Energien bieten, bereits ausgelegt. So verfügt das 2009 fertiggestellte Pumpspeicherwerk Kops 2 in Österreich über getrennte Turbinen und Pumpen statt der üblichen Kombinationsmaschinen. Damit ist ein hydraulischer Kurzschluss möglich: Beim Umschalten zwischen den Betriebsarten kann Wasser gleichzeitig gepumpt und ein Teil davon abgegeben werden. Was auf den ersten Blick wenig sinnvoll scheint, ist für die Netzstabilität entscheidend: Solche Kraftwerke können beliebige Wassermengen den Berg hinaufpumpen, ohne dass die sonst bei kleinen Mengen auftretenden hohen prozentualen Verluste entstehen. Damit sind die Unterschiede zwischen Stromangebot und -nachfrage innerhalb von sieben Sekunden auszugleichen, mehr als viermal schneller, als es klassische Bauweisen ermöglichen.

EIN GANZES LAND ALS BATTERIE?

Immer wieder habe ich zu Beginn meiner Recherche von einer Idee gelesen, die mich auf Anhieb elektrisiert hat: Der Windkraftausbau erfolgt vorwiegend in Nord- und Ostsee. Wenn an stürmischen Tagen mehr Strom erzeugt wird, als in Deutschland verbraucht werden kann, dann senden wir ihn über im Meer verlegte Hochspannungskabel nach Norwegen und puffern ihn dort in Pumpspeicherkraftwerken. Die puren Zahlen sprechen für die Idee: Norwegen erzeugt ohnehin 99 Prozent seines Stroms aus Wasserkraft; 50 Prozent der europäischen Reservoir-Kapazität befinden sich dort. Manche dieser Speicher haben gigantische Ausmaße: Im Blåsjø – übersetzt der »blaue See« – befinden sich mehr als drei Milliarden Kubikmeter Wasser. Wird der Wasserspiegel vom Maximal- auf den Minimalpegel abgesenkt, können damit fast acht Terrawattstunden Energie gewonnen werden.

Insofern könnte man das Land als grüne Batterie nutzen. Aber wollen das die Norweger auch? Und wie grün wäre eine solche Batterie? Ich entschließe mich, das vor Ort herauszufinden und nicht nur an auf Papier festgehaltene Visionen zu glauben.

Alta. Ein schöner Name für eine Kleinstadt im Norden Norwegens. So weit im Norden, dass hier vom 24. November bis zum 18. Januar die Sonne nie aufgeht. Und so nah am magnetischen Nordpol, dass hier in den achtziger Jahren des 19. Jahrhunderts die systematische Erforschung des Polarlichts begonnen wurde. Aber nicht deshalb kennt jeder Norweger über vierzig die Stadt. Sondern weil ein Staudammbau Anfang der achtziger Jahre die Gesellschaft des reichen Landes ähnlich polarisierte wie bei uns Wackersdorf oder die Startbahn West. Naturschützer und Fischer liefen mit vereinten Kräften Sturm gegen das Projekt. Außerdem sollte der hinter dem Damm auf 18 Kilometern Länge gestaute See traditionelles Stammesland der samischen Ureinwohner fluten. Im Januar 1981 blockierten 1000 Demonstranten bei minus 35 Grad die Zufahrt zur

Baustelle – zudem befanden sich einige Samen im Hungerstreik. Zeitweise war jeder sechste Polizist Norwegens im Einsatz. Die Bauarbeiten ruhten zunächst. Nach einer Entscheidung des obersten Gerichtshofes im Jahr 1983 wurden Damm und Kraftwerk mit zusätzlichen Auflagen innerhalb von vier Jahren gebaut, heute beträgt die elektrische Leistung 150 Megawatt.

Von meinem Hotel am Altafjord soll ich abgeholt werden, um mir das heute als ökologisch vorbildlich geltende Wasserkraftwerk anzusehen. Ein Geländewagen mit »Statkraft«-Beschriftung fährt vor, ein schlanker Mann in gelb-grauer Arbeitskleidung steigt aus. Schnell stellt sich heraus, dass es sich nicht um einen Fahrer handelt, sondern um Ole Christian Povenius, den Betriebsleiter aller Kraftwerke in einem Radius von fast eintausend Kilometern. Auf der Fahrt zum Staudamm erzählt er, dass er in der Region aufgewachsen sei, als Sohn eines Farmers, dass er die Natur liebe und Schlittenhunderennen fahre. Die Proteste hat er als Schüler miterlebt, einmal war er sogar bei einer Demo dabei, weil er so den Unterricht schwänzen konnte.

Ging damals ein Riss durch viele Familien, so scheint heute keiner der Menschen, die ich während meines Besuchs spreche, dem Geschehen noch große Bedeutung beizumessen. Allerdings könnte das daran liegen, dass tatsächlich wahr ist, was Povenius behauptet: Die hohen ökologischen Standards wären ohne die vorausgegangenen Proteste vielleicht nie etabliert worden. Was bedeutet dies konkret? Immerhin wird der Flusslauf auf rund zwei Kilometern unterbrochen: Das am Staudamm entnommene Wasser, 100 Kubikmeter pro Sekunde, fließt durch Tunnel zu einem unterirdisch gelegenen Maschinenhaus. Der Canyon zwischen Damm und Wiedereinleitungspunkt liegt außerhalb der Zeit des Frühjahrshochwassers im Trockenen. Die große Sorge der Umweltschützer manifestierte sich am Lachs, dessen Wanderung unterbrochen wurde. Heute ist der Bestand im unteren Flussauf stabiler als in vielen anderen Gegenden. Je 100 Quadratmeter tummeln sich fast 90 Lachse mit einem Alter von mehr als einem Jahr, Tendenz steigend. Dies führt dazu, dass jährlich wieder rund 20 Tonnen des delikaten Fischs gefangen werden.

Povenius begründet die gute Entwicklung des Fischbestands vor allem mit dem Wassermanagement. Wasserdurchfluss und -temperatur werden möglichst exakt auf dem Niveau vor der künstlichen Regulierung gehalten. Das bedeutet auch, dass die 100 Kubikmeter immer fließen, egal ob der Strom gerade billig oder teuer ist. Auf den klassischen Vorteil eines Stau-Wasserkraftwerkes, Strom dann zu produzieren, wenn er besonders gefragt und damit teuer ist, wird verzichtet. Für unsere Speicheridee eine schlechte Nachricht, denn es handelt sich letztlich um den gleichen klassischen Grundlaststrom, den auch Kernkraftwerke produzieren. Den Fluss unterhalb des Staudamms noch einmal zu stauen, um Wasser in Zeiten des Stromüberschusses zurückzupumpen, ist völlig undenkbar.

Unsere Besichtigung des Damms führt uns durch viele unterirdische Gänge. Man hat versucht, nicht nur den ökologischen, sondern auch den optischen Eingriff in die Landschaft minimal zu halten. Dass das Maschinenhaus ebenfalls verbuddelt wurde, ist allerdings eher der Enge der Schlucht zu verdanken. Oberirdisch sind nur die Zufahrt und einige Arbeitsräume, das Gebäude mutet wie eine riesige Tiefgarage an. Bei einer Tasse Kaffee frage ich Povenius, ob heute Neubauten dieser Dimension in Norwegen akzeptiert würden.

Wohl eher nicht, antwortet er. Zumal in der Bevölkerung die Befürchtung vorherrscht, dass der Stromexport die Strompreise im Land verteuern würde. Unbegründet ist diese Angst nicht, denn mit nur 7,5 Cent je Kilowattstunde zahlen die Norweger nur ein Drittel des deutschen Durchschnittshaushalts. Würden die Netze vollständig verbunden und wie bislang stets der am billigsten erzeugte Strom zuerst verkauft, dann müsste sich der Preis mit der Zeit angleichen. Eine Alternative, die in Norwegen ernsthaft diskutiert wird, besteht darin, einzelne Pumpspeicherkapazitäten ausschließlich mit dem deutschen Netz zu verbinden, nicht aber die Netze untereinander.

Billig und gleichzeitig ökologisch, das hat auch Schattenseiten. Mit Strom zu heizen ist Standard, auch im Norden Norwegens, wo es manchmal im Juni noch schneit. Wer es sich gutgehen lassen will, spendiert seiner Garagenauffahrt schon einmal eine Fußbodenheizung und spart sich so das Schneeschippen. Kontinentaleuropäisches Effizienzstreben, etwa durch den Einsatz von Energiesparlampen, wird in Norwegen mit Befremdnis zur Kenntnis genommen.

Nun ist Alta aber nur ein Wasserkraftwerk von 133, die sich im Besitz von Statkraft befinden. Weiter im Süden und damit näher an Deutschland gibt es in Kaskaden hintereinander gebaute Reservoirs, deren Wasser man von einem Becken in das andere pumpen könnte. Die bisherigen Einbahnstraßen müssten also nur mit leistungsfähigen Pumpen und mancherorts mit zusätzlichen Wasserkanälen nachgerüstet werden.

Anders als in Alta werden viele Speicherkraftwerke ohnehin nicht kontinuierlich betrieben – das ginge gar nicht. Denn während der

Stromverbrauch im Winter durch das Heizen um den Faktor zwei höher sein kann als im kurzen Sommer, liefert die Natur besonders viel Wassernachschub während der Schneeschmelze im Frühjahr und während der Herbstregen. Jon Ulrik Haaheim, bei Statkraft für die Energieerzeugung aus Wasserkraft verantwortlich, erzählt stolz von seinem Wassermanagement, mit dem der Strom jeweils genau aus den Kraftwerken erzeugt wird, deren Reservoirs am vollsten sind, während man die weniger vollen nur bei besonders hoher Nachfrage zuschaltet. Da der Füllstand auch dem Wert des Wassers – genauer dem Wert der darin gespeicherten Energie – entspricht, schwankt der Erzeugungspreis in Norwegen bislang kaum.

Dass Haaheim diese Insel der Seligen trotzdem für deutschen (und britischen) Windstrom öffnen möchte, hat zwei Gründe: Zum einen gab es immer wieder auch mehrere aufeinanderfolgende Jahre mit geringen Niederschlägen. In manchen Jahren fallen nur zwei Drittel der eigentlich benötigten Wassermenge vom Himmel. Ein Verbund über den mit den skandinavischen Nachbarn bestehenden hinaus könnte die eigene Versorgung besser absichern. Und zum anderen ist das Unternehmen, wenn auch weiterhin in staatlichem Besitz, daran interessiert, seine Kapazitäten noch besser zu nutzen. Den Neubau von Staudämmen schließt Haaheim dabei kategorisch aus.

Wie viel Strom in norwegischen Stauseen gepuffert werden könnte, hat Statkraft in einer internen Studie errechnet. Die entscheidende Eingangsgröße ist dabei nicht die Größe der Reservoirs, sondern wie schnell man deren Wasserspiegel absenken oder steigen lassen kann. Kein Wunder, sind doch diese Seen, wenn auch einst künstlich von Menschenhand geschaffen, keine unbelebten Speicherbecken, sondern Orte, an denen Einheimische ihre Sommerhäuser haben. »Stellen Sie sich vor«, so Haaheim, »Sie haben Ihr Boot am Ufer vertäut, und eine Stunde später liegt es zehn Meter landeinwärts.« Variiert der Wasserpegel zu schnell, könnte dies überdies zu Erosion an den Staudämmen führen, die nicht auf Pumpspeicherbetrieb ausgelegt wurden. Eine verbreitete Technik ist es, den Zement der Staumauer durch Felsblöcke zu verstärken, weil der Zement dann deutlich schneller auskühlt und die Bauzeit sinkt. Der inhomogene Aufbau einer solchen Staumauer ist empfindlicher gegen rasche Veränderungen des anstehenden Staudrucks als eine einphasige Lösung.

Für akzeptabel hält Haaheim einen Wert von etwa zehn Zentimetern pro Stunde, etwas mehr für Speicherseen, die sehr hoch in den Bergen in unbewohnten Gegenden liegen. Bezöge man alle Kraftwerke Südnorwegens ein, die für eine Umrüstung überhaupt in Frage kommen, so könnte uns die norwegische Batterie fünf windstille Tage lang mit 16 Gigawatt versorgen. Das reicht zwar nicht, denn die Stromnachfrage beträgt in Deutschland bis zu 85 Gigawatt in Spitzenzeiten, ist aber doch deutlich mehr als ein Tropfen auf einem heißen Stein. Allerdings darf man nicht vergessen: Auch Dänen und Engländer arbeiten auf eine Kooperation mit Norwegen hin, es scheint kaum vorstellbar, dass die Deutschen einseitig bevorzugt werden. »Wer zahlt, wird die Speicher nutzen können«, sagt Haaheim.

Um die Wasserspeicher Norwegens an ein europäisches Stromnetz anzuschließen, benötigt man Leitungen. Zwischen den Landesgrenzen, wo man sie unter dem Meer verlegen muss. Und über Land, um den Strom vom Wasserkraftwerk an die Küste zu transportieren. Der Landtransport könnte sich als das größere Problem erweisen, denn schon heute weist das innernorwegische Netz Schwächen auf. Beim Neubau von Stromleitungen im eigenen Land stößt die norwegische Politik wie bei uns auf den Widerstand von Umweltschützern.

Derzeit werden zwei Untersee-Leitungen von zwei Konsortien konkret geplant, »Nord.Link« und »NorGer«. Jede soll in der zweiten Hälfte des Jahrzehnts ein Gigawatt übertragen können. Von der Statkraft-Zentrale im Westen Oslos fahre ich 15 Minuten mit dem Taxi zum Hauptquartier von Statnett, dem staatseigenen Betreiber des norwegischen Stromnetzes. Mein Gesprächspartner ist Stein Vegar Larsen, der das Nord.Link-Projekt leitet. Er hat nicht viel Zeit, weil er zum Flughafen muss, redet aber dafür schnell und viel, so wie es Menschen oft tun, die eine Mission haben. Die Mission des erfahrenen Ingenieurs Larsen lässt sich mit wenigen Zahlen beschreiben: Spätestens Anfang 2017 soll ein 640 Kilometer langes Hochspannungs-Gleichstromkabel 1400 Megawatt zwischen Norwegen und Deutschland übermitteln können. Das Budget darf 1,4 Milliarden Euro – also ein Euro je Watt Übertragungsleistung – nicht überschreiten.

Eine finale Investitionsentscheidung ist noch nicht gefallen, derzeit läuft das Planfeststellungsverfahren. Dies ist alles andere als trivial, denn das Seekabel läuft auf 30 Kilometern Länge durch den Nationalpark Wattenmeer. Allerdings würde das Kabel ohnehin parallel zu anderen Leitern verlegt, die für den Anschluss von Windparks genutzt werden. Und nach heutigem Wissensstand haben die vollständig im Meeresboden versenkten Gleichspannungsleitungen keinen dauerhaft negativen Einfluss auf Fauna und Flora –

allenfalls die Bauarbeiten selbst führen zu einer Belastung der Ökosysteme. Daher ist davon auszugehen, dass es letztlich zu einer genehmigten Planung kommt und Statnett 2013 die Ampeln auf grün stellt.

Anschließend soll drei Jahre lang gebaut werden. Neben dem Seekabel sind die Umrichterstationen in beiden Ländern als die Verbindungskabel zu diesen Stationen zu realisieren. Auf der norwegischen Seite muss außerdem das Höchstspannungsnetz selbst verstärkt werden – läge das Seekabel schon heute, würde die Einspeisung so gewaltiger Strommengen das Netz überfordern und zu Stromausfällen führen. Dieses Upgrade basiert im Wesentlichen auf Nachrüstung: Statt mit 350 000 Volt soll das südnorwegische Netz künftig mit 420 000 Volt arbeiten. Allerdings räumt Larsen ein: »Einige Leitungen müssen neu gebaut werden, und das führt zu Kontroversen.« Vor 2016 liegen die technischen Voraussetzungen in Norwegen nicht vor. Es ist also nicht die »Atomlobby«, wie in einzelnen Presseveröffentlichungen immer wieder behauptet, die den Bau der transnationalen Leitungen verhindert. »Um das volle Potenzial zu nutzen, müssten wir das norwegische Netz vollständig umbauen«, so Larsen.

Ein Vorbild für die deutsch-norwegische Strompartnerschaft gibt es bereits: Seit 2008 ist ein 700-Megawatt-Seekabel zwischen Feda in Norwegen und Eemshaven im Norden der Niederlande im Betrieb. Diente es anfangs primär dem Stromexport Norwegens, so floss der Strom im Winter 2010/11 vor allem in die andere Richtung. Ein trockener Herbst hatte zuvor für besonders niedrige Wasserstände in den Reservoirs des Landes gesorgt. Technisch handelt es sich bei »NorNed«, so der Name des Kabels, um eine bipolare Gleichstromleitung, wie sie auch bei den Verbindungen nach Deutschland zum Einsatz kommen dürfte. Bei dieser Bauart werden zwei Kabel parallel verlegt, von denen eines eine positive Spannung zum Erdpotenzial hat, das andere jedoch eine negative. Der Vorteil: Die beiden Leiter müssen nur gegeneinander isoliert und mit einem schwachen Ausgleichsstrom gegen Schwankungen abgesichert werden. Monopolare Leiter müssen hingegen an einem Ende geerdet werden. Bei den Stromstärken ein erheblicher Aufwand: Die Erder sind mehrere Kilometer lang. Wenn sie im Wasser verlegt werden, wird durch die anliegende Spannung nicht zu nutzender Wasserstoff produziert. Die ablaufenden chemischen Reaktionen führen zu hohem Verschleiß. Die Technik für bipolare Gleichstromleitungen gilt mittlerweile als ausgereift und wettbewerbsfähig, auch wenn die doppelte Menge Kabel zum Einsatz kommt.

Doch Technik ist nicht alles, Larsen weiß um die Risiken seines Projekts. Mehrere Planungen für vergleichbare Leitungen zwischen Norwegen und Deutschland sind schon gescheitert. Mal lag es an Willen oder Finanzkraft der Konsortien, dann fehlten entscheidende Genehmigungen. 2001 wurde beispielsweise das von Statnett und E.ON geplante »Wikinger«-Kabel gestoppt, das 700 Megawatt auf dem Boden der Ostsee transportieren sollte. »Man weiß nie, welche Rückschläge es gibt, sei es bei der Akzeptanz der Bevölkerung, sei es eine bedrohte Froschart, die im Kabelschacht entdeckt wird.« Realistisch sei, dass Ende 2016 eine erste Leitung steht. Bis 2020 könnten dann zwei Gigawatt zwischen den Ländern hin- und hergeschoben werden – ein Achtel des Wertes, den der Stromerzeuger Statkraft langfristig in Pumpspeicherwerken puffern will.

Die Punkt-zu-Punkt-Verbindungen zwischen Norwegen und anderen Ländern sind nach Meinung einiger Vordenker nur der Anfang eines Nord- und Ostsee-Hochleistungsnetzes, das eines Tages die Meeres-Windparks einbeziehen wird. Der dort erzeugte Strom soll in Zeiten hoher Nachfrage nach Süden fließen, bei schwacher Nachfrage hingegen direkt zur Speicherung nach Norden. In ein solches Netz sollen auch die Ölförderplattformen im Meer einbezogen werden, denn diese sind große Stromverbraucher. Bislang wird der Strom auf den Plattformen oft direkt aus dem Rohöl erzeugt. Dabei handelt es sich um sehr »schmutzigen« Strom mit hohen Emissionswerten und geringem Wirkungsgrad. Technisch wäre das alles machbar, bestätigt Larsen. Man plane heute schon so, dass später zusätzliche Auffahrten auf die Stromautobahn zugebaut werden können. »Jetzt geht es uns aber zunächst einmal darum, überhaupt ein Kabel zu bauen, mit dem wir die beiden Länder verbinden. Das ist schon komplex genug.«

Auch wenn die norwegische Batterie nicht unseren gesamten Windstrom-Überschuss speichern kann, auch wenn der Bau von Unterseeleitungen Zeit braucht: Es ist sicher richtig, das Mögliche möglich zu machen. Denn der Gesamt-Wirkungsgrad einer solchen Energiekette ist fast nicht zu schlagen: Die Turbinen in einem Pumpspeicherkraftwerk arbeiten mit einer Effizienz von fast neunzig Prozent. Um das Wasser bergauf zu pumpen, benötigt man rund 10 Prozent des angelieferten Stroms. Beim Transport per Hochspannungs-Gleichstromleitung gehen noch einmal drei Prozent je 1000 Kilometer verloren. In Summe sind rund 70 Prozent Wirkungsgrad zu erwarten – und das von Strom, der ansonsten gar nicht produziert werden würde, weil man die Windkraftanlagen drosseln müsste.

Nur sollte man die Hoffnung nicht überfrachten. Wenn die Deutsche Umwelthilfe behauptet, die norwegische Wasserkraft könne 60 Atomkraftwerke in Kontinentaleuropa ersetzen, dann hat sie die Rechnung ohne den Wirt gemacht. Oder wie es Stein Larsen formuliert: »Wir haben in Norwegen ein funktionierendes Netz für fünf Millionen Einwohner. Wie kann man von uns erwarten, dass wir die Versorgung für achtzig Millionen Deutsche sichern?«

Bis das volle Potential genutzt wird, dürften noch viele Jahre vergehen. Ein Treiber könnte die Endlichkeit der norwegischen Öl- und Gasvorkommen sein, denen das Land einen wesentlichen Teil seines Wohlstandes verdankt. Die Erdölförderung nimmt seit der Jahrtausendwende bereits kontinuierlich ab, während der Erdgasexport derzeit noch steigt. 2050, so das ehrgeizige Ziel der Regierung, soll Norwegen »kohlenstoffneutral« sein.

GEHT ES AUCH OHNE SEE?

Künstliche Reservoire in Deutschland anzulegen, dürfe noch erheblich schwieriger sein. Das derzeit größte geplante Projekt, das Pumpspeicherkraftwerk in Atdorf im Südschwarzwald, erfährt jedenfalls erheblichen Widerstand. Nicht nur Naturschützer protestieren, auch die Anwohner fürchten um die touristische Attraktivität ihrer Region. Ein runder Tisch tagt, der Bauherr Schluchseewerke wartet mit dem Antrag auf die Planfeststellung.

Wie gerufen kommt da die Idee einiger Wissenschaftler, die Hinterlassenschaften des Bergbaus zu nutzen. So könnte der benötigte Höhenunterschied bei Kohlegruben genutzt werden, indem man überirdisch ein Speicherbecken baut und in 1000 Meter Tiefe im Schacht die Pumpe und ein weiteres Reservoir unterbringt. Einfacher nutzen ließen sich Abraumhalden aus dem Tagebau, auf deren Spitze das Speicherbecken gebaut werden müsste. Pumpe und Reservoir lägen allerdings maximal 150 Meter tiefer am Fuß der Halde, dementsprechend geringer ist der Energieinhalt des Speichers. Auf den Halden sollen Windkraftwerke gleich den Strom erzeugen, der, falls er keine Abnehmer findet, das Wasser den Berg hinaufschiebt. Ein erstes solches Kombikraftwerk wollen RWE und die RAG unter dem schönen Namen »Energiepark Sundern« in der Nähe von Hamm bauen. Wie groß das Potenzial für solche Anlagen in Deutschland ist und ob es sich technisch bergen lässt, liegt derzeit noch im Ungewissen. Eine große Herausforderung dürfte es darstellen, dass Abraumhalden nicht die Tragfähigkeit eines verdichteten Bodens haben, nun aber Tausende Tonnen von Wasser aushalten sollen. Deshalb ist davon auszugehen, dass die Möglichkeit, Stromüberschüsse über das heutige Maß hinaus in deutschen Pumpspeicherkraftwerken zu parken, sehr begrenzt sein wird. Und sicher ist, dass nach weiteren Speicher-Alternativen gesucht werden muss.

VIRTUELLES KRAFTWERK: WÄRME STATT STROM SPEICHERN

Berlin, Prenzlauer Berg. Nicht die schönen Straßen, durch die gut verdienende Mütter ihren Designer-Kinderwagen schieben. Am Rand des Stadtviertels, zwischen Plattenbauten und einem Kaufland, betreibt der Energieversorger Vattenfall eine Wärmeleitzentrale. Normalerweise hat so eine Leitzentrale die Aufgabe, dafür zu sorgen, dass es in den an das Fernwärmenetz angeschlossenen Haushalten – das ist in Berlin jeder vierte – immer warm bleibt und man bei längerem Duschen nicht plötzlich einen Kälteschock bekommt. Seit Herbst 2010 hat Produktionsleiter Gerhard Plambeck eine weitere Aufgabe: Er betreibt ein virtuelles Kraftwerk, bestehend aus kleineren Blockheizkraftwerken und Wärmepumpen in der Region, die über die Leitzentrale angesteuert werden. Es erzeugt zum Zeitpunkt meines Besuchs im März 2011 eine Wärmeleistung von maximal 1,5 Megawatt für 6000 angeschlossene »Wohneinheiten«.

Die Grundidee: Wenn die Windkraftanlagen mehr Strom produzieren, als verbraucht wird, dann werden mit dem Überschuss Wärmepumpen angetrieben. Eine Wärmepumpe tut genau, was ihr Name sagt – beispielsweise hinter unserem Kühlschrank, wo es recht warm werden kann, wenn die Milch kalt bleiben soll. Transportiert wird die Wärme in der Regel von einer Flüssigkeit, und die muss mit Hilfe elektrischer Energie von einem Ort zum anderen gepumpt werden. Entnommen wird die Wärme dem Erdreich in wenigen Metern Tiefe oder sogar der Umgebungsluft.

Wärme statt Strom zu speichern, das klingt zunächst nach einer mäßig guten Idee, denn während sich Strom in fast jede andere Energieform verwandeln lässt, ist das bei Wärme äußerst schwierig, wie wir am Anfang dieses Buchs gesehen haben. Allerdings besteht rund 40 Prozent der »Endenergie«, die wir im Haushalt verbrauchen, aus Wärme. Und technisch lässt sich Wärme oder warmes

Wasser mit geringem Aufwand im Haus speichern, der Energieverlust ist über Stunden hinweg eher gering. Zumal in einer Welt, in der regenerativ erzeugte Energien dominieren, die Wärmegewinnung aus Strom irgendwann wieder Konjunktur bekommen wird – ganz einfach, weil Geothermie nicht überall erschließbar ist und dann als einzige Alternative das Verbrennen von Gas oder Öl verbleibt.

Das virtuelle Kraftwerk kann noch mehr: In Phasen, in denen die Stromerzeugung durch Windkraft geringer als die Nachfrage ist, kommen Blockheizkraftwerke (BHKW) zum Einsatz. Ein BHKW besteht meistens aus einem Verbrennungsmotor, manchmal einem kleinen Einzylindermotor wie in einem Moped (Einfamilienhaus), manchmal einem Vierzylindermotor, der ansonsten in Familienkutschen seinen Dienst tut, in einigen Fällen auch aus weitaus größeren Motoren mit bis zu 16 Zylindern. Betrieben werden diese Motoren fast ausnahmslos mit Erdgas, aus dem sie Strom erzeugen; gleichzeitig wird die entstehende Abwärme zum Heizen genutzt (genauso wie im Fahrzeug auch).

Blockheizkraftwerke können natürlich auch im Einzelbetrieb Strom und Wärme produzieren, dafür wurden sie ja erfunden. Die Einbindung in das Netzwerk bringt allerdings Vorteile für Mensch und Umwelt mit sich. Für den Menschen bedeutet sie zunächst einen wirtschaftlichen Vorteil: Das kleine Kraftwerk im Keller wird nämlich nur dann betrieben, wenn nicht ausreichend billiger Strom vorhanden ist und die Wärmespeicher leer sind. Die Umwelt profitiert, weil fossile Energieträger – in diesem Fall Erdgas – nur dann zum Einsatz kommen, wenn der regenerativ erzeugte Strom nicht ausreicht, um den Strom- und Wärmebedarf des einzelnen Haushalts zu decken.

Und das nicht nur in Echtzeit, sondern mit der Intelligenz, mit der auch große Kraftwerke gesteuert werden. Dazu gehören zum Beispiel Wetter-, insbesondere Windprognosen, die bis zu zehn Tage weit reichen. Auch wenn wir beim Tagesschau-Gucken manchmal den Eindruck haben, Wettervorhersagen bewegen sich hinsichtlich der Realität knapp oberhalb der Genauigkeit von Sternzeichendeutungen, so trifft das nicht zu: Die Abweichung bei der Prognose des am folgenden Tag zu erzeugenden Windstroms liegen im Durchschnitt bei fünf Prozent. Zumindest solange nicht ein Orkan wie Kyrill im Januar 2007 wütet, da lag die Abweichung zwischen Vorhersage und Realität bei bis zu acht Gigawatt. Ziemlich genau lässt sich außerdem der außentemperaturabhängige Wärmebedarf des Folgetags schätzen. In die Steuerung des virtuellen Kraftwerks fließt dieser Wärmebedarf ein. Da man außerdem die Größe der einzelnen Wärmespeicher und die Leistung der Anlagen kennt, kann man diese jeweils vorausschauend regeln.

Die Kommunikation zwischen der Leitwarte und den über das Stadtgebiet verteilten Kleinkraftwerken läuft derzeit verschlüsselt über das Mobilfunknetz. Damit geht eine ständige Störüberwachung einher, die von Vorteil für den unabhängigen Anlagenbetreiber ist. Tritt also ein Fehler an der Anlage auf, kümmert sich statt des Hausmeisters ein Energiekonzern um die Behebung. Ob für den Anlagenbetreiber aus dem strompreisabhängigen Betrieb ein »Business Case« wird, sprich ob es sich finanziell rechnet, hängt stark von der Größe und dem Einsatz der Anlage ab. »Das kann man nicht pauschal sagen«, so Gerhard Plambeck. »Wir rechnen das in jedem Einzelfall mit dem Partner durch.«

Der Charme an der Vattenfall-Lösung: Statt großtechnischer Lösungen werden viele kleine, dezentral arbeitende Einheiten vernetzt, man spart sich so Investitionen in den Netzausbau und große Energiespeicher, wie sie etwa Stauseen darstellen. Der Haken: Die Entscheidungen über das Ein- und Ausschalten einzelner BHKW oder Wärmepumpen wird mitnichten direkt anhand des Windstroms getroffen, sondern auf Basis einer betriebswirtschaftlichen Kalkulation. Deren wichtigster Eingangsparameter ist der Preis für die Kilowattstunde Strom an der Börse in Leipzig. Bekanntlich sinkt der Preis mit dem Angebot an Windstrom, insofern gibt es einen Zusammenhang, aber keine direkte Abhängigkeit.

Um größere Regelleistungen zu erbringen, eines Tages vielleicht sogar offiziell so vermarktet zu werden wie ein Pumpspeicherkraftwerk, muss das virtuelle Kraftwerk noch kräftig wachsen. Das ist in mehreren Stufen geplant. Schon Ende 2011 sollten 100 000 Wohneinheiten Teil des Netzes sein, ab 2012 dann auch Fremdanlagen integriert werden. »Unser Ziel ist es, das Ganze groß zu machen«, so Plambeck. »Denn je größer der Regelbereich ist, desto größere Schwankungen können wir ausgleichen.« Die Steuerungstechnik ist so ausgelegt, dass bis zu 25 000 Anlagen an das virtuelle Kraftwerk angeschlossen werden könnten. Ob diese Zahl je erreicht wird, hängt unter anderem davon ab, wie schnell sich Mikro-BHKW im deutschen Markt durchsetzen. Mikro heißt wirklich vergleichsweise winzig: Gemeint sind beispielsweise 1-Kilowatt-Anlagen, die ein einziges Einfamilienhaus versorgen. Derzeit sind 20 000 dieser Kleinanlagen in Deutschland im Betrieb. Noch ein Wort zum Wirkungsgrad: Rudolf Krebs, bei Volkswagen für Elektroautos verantwortlich und zuvor als Werksleiter in Salzgitter Motor für die Allianz mit dem Ökostromanbieter Lichtblick, schwärmte mir von

90 Prozent Wirkungsgrad dieser Anlagen vor: »Das schafft kein Kraftwerk«, sagte er im Foyer einer Branchentagung. Er hat damit recht, solange die komplette Abwärme des Motors benötigt wird, weil eine Familie zum Beispiel nur Energiespargeräte verwendet und auch im Sommer gerne heiß duscht. Sobald aber mehr Strom als Wärme benötigt wird, sinkt der Gesamtwirkungsgrad deutlich, im Extremfall auf 25 Prozent.

Neben BHKW und Wärmepumpen gibt es weitere Kandidaten für die Teilnahme am virtuellen Kraftwerksnetz: zum Beispiel das Elektroauto. »Jede Anlage, bei der wir den Stromverbrauch zeitlich strecken können, ist interessant für uns«, sagt Gerhard Plambeck. Da man Wärme in jede Richtung pumpen kann, lässt sich das Gesamtkonzept auch auf Länder übertragen, in denen kaum geheizt, aber viel Energie in den Betrieb von Klimaanlagen gesteckt werden muss. Und in Berlin können Kältepumpen zumindest einen Teil des Energiebedarfs von Kühlhäusern decken. Eines Tages wäre es sogar möglich, größere Batterien, wie sie beispielsweise am Fraunhofer Institut in Freiburg erforscht werden, in den Verbund aufzunehmen. Deren Vorteil: Eine Batterie kann Strom bereits nach Millisekunden abgeben und ist damit viel flexibler als ein BHKW.

Für den Energieversorger steckt hinter solchen virtuellen Kraftwerken durchaus ein betriebswirtschaftliches Optimierungspotenzial. Um die Versorgungssicherheit, etwa bei Anlagenausfällen, zu gewährleisten, muss nämlich permanent eine gewisse Reserve aufrechterhalten werden. Ein großes Gaskraftwerk, das nur als Reserve vorgehalten wird, ist aber natürlich ziemlich teuer. Da es außerdem nicht mit 10 Prozent Auslastung gefahren werden kann, ist die Flexibilität eingeschränkt. Viele kleine Einheiten bedeuten, dass man die Schwankungsreserve kleiner halten kann – also letztlich weniger Kapazität stillsteht.

WASSERSTOFF: EIN FLÜCHTIGER GESELLE

Schon Jules Verne hat davon geträumt, Maschinen nur mit Wasser anzutreiben. Wasser, also H_2O, ist dafür reichlich ungeeignet. Dazu ist die chemische Bindung zwischen den Wasserstoffatomen und dem Sauerstoffatom zu stark. Reiner Wasserstoff hingegen ist ein hervorragender Brennstoff. Er reagiert mit Luftsauerstoff unter starker Energiefreisetzung, und zwar so heftig, dass man auch von der Knallgasexplosion spricht. Das Problem: Wasserstoff ist in reiner

Form auf unserem Planeten nicht vorhanden, solange wir ihn nicht, zum Beispiel aus Wasser, herstellen und dann so sicher verschließen, dass er mit Luft nicht in Berührung kommt. Die Wasserstoffherstellung aus Wasser und Strom, Elektrolyse genannt, ist technisch erprobt und absolut sauber: Es entsteht nur Wasserstoff und Sauerstoff. Aus Kostengründen wird der heute von der chemischen Industrie benötigte Wasserstoff zwar meist aus Erdgas oder Erdöl hergestellt. Hat man allerdings Strom übrig, kann man ihn auch speichern, indem man Wasserstoff erzeugt, der sich transportieren lässt.

Nutzen könnte man den so gewonnenen Kraftstoff beispielsweise für den Verkehr. Die großen Energiemengen, die Wasserstoff beim Verbrennen freisetzt, haben Ingenieure schon früh auf diese Idee gebracht. 1863 – noch vor der Erfindung des Benzinmotors – baute der französische Erfinder Etienne Lenoir eine Kutsche zum Hippomobil um. Das mit einem Wasserstoff-Gasmotor betriebene Gefährt fuhr die neun Kilometer lange Strecke von Paris nach Joinville-le-Pont in drei Stunden. Seit den neunziger Jahren betreibt BMW intensiv die Entwicklung von Verbrennungsmotoren, die mit Wasserstoff gefüttert werden. Allerdings setzen die meisten Automobilhersteller nicht auf den Verbrennungsmotor, sondern auf die Brennstoffzelle, um dem Wasserstoff seine Energie zu entziehen. In der Brennstoffzelle findet mit Hilfe eines Katalysators eine Umkehrung der Elektrolysereaktion statt. Aus Wasserstoff und Sauerstoff entsteht Wasser, dabei fließt Strom, den man technisch nutzen kann.

Eine Hürde für den mobilen Wasserstoffeinsatz stellt die Flüchtigkeit dieses Elements dar. Das Molekül, das nur aus zwei Elektronen und zwei Protonen besteht, ist so klein, dass es durch die Wände eines normalen Kunststofftanks einfach hindurchschlüpft. Außerdem ist die Dichte eines unkomprimierten Wasserstoffgases viel zu gering: Bei null Grad bringt man in einem Kubikmeter nur 90 Gramm Wasserstoff unter. Um mit einem Pkw 100 Kilometer weit zu fahren, braucht man jedoch etwa ein Kilo Wasserstoff. In heutigen Erprobungsfahrzeugen wird der Wasserstoff daher bei 350- oder sogar 700-fachem Luftdruck gespeichert. Eine Lösung, die auf den ersten Blick nicht vertrauenswürdig scheint: ein Gas, das bei Kontakt mit Luft explodiert, unter hohem Druck zu speichern – was passiert da bei einem Unfall? Bislang haben alle Crashtests mit Wasserstofffahrzeugen gezeigt, dass die Tanks standhalten. Und auch das Betanken scheint kein Problem darzustellen: General Motors hat seine Versuchsflotte bislang rund 30 000-mal betankt. Nur ein einziges Mal gab es einen Zwischenfall. Es bleibt ein nicht zu beziffernders Restrisiko. Daher arbeiten Forscher in aller Welt an neuen Speicherverfahren. Zum Beispiel Professor Peter Wasserscheid von der Universität Erlangen-Nürnberg, der den Wasserstoff mit Hilfe von Ammoniak-Boran-Verbindungen in Flüssigsalzen speichern will. Der Clou an dem von ihm patentierten Verfahren: Das Medium, das den Wasserstoff bei normalem Luftdruck speichert, gibt zwar den Wasserstoff beim Fahren an die Brennstoffzelle ab, verbraucht sich aber selbst nicht und kann beim nächsten Tanken an der Zapfsäule wieder abgegeben werden. Und dann wieder aufgeladen werden – ein geschlossener Kreislauf also.

Eine wesentlich einfachere Möglichkeit, den Wasserstoff zu speichern, besteht darin, ihn ins Erdgasnetz einzuspeisen. Bis zu zehn Prozent Beimengung sind nach Aussagen eines Erdgasanbieters technisch völlig unproblematisch. Das deutsche Erdgasnetz kann gewaltige Energiemengen speichern. Einschließlich der in Salzstöcken angelegten Kavernen ist die Versorgung für mehrere Monate sichergestellt, auch wenn der Nachschub ausbliebe. Da der Wasserstoff mit Windstrom erzeugt wurde, verringert sich der Kohlendioxidausstoß entsprechend. Auch Autos fahren problemlos mit Erdgas, rund 1000 Tankstellen gibt es im Land, während man öffentliche Wasserstofftankstellen noch nicht finden wird.

Man könnte aus dem Wasserstoff auch Erdgas herstellen: Mit Kohlendioxid reagiert er zu Methan. Eine in jeder Hinsicht perfekte Lösung: Statt mit Gas aus der Taiga heizen wir dann mit deutschem Windstrom, was nebenbei der Devisenbilanz des Landes zugutekommt. Und man entfernt auf diesem Weg noch etwas klimaschädliches Kohlendioxid aus der Atmosphäre. Wie so oft, hat die »perfekte« Lösung bei näherer Betrachtung allerdings auch ihre Nachteile. Denn schon nach der Elektrolyse sind mehr als 30 Prozent der Energie verloren, der Schritt zum Methan kostet mindestens weitere zehn Prozentpunkte. Bleiben ja noch 60? Nun ja, wenn man das Erdgas in einem sehr effizienten Gaskraftwerk wieder zu Strom macht, dann geschieht dies ebenfalls nur mit 60 Prozent Wirkungsgrad – also etwa 35 Prozent der Energie, die der Windstrom einmal hatte. Und wenn das so erzeugte Methan im Auto verbrannt wird, mit im Bestfall 40 Prozent, dann sinkt der Gesamtwirkungsgrad auf ein Viertel. Aber nicht vergessen: Es handelt sich um »Stromabfall«, der ansonsten für immer verloren wäre.

CHEMIE HILFT AUCH HIER

Da die großflächige Verbreitung des Elektroautos vorerst auf sich warten lassen wird, arbeiten Forscher auch an anderen Konzepten, um elektrische Energie in Batterien zu speichern. Besonders intensiv verfolgt wird das Redox-Flow-Konzept. Was wie ein Medikament klingt, ist eine Batterie, die die speicherbare Energiemenge von der maximalen Leistungsabgabe trennt und dadurch sehr große Mengen Strom speichern kann. Eine Redox-Flow-Batterie besteht im Prinzip aus zwei gigantischen Tanks, in denen Vanadium oder eine Vanadium-Verbindung in einer Flüssigkeit schwimmt. Die Tanks sind nicht direkt miteinander verbunden, sondern haben eine Verbindung mit je einer Kammer einer gemeinsamen Zelle. Legt man nun an beiden Zellkammern eine Spannung an, dann nimmt das Vanadium in der einen Kammer – wo die Elektronen zufließen – diese Elektronen auf, in der anderen Kammer gibt das Vanadium die gleiche Anzahl Elektronen wieder ab. Praktischerweise lässt sich das Ganze auch umkehren, wenn man den Strom zurückhaben will.

Um zusätzlichen Strom zu speichern, muss man nur die Tanks größer machen und mehr von der Vanadiumflüssigkeit zufügen. Neben der Skalierbarkeit haben Redox-Flow-Batterien noch zwei weitere Vorteile: Sie entladen sich kaum von selbst. Und der Systemwirkungsgrad liegt mit 75 Prozent deutlich über dem, was man beispielsweise mit der Wasserstofferzeugung retten kann. Allerdings ist die Energiedichte noch gering, sie entspricht etwa heutigen Bleibatterien, wie wir sie unter der Motorhaube haben. Während, beispielsweise am Fraunhofer Institut für Chemische Technologie in Pfinztal, noch geforscht wird, gibt es schon erste Anwendungen in der Praxis. Beim nordirischen Windpark Sorne Hill in der Grafschaft Donegal wurde eine Vanadiumbatterie mit 12 Megawattstunden Energie-Inhalt installiert. Aus ganz pragmatischen Gründen: Der Windpark erzeugt mehr Strom, als vom örtlichen Leitungsnetz weitertransportiert werden kann.

Sollte es gelingen, die Kosten der Redox-Flow-Batterie deutlich zu verringern, wäre sie in Verbindung mit Photovoltaik eine gute Lösung für abgelegene Orte in Entwicklungsländern oder Inseln im Pazifik, die noch gar nicht an die Stromversorgung angeschlossen sind. Zu warm darf es allerdings dort nicht sein: Bei Temperaturen ab 40 Grad kristalliert das Vanadiumoxid aus, Zellen und Leitungen setzen sich zu.

ADELE: KEINE LUFTNUMMER

Statt komplizierter Zellchemie tut es vielleicht auch pure Luft. Mit Luft Energie zu speichern und zu übertragen ist für Ingenieure zunächst einmal gar nichts Ungewöhnliches: Die Disziplin der Pneumatik, auf Deutsch Drucklufttechnik, gibt es seit Jahrhunderten. Das erste aufsehenerregende Experiment, das die Kraft des Luftdrucks demonstrierte, führte der Magdeburger Bürgermeister und Universalgelehrte Otto von Guericke im 17. Jahrhundert durch: Er verband zwei Halbkugeln von etwa 40 Zentimetern Durchmesser und pumpte mit der von ihm erfundenen Luftpumpe alle Luft heraus, so dass im Inneren der Kugeln ein Vakuum entstand. Im »Lexikon aller Wissenschaften und Künste« aus dem 18. Jahrhundert steht zum weiteren Verlauf des Experiments: »Nachdem er die Lufft daraus gezogen, konnten 16 Pferde, deren 8 an jeder Seite angespannt worden, dieselben nicht von einander reissen.« Vakuumgreifer, die das gleiche technische Grundprinzip aufgreifen, bewegen heute in der gesamten Industrieproduktion Bauteile, deren Oberfläche nicht beschädigt werden darf: empfindliche Solarmodule genauso wie schwere Karosserie-Bauteile. Zwar ohne Vakuum, aber mit stark komprimierter Luft arbeiten die Bremsen aller 40-Tonner und sonstiger schwerer Nutzfahrzeuge.

Luft hat zwei entscheidende Vorteile: Sie ist reichlich vorhanden, und sie lässt sich gut verdichten. Wenn man sie verdichtet, speichert sie viel Energie, die erst wieder frei wird, wenn sie sich entspannen darf. So arbeitet auch die Lkw-Bremse: Mit einem Verdichter wird die Luft in einem Vorratstank auf mehr als 8 bar komprimiert. Tritt der Fahrer dann aufs Bremspedal, strömt diese Luft durch Leitungen in Richtung Rad und drückt dort den Bremssattel auf die Bremsscheibe, das Fahrzeug kommt zum Stillstand. Die gewaltige Kraft komprimierter Luft für die Stromspeicherung zu nutzen, ist keine ganz neue Idee. Seit 1978 ist im niedersächsischen Huntdorf ein Gaskraftwerk in Betrieb, das mit überschüssiger Elektrizität Luft in zwei unterirdischen Kavernen speichern kann. Dass es das einzige in Europa geblieben ist, liegt an seinem niedrigen Wirkungsgrad, er beträgt nur 42 Prozent und ist damit gegenüber Pumpspeicherkraftwerken nicht konkurrenzfähig.

Wieder einmal ist die Physik schuld. Denn beim Verdichten erhitzt sich das Gas, die Hälfte der elektrischen Energie wird in Wärme umgesetzt. Die Wärme geht aber in den bisherigen Anlagen verloren.

Genau hier setzt ein Zehn-Millionen-Euro-Forschungsprojekt an, das unter Federführung des Energieversorgers RWE betrieben wird. Es trägt den Namen »ADELE«, ein Akronym für »Adiabate Druckluftspeicher für die Elektrizitätsversorgung«. Nicht-Ingenieure müssen über das Wort adiabat nicht stolpern, es bedeutet lediglich, dass sich der Zustand eines Systems ändert, also beispielsweise Druck und Temperatur, ohne dass es zu einem Energieaustausch mit der Umgebung kommt. Und genau das will man bei ADELE: dass die Energie im System bleibt.

Dazu verdichtet man die zu speichernde Luft auf 50 bis 70 bar, gleichzeitig erhitzt sich die Luft auf 620 Grad Celsius. Bevor man sie in einer Kaverne speichert, durchläuft die heiße Luft einen Wärmespeicher und wird auf etwa 50 Grad Celsius abgekühlt. Entlädt man den Luftspeicher später wieder, durchfließt sie abermals den Speicher und nimmt den Großteil der Wärme wieder auf. Durch die Nutzung des Wärmeanteils der Energie steigt der Wirkungsgrad auf etwa 70 Prozent.

Damit das an sich schlüssige Konzept eines Tages tatsächlich funktioniert, sind viele Komponenten zu entwickeln. So gibt es beispielsweise die schnelle Luftturbine, die benötigt würde, am Markt gar nicht zu kaufen. In Huntdorf wird mit der Druckluft die Leistung einer konventionellen Gasturbine gesteigert. Die wahrscheinlich größte Herausforderung stellt aber die Entwicklung eines geeigneten Wärmespeichers dar. Eine Herausforderung, der sich Stefan Zunft vom Deutschen Zentrum für Luft- und Raumfahrt (DLR) stellt: Am Institut für Technische Thermodynamik in Stuttgart entwickelt er seit 2003 Materialen und Speicherkonzepte für Druckluftspeicher.

»Das sind schon enorme Anforderungen, die wir an den Wärmespeicher stellen«, erläutert Zunft. »Er muss mehrere Hundert Grad Temperaturunterschied verkraften, und das bei Drücken zwischen 60 und 100 bar.« Eigentlich furchtbar, räumt er ein. Denn mindestens 25 Jahre halten soll so ein Speicher ja auch. Eine zusätzliche Herausforderung stellt das Medium Luft dar: Es überträgt Wärme nicht besonders gut. Trotzdem ist Zunft optimistisch. Beispielsweise will er die Luft so durch den Speicher führen, dass sie sehr viel Oberflächenkontakt hat, dann funktioniere es auch mit der Wärmeübertragung. Zum Material, das die Wärme speichern soll, möchte Zunft noch nicht allzu viel verraten. Auf jeden Fall seien aber Keramiken die erste Wahl, da sie gleichzeitig gut formbar (wichtig für die Luftkanäle) und recht preisgünstig sind. Technische Keramiken sind außerdem temperaturstabil, das beweisen zum Beispiel die

Abgaskatalysatoren in vielen Autos, die Temperaturen von mehreren Hundert Grad aushalten.

Ein einzelnes Druckluftspeicher-Kraftwerk könnte etwa zwei Gigawattstunden speichern und damit für etwa acht Stunden 250 Megawatt Leistung erzeugen. Damit handelt es sich um eine interessante Technologie für die sogenannte Tertiärreserve: Innerhalb von 15 Minuten auf Volllast, können mehrere Stunden mit schwachem Angebot an Sonnen- oder Windstrom überbrückt werden, nicht aber tagelange Flauten oder gar saisonale Schwankungen. Sie könnten in dieser Aufgabe die Pumpspeicherkraftwerke entlasten, die deutlich größere Energiemengen speichern und damit auch längere Zeiträume überbrücken können – aber, wie wir gesehen haben, nicht mehr allzu großes Ausbaupotenzial haben. Ein erstes Pilotprojekt, in dem ADELE unter realen Bedingungen getestet werden soll, ist für 2013 geplant. In Staßfurt südlich von Magdeburg befindet sich ein Salzstock, in dem bis zu 360 Megawattstunden gespeichert werden können.

Ohne Zweifel ist die bessere, großtechnische Speicherung elektrischen Stroms eine der großen Aufgaben einer Energiewirtschaft, die auf erneuerbare Energie setzt. Die Energieforschungsprogramme der Bundesregierung und der Europäischen Union haben diesen Aspekt in der Vergangenheit eher unterbewertet. Dies scheint sich nun zu ändern, allerdings scheint es sich beim Speicher noch immer um ein Stiefkind der Politik zu handeln. Ganz im Gegensatz zum Netz. Da scheint es unausweichlich, Tausende von Kilometern an neuen Hochspannungstrassen zu bauen. Ist es das wirklich?

INS NETZ GEGANGEN: IMMER MEHR STROMLEITUNGEN?

»Es wäre nicht das Schlechteste, einen Tag frei zu nehmen.«
Michael Bloomberg, Bürgermeister von New York, nachdem am 15. August 2003 der größte Stromausfall der Geschichte die Stadt lahmlegte

Ein Gespenst geht um. Sein Name klingt bedrohlich: Black-out. Auf Deutsch: Die Lichter gehen aus, und wir sind raus. Raus aus dem Rennen um die globale Wettbewerbsfähigkeit. Leichtfertig geben wir einen der besten Industriestandorte auf, heißt es, indem wir zwanzig Prozent der Stromerzeugungskapazität, die bislang in Form von Kernkraftwerken zur Verfügung stand, vom Markt nehmen. Um das Gespenst zu vertreiben, beschwören wir die guten Geister der erneuerbaren Energien in Verbund mit einem massiven Netzausbau. Tausende Kilometer an neuen Hochspannungsleitungen müssen gebaut werden, denn der Windstrom aus Nord- und Ostsee muss ja irgendwie in die Industriezentren im Westen und Süden der Republik transportiert werden.

Wer nicht an Geister und Gespenster glaubt, muss sich an die Fakten und vor allem die Physik halten. Technisch stellt es keinerlei Problem dar, innerhalb eines Jahrzehnts zwanzig Prozent der Stromerzeugungskapazität auszutauschen. Wir haben auf unserer Reise bereits erfahren, dass wir für die gleiche Menge Strom bei Sonne und Wind ein Mehrfaches der Kapazität benötigen als bei Kern- oder Kohlekraftwerken. Aber gehen wir davon aus, dass auch dies technisch möglich ist, selbst wenn wir es schaffen, auch noch einen Teil der Kohleverstromung durch die Erneuerbaren zu substituieren. Wo ist dann das Problem?

Das Problem ist die Stabilität unserer Stromnetze. Denn in der Vergangenheit schwankte allein der Verbrauch innerhalb eines

Tages um mehr als den Faktor zwei. Auf seine Instabilität war die ganze Netzregelung abgestellt und ist es teilweise heute noch. Mit dem starken Wachstum bei Sonnen- und Windstrom kommt eine zweite Instabilität hinzu: die der Erzeugung. Es gilt also künftig, zwei instabile Größen so zu steuern, dass das gesamte Netz stabil bleibt, also Stromangebot und -nachfrage stets identisch sind.

DER BALANCEAKT

Warum ist das so wichtig? Schließlich gibt es doch in einer realen Marktwirtschaft (fast) immer einen Angebotsüberschuss. Zunächst einmal ist Strom nichts anderes als eine gerichtete Bewegung geladener Teilchen, meist Elektronen. Keine Bewegung, kein Strom. Damit sich die Elektronen bewegen, reicht es nicht, eine Stromquelle, im einfachsten Fall eine kleine Batterie, irgendwo anzuschließen. Man muss auch einen Verbraucher, etwa eine Glühlampe, einschalten. Ist der elektrische Widerstand einigermaßen konstant, ist die Stärke des fließenden Stroms proportional zur Spannung. Daher muss die Spannung der Batterie in etwa der des Verbrauchers entsprechen, sonst brennt uns die Lampe durch. Dieser sehr simple Versuchsaufbau aus einem Physik-Experimentierkasten hilft uns aber bei unserem sehr komplexen Stromnetz nur bedingt weiter.

Denn im Netz wird Wechselstrom verwendet, bei dem die Spannung mit einer bestimmten Frequenz zwischen einem positiven Maximal- und einem negativen Minimalwert schwankt. In Europa beträgt diese Frequenz 50 Hertz, das heißt 50 Schwingungen pro Minute. Damit das Netz als Ganzes funktioniert, müssen alle an das Netz angeschlossenen Stromgeneratoren phasengenau mitschwingen, sonst würden sich die einzelnen Spannungswerte gegenseitig neutralisieren. In der alten Kraftwerkswelt war dies recht einfach, denn die Generatoren großer Kohle- und auch Kernkraftwerke haben eine gewaltige Masse, die selbst bei einer Schnellabschaltung erst ganz langsam zum Stillstand kommt, etwa so, wie ein Vierzigtonner mit Motorschaden auf einem geraden Autobahnabschnitt sehr lange rollt, bis er steht. Massenträgheit nennen Physiker dieses Phänomen, das bei einer auf Halbleitertechnik basierenden Solaranlage naturgemäß nicht zu erwarten ist.

Kommen wir zum Kern des Problems: Ein Spannungsabfall in einem bestimmten Netzteil führt dazu, dass mehr Strom durch die übrigen Leitungen im Netz fließt. Wenn aber ohnehin alle Leitungen bis an die Grenze belastet sind, kann es zu einem Dominoaffekt kommen – und im schlimmsten Fall zu einem dunklen Kontinent. Um das zu verhindern, würden betroffene Netzteile großflächig abgeschaltet. Genau dies ist beim bisher größten Stromausfall in Europa im November 2006 passiert. Dafür, dass Teile Spaniens zwei Stunden lang im Dunklen lagen, war die Abschaltung einer einzelnen Höchstspannungsleitung in Norddeutschland verantwortlich.

VERNETZUNG SCHAFFT SPIELRÄUME

Dass bestimmte Streckenabschnitte im Netz durch die Integration vor allem großer Windparks stärker belastet werden, ist plausibel. Wenn der Strom weiter transportiert wird als früher, ist die Gesamttransportmenge auf den Autobahnen – also den Fernleitungen – höher. Wie im Straßen- kann auch beim Stromnetz ein Ausbau Engpässe beseitigen. Wesentlich ist es aber, zu verstehen, dass es nicht nur um Kapazität geht, sondern darum, dass ein vergrößertes und engmaschigeres Netz die Gefahr verringert, die von instabilen Erzeugern ausgeht. Je größer ein europäisch-nordafrikanischer Stromverbund geknüpft ist, desto besser können wetterbedingte Schwankungen auf der Erzeugerseite ausgeglichen werden. Und für plötzlich auftretende Stromüberschüsse stehen mehr Ausweichrouten zur Verfügung. Der Vergleich zum Internet liegt nahe: Wenn ich diesen Text meinem Lektor per Mail sende, ist es unmöglich vorherzusagen, über welchen Server er geroutet wird. Nahezu absolut sicher ist aber, dass er ankommt, zur Not über eine Ausweichroute, die von Frankfurt nach Moskau und von dort nach München führt.

Nun unterscheidet sich der Transport von Strom allerdings in einem wesentlichen Punkt vom Datentransfer: Ein gewisser Anteil geht immer verloren, weil die Elektronen selbst in gut leitenden Materialien wie Kupfer immer wieder auf Atomkerne stoßen und dabei einen Teil ihrer Energie verlieren, man spricht vom elektrischen Widerstand. Die Verluste sind spannungsabhängig, bei den 400 000 Volt, die im europäischen Höchstspannungsnetz herrschen, verliert man auf 100 Kilometer etwa ein Prozent. Das ist nicht tragisch, wenn der Strom aus dem Kraftwerk des Nachbarortes kommt. Da aber hier auch das Zinseszinsphänomen zuschlägt, ist es nicht wirtschaftlich, mit solchen Netzen Solarstrom aus der Sahara nach Südschweden zu senden, es bliebe wenig übrig. Daher setzt man zunehmend auf Hochspannungs-Gleichstromübertragung (HGÜ), deren Verluste nur etwa drei Prozent auf 1000 Kilometer betragen.

HGÜ-Leitungen sind technisch nichts völlig Neues, die erste ging bereits in den 50er-Jahren in Betrieb. Aber der höhere technische Aufwand, vor allem für die Umwandlung des im Kraftwerk erzeugten Wechselstroms und die abermalige Wandlung vor der Einspeisung in das regionale Netz, hat in der Vergangenheit dazu geführt, dass nur sehr wenige Leitungen in HGÜ-Technik ausgeführt wurden. Momentan gibt es, neben wenigen ausgeführten Seekabeln, einzelne Projekte, beispielsweise, um das deutsche Netz mit norwegischen Stauseen zu verbinden. Aber wirklich visionär wäre ein Supernetz, das nordeuropäische Wasserkraft, Windparks in Nord- und Ostsee und solarthermische Kraftwerke in Südeuropa und Nordafrika miteinander verbindet.

Die Vision ist nicht abgehoben. Michael Weinhold, Cheftechniker bei Siemens, bestätigt: Die Technik ist vorhanden. Der deutsche Elektrokonzern hat in China bereits eine mehr als 1400 Kilometer lange HGÜ-Leitung einschließlich der zugehörigen Konverterstationen gebaut. Aber derzeit hat der europäische Energiekommissar Günter Oettinger andere Prioritäten. Denn ein wirklich europäischer Energiemarkt existiert noch nicht. Schlichtweg weil die Kuppelstellen, mit denen die Mitgliedsstaaten der EU ihre Netze verbinden wollen, viel zu wenig Durchleitungskapazität haben. Man muss sich das so vorstellen wie zu den Zeiten, als an allen Staatsgrenzen noch Passkontrollen durchgeführt wurden: Auch wenn die Autobahnen vor und hinter der Grenze schnelles Reisen ermöglichen, so steht man, zumindest in der Hauptreisezeit, doch an der Grenze im Stau. Abgesehen davon, dass mindestens 30 weitere Kuppelstellen gebaut werden müssten. Ein vollkommen grenzenloser europäischer Energiemarkt würde, wie jeder Abbau von Handelsbarrieren, zu niedrigeren Preisen führen und damit nicht nur die Verbraucher freuen, sondern deutschen Politiker zusätzliche Kopfschmerzen bereiten. Denn der Abstand zwischen teurem, national erzeugten subventioniertem Ökostrom und dem Marktpreis stiege.

KILOMETERZÄHLER

Auch innerhalb Deutschlands kümmert man sich zunächst um den Ausbau des bestehenden Höchstspannungsnetzes. In welchem Umfang die nach Veröffentlichung der Netzstudie II der Deutschen

Energieagentur dena immer wieder durch die Medien geisternden 3600 Kilometer Hochspannungsleitungen tatsächlich gebaut werden müssen, hängt von vielen Faktoren ab. Eine genauere Lektüre der Studie ergibt folgendes Bild:

- Die dena unterstellt, dass die in der ersten Netzstudie, 2005 veröffentlicht, geforderten 850 Kilometer bis 2015 gebaut wurden. Bislang ist davon nur ein kleiner Teil realisiert, macht also deutlich mehr als 4000 Kilometer neue Freilandleitungen.
- Außerdem wird angenommen, dass bis 2020 der Stromverbrauch um acht Prozent sinkt und der Anteil erneuerbarer Energien an der Stromerzeugung auf 39 Prozent steigt. Dabei handelt es sich vor dem Hintergrund des Atomausstiegs um sehr optimistische Annahmen.
- Die Autoren machen darauf aufmerksam, dass die reale Kapazität der vorhandenen Stromleitungen nicht vollständig ausgenutzt wird, und zwar aus folgendem Grund: Die Elektronen-Atomkern-Kollisionen im Leiter führen dazu, dass sich dieser erhitzt und sich dann so verhält wie jedes andere Metall unter Wärmezufuhr: Sprich, die Leitung dehnt sich aus und hängt stärker durch. Damit der Sicherheitsabstand der Hochspannungsleitung zu Gebäuden, Straßen und anderen Einrichtungen auch bei sommerlichen Temperaturen und Windstille eingehalten wird, sind alle Hochspannungsleitungen auf 35 Grad Außentemperatur bei minimaler Windgeschwindigkeit (0,6 Meter pro Sekunde) ausgelegt. Führte man flächendeckend eine temperaturabhängige Kapazitätssteuerung ein, so sänke der Neubaubedarf um immerhin 100 Kilometer.
- Deutlicher reduzieren könnte man den Bedarf, wenn anstelle der heute verwendeten Stahlseile Hochtemperaturleiter aus einer Aluminium-Zirkon-Legierung zum Einsatz kämen. Die Betriebstemperatur diese Seile liegt mit 150 Grad Celsius fast doppelt so hoch – man käme daher mit 1700 Kilometern neu gebauter Hochspannungsleitungen aus. Der Pferdefuß: Man müsste fast doppelt so viel für den Ausbau zahlen. Im Netznutzungsentgelt, das wir als Stromkunden alle per Umlage bezahlen, betrüge der Unterschied allerdings nur 0,3 Cent je Kilowattstunde, auch dies steht in der Studie.
- Auch eine Variante mit vollständiger Erdverkabelung auf Basis gasisolierter Leiter hat die dena durchgerechnet. Sie käme uns mit jährlichen Kosten von fast fünf Milliarden Euro fünfmal so teuer wie die Verwendung der heute üblichen Technik.

Fazit: Wie alle Prognosen bewegt sich auch die dena-Studie in einem Möglichkeitsraum. Gewisse Möglichkeiten sind dabei nicht einmal untersucht worden. Zum Beispiel kann man mit noch höheren Spannungen arbeiten: In Osteuropa, vor allem in Russland, sind 750 000-Volt-Leitungen gebaut worden. China baut sogar ein Netz mit einer Spannung von einer Million Volt auf, um die weiten Strecken im Land verlustarm zu überbrücken. Außerdem können die bestehenden Leitungen höher und breiter gebaut werden, dann passen mehr Leiterseile auf jeden Mast und die Kapazität steigt. Schließlich ist zu hinterfragen, ob das Netz der Bahn nicht auch für »unseren« Strom genutzt werden kann. Dabei geht es nicht darum, das ohnehin aus historischen Gründen bei anderer Frequenz und für den Langstreckentransport zu spannungsarme Netz selbst zu nutzen, sondern die bestehenden Masten zu erhöhen, um zusätzliche Leiter zu verlegen. Georg Nüsslein, energiepolitischer Sprecher der CSU-Landesgruppe im Bundestag, hat diesen Vorschlag mehrfach aufgebracht. Am Telefon bestreitet er nicht, dass es Widerstände gibt. An der Technik läge es nicht, erzählt er, sondern eher an der Frage der Verzinsung für die Bahn. »Wir sind ja nicht der kleinste Gesellschafter der Bahn. Man könnte ihr also auch einfach mitteilen, was gemacht wird«, droht er für den Fall der Nichteinigung.

Nicht vergessen werden sollte, dass viele der erneuerbaren Minikraftwerke gar nicht ins Höchstspannungsnetz einspeisen, sondern in die Verteilernetze oder die Zwischenebene, auf der mit 110 000 Volt gearbeitet wird. Auch hier ist ein Ausbau folglich sinnvoll, der, in Kilometern gemessen, den des Höchstspannungsnetzes bei weitem übertreffen dürfte.

Der notwendige Neu- und Ausbau der Stromnetze trifft auf erheblichen Widerstand in betroffenen Kommunen. Das ist nicht verwunderlich, hat der Mensch doch im Lauf der Evolution die Fähigkeit zur »adaptiven Präferenz« entwickelt. Sprich: Grundsätzlich will der Mensch nichts verändern, solange es ihm keine unmittelbaren Vorteile bietet. Psychologen gehen davon aus, dass diese Fähigkeit unsere Vorfahren im Überlebenskampf begünstigt hat. So ist die Erdverkabelung mittlerweile in mancher Kommune fast zur Glaubensfrage geworden. Es klingt ja auch zu schön: Aus den Augen, aus dem Sinn – wer findet schon Strommasten ansehnlich? Neben den Kosten gibt es jedoch mindestens ein weiteres Argument gegen die Kabel unter der Erde: Sie stellen trotzdem einen massiven Eingriff in die Natur statt. Denn um die gleiche Strommenge wie mit einer Freilandleitung zu übertragen, müssen zwei Erdleitungen verlegt werden. Damit bei Störungen jederzeit volle Zugänglichkeit gewahrt ist, muss eine Schneise von bis zu 40 Metern in die Landschaft geschlagen werden, die weitgehend von Bewuchs freizuhalten ist und somit ökologische Lebensräume zerschneidet. Insbesondere tiefwurzelnde Pflanzen müssten entfernt werden, sie könnten die Leitungen beschädigen – während bei klassischer Mastbauweise zumindest ein Niederwald stehen bleiben kann. Anders sieht es freilich wieder aus, wenn die Kabelführung entlang ohnehin vorhandener Straßen erfolgt. Man kann sich bei der Güterabwägung natürlich trotzdem für Erdkabel entscheiden, sollte dabei aber nicht so tun, als wäre es eine Wohltat für die Umwelt. Und wer sich primär an der Optik der Strommasten stört, der tut recht daran, zu hinterfragen, ob die dominierende Stahlgitterbauweise die einzig mögliche ist. Sicher stellt sie unter Kosten- und Sicherheitsaspekten das Optimum dar. Aber gutes Design sieht anders aus. Es lohnt der Blick nach Skandinavien, seit jeher Impulsgeber in Sachen guten Geschmacks. Die Netzbetreiber in Dänemark, Finnland, Norwegen, Schweden und Island treffen sich sogar auf Konferenzen, um sich über Gestaltungsalternativen auszutauschen. Dort berichten sie über Designwettbewerbe, die sie ausgeschrieben haben, und konkrete Projekte, wie die im Januar 2011 genehmigte Höchstspannungsleitung in Jütland. Die kommt mit grazilen Einzelmasten aus, wo früher zwei Stahlgittertürme nebeneinander gestanden hätten.

DER UNBERECHENBARE VERBRAUCHER

Die Stabilität des Netzes hängt aber nicht am Netz allein. Zum einen können auch Solar- und Windanlagen durch zusätzliche technische Einrichtungen dazu beitragen, dass die Netzstabilität größer wird. Ein Beispiel sind Wechselrichter, die Photovoltaikanlagen bei erhöhter Netzfrequenz nicht mehr schlagartig vom Netz trennen, sondern ihre Leistung stufenlos langsam herunterregeln und sich damit in ihrem Verhalten konventionellen Kraftwerken annähern. Dazu müssen die dezentral einspeisenden Erzeuger in die Netzsteuerung einbezogen werden. Zum anderen wird intensiv daran gearbeitet, die bislang stets instabile Verbraucherseite berechenbarer zu gestalten. Diese Arbeiten werden unter dem Schlagwort »Smart Grid«, Intelligentes Netz, zusammengefasst.

Die Grundidee ist wieder simpel: Wenn die Stromerzeugung schwankt, sollte Strom möglichst dann verbraucht werden, wenn er in ausreichender Menge vorhanden ist. Natürlich geht es nicht darum, den Menschen vorzuschreiben, wann sie das Licht einschalten oder ferngucken dürfen. Aber eine Menge Verbraucher haben eine gewisse Zeitvariabilität: Wenn ich abends die Küche aufgeräumt habe, schalte ich den Geschirrspüler ein, damit ich am nächsten Morgen sauberes Geschirr habe. Mein Geschirrspüler legt dann sofort los, aber ich wäre völlig einverstanden, wenn er sich erst nachts um drei einschaltet, falls dann der Wind besonders heftig weht, sofern ich dafür nicht aufstehen muss. Diese Zeitvariabilität besitzen nicht nur Geschirrspüler und Waschmaschinen, sondern auch Kühlgeräte, die sich ja ohnehin immer wieder ein- und ausschalten, um einen gewissen Sollwert zu halten – nicht nur in unseren Küchen, sondern auch in großen Kühllagern. Analog gilt das für strombetriebene Wärmepumpen, die immer häufiger die Beheizung übernehmen. Und selbst in Fabriken, die rund um die Uhr betrieben werden, finden sich solche zeitvariablen Verbraucher.

Eine sehr einfache Version dieser Verbrauchssteuerung stellt die Kombination zeitvariabler Stromtarife mit Stromampeln dar: Ist der Strom billig, weil reichlich vorhanden, springt eine im Haushalt angebrachte Ampel auf Grün. Obwohl so ein System alles andere als komfortabel ist, hat ein Mitte der neunziger Jahre in Eckernförde durchgeführter Pilotversuch gezeigt, dass man damit die Lastspitzen morgens, mittags und abends um etwa sechs Prozent reduzieren kann. Heute würde man die Anzeige vielleicht auf dem iPhone ablesen, aber intelligent ist in einem solchen System allein der Benutzer, der dann Geräte anschalten kann – oder es lässt.

Ein Intelligentes Netz, wie es heute diskutiert wird, automatisiert diesen Prozess. In einem solchen Netz fließt nicht nur Strom, sondern auch Information. Der Stromzähler wird zu einer zentralen Energie-Kommunikationseinheit. Seine Aufgabe beschränkt sich nämlich nicht darauf, zu messen und Verbräuche anzuzeigen. Vielmehr steuert er, einmal programmiert, auch jene Verbraucher im Haushalt oder Gewerbegebäude, die für eine zeitvariable Nutzung freigegeben wurden. Allerdings müssen diese Geräte alle mit der Steuerung vernetzt werden. Und genau da liegt das Problem: »Derzeit stehen weder ein einheitlicher Standard bei Smart Applications noch die Geräte als solche in großem Umfang zur Verfügung«, schreibt der Branchenverband VDE in einer Studie. Die ersten Kühlschränke, Waschmaschinen und Geschirrspüler mit dem Label »smart grid-ready« sind 2011 auf den Markt, sie gehören fast ausnahmslos zum gehobenen Preissegment. Das ist aus Herstellersicht sicher die richtige Markteinführungsstrategie, denn eine vollständige Hausautomatisierung leistet sich ohnehin nur der energiebewusste Eigenheimbesitzer, der parallel vielleicht auch in Solarmodule investiert. Entsprechend zurückhaltend sind die meisten Stromversorger, was die Einführung intelligenter Zähler betrifft. Zwar sind die mittlerweile für Neubauten vorgeschrieben, doch in der Fläche herrscht Stillstand. Nur die Hälfte der vom FAZ-Institut befragten Vorstände von Energieversorgern glaubt daran, dass 2020 die Mehrheit der Haushalte mit dieser Technik ausgestattet sein wird. Und nur elf von 100 Befragten glauben, dass die intelligenten Zähler dem Klimaschutz dienen.

Welche Einsparpotenziale sich durch eine konsequente Umstellung auf Intelligente Netze tatsächlich ergeben, wird derzeit in mehreren Pilotprojekten von Bitburg über Mannheim bis Pellworm untersucht. Erste Ergebnisse deuten auf teilweise bis zu 10 Prozent Einsparung hin. Allerdings wurden im Rahmen der Projekte gleichzeitig oft alte gegen neue, effizientere Elektrogeräte ausgetauscht, so dass die Wirkung auf die Energieeffizienz nicht überschätzt werden darf. Aber es geht bei der Integration erneuerbarer Energien nicht nur um die absolute Höhe des Verbrauchs, sondern vor allem um den richtigen Zeitpunkt für den Verbrauch.

SUPER LEITER MIT SUPRALEITUNG?

Irgendwo wird immer Strom gebraucht, irgendwo auf dieser Welt ist immer Sommer oder Winter, müssen Klimaanlagen oder Heizungen angeworfen werden. Und irgendwo weht auch immer der Wind oder scheint die Sonne. Handelt es sich am Ende nicht allein um ein Verteilungsproblem? Ist nicht auch das Internet längst weltumspannend? Selbst die kühnsten Visionäre der Supernetze würden diesen Vergleich im Moment nicht anstellen, mit wenigen Ausnahmen. Auch nur drei Prozent Verlust auf 1000 Kilometer mit supermodernen Gleichstromleitungen machen einen Stromtransport rund um den Globus völlig unwirtschaftlich. Dennoch sollten wir nicht so anmaßend sein, die Idee für völlig absurd zu halten.

Denn Strom kann man sehr wohl ohne Verluste transportieren, man spricht dann von Supraleitung. Allerdings muss man den Leiter stark abkühlen, damit der elektrische Widerstand, den sonst jedes Material aufweist, auf null sinkt. Leider tritt dieses Phänomen erst nahe am absoluten Nullpunkt von −273,15 Grad Celsius auf. Vom absoluten Nullpunkt sprechen Physiker, weil es nirgends im Universum so kalt werden kann. Allerdings wissen wir ja, dass

Wärme immer vom heißeren zum kälteren Körper wandert, mithin benötigt man ziemlich viel Energie, um eine so tiefe Temperatur zu erreichen und dann aufrechtzuerhalten – auf jeden Fall mehr Energie, als man beim Stromtransport über weite Entfernungen verliert. Seit der Entdeckung des Phänomens im Jahr 1911 haben Wissenschaftler an der Hochtemperatur-Supraleitung gearbeitet. Den Physikern Karl Alexander Müller und Johannes Georg Bednorz gelang 1986 der Durchbruch, für den sie nur ein Jahr später mit dem Nobelpreis geehrt wurden. Sie setzten ein mit Lanthanum und Barium versetztes Kupferoxid ein, ein Material, das immerhin schon bei relativ warmen –220 Grad Celsius supraleitende Eigenschaften besitzt. Angespornt von diesem Erfolg arbeiteten plötzlich viele Forscher an weiteren Verbesserungen, bald war der Sprung über die Marke von –196 Grad Celsius geschafft – eine entscheidende Wende: Denn bei dieser immer noch recht winterlichen Temperatur wird Stickstoff flüssig, was erste technische Anwendungen ermöglichte.

Auch heute, ein Vierteljahrhundert später, sind supraleitende Kabel nicht wettbewerbsfähig, wie Bednorz in einem Interview mit der Süddeutschen Zeitung zugab. Allerdings laufen erste Pilotprojekte. So wird in Long Island mit einem 600-Megawatt-Kabel experimentiert (das ist die Leistung des Kraftwerks Rheinfelden aus dem Wasserkraft-Kapitel). Diese hohe Leistung wird allerdings nur über 600 Meter übertragen und soll nur die technische Machbarkeit zeigen. Noch sind solche Kabel um ein Zehnfaches zu teuer. Der Technikchef eines großen Infrastrukturausrüsters sagte mir sogar, er hätte noch nichts gesehen, was er für geeignet halte, um in den nächsten zehn Jahren großflächig verbaut zu werden.

Nicht nur für den Transport wären Supraleitungen eine prima Sache, sondern auch für die Stromerzeugung. Nahezu jede Stromgewinnung außer der Photovoltaik funktioniert mit Generatoren, die eine mechanische Drehbewegung in elektrische Energie verwandeln. Zwar haben heutige Generatoren sehr hohe Wirkungsgrade von durchschnittlich 95 Prozent, doch ihre Verluste resultieren fast ausschließlich aus dem Innenwiderstand der in ihnen verbauten Kupferdrähte. Ein supraleitender Generator würde fast verlustfrei arbeiten. Und den Weltstromverbrauch um nur zwei bis drei Prozent abzusenken, das wäre schon eine große Ingenieursleistung.

Da es viel leichter ist, einen räumlich abgeschlossenen Generator mit Flüssigstickstoff zu kühlen als ein über viele Kilometer führendes Stromkabel, gibt es mittlerweile mehrere Firmen, die solche

Generatoren für verschiedene Anwendungen anbieten. 2010 wurde erstmals ein supraleitender Generator in ein Wasserkraftwerk eingebaut. Im oberfränkischen Hirschaid wurde ein Generator in einem bestehenden Laufwasserkraftwerk ausgetauscht. Neben dem guten Wirkungsgrad von 98,5 Prozent ist der Generator recht kompakt, so dass der neue Energiewandler ein Drittel mehr Leistung bringt, ohne mehr Platz zu brauchen – der wäre nämlich vor Ort nicht vorhanden gewesen. Vor allem für ältere Wasserkraftanlagen scheint diese Technik einen Hebel zu einer besseren Energieausbeute ohne Umwelteingriffe zu sein.

Eine saubere, hochveredelte Form der Energie wie Strom rund um den Globus zu schicken, ist auf jeden Fall eine schöne Vision, an der noch einige Forschergenerationen arbeiten müssen. Mich erstaunt insbesondere, wie wenig diese Vision Leitbild ist. Nur wenige formulieren so klar wie der Wissenschaftsjournalist Ulrich Eberl: »Die Welt wächst elektrisch zusammen.« Stattdessen wird viel in Autarkie kleiner Energieinseln gedacht, während die Realität eine andere ist: Weltweit transportiert wird vor allem Erdöl.

ERDÖL: DAS DICKE ENDE KOMMT NOCH

> »On the basis of the present estimates of the ultimate reserves of petroleum and natural gas, it appears that the culmination of world production of these products should occure within half a century.«
>
> *M. King Hubbert, Vordenker der Peak-Oil-Theorie, in einem Vortrag am American Petroleum Institute im März 1956*

Seit der ersten Ölkrise 1973 spekuliert die Welt darüber, wann das Erdöl zur Neige geht. Dass es eines Tages so sein wird, daran besteht kein Zweifel: Pro Tag verbraucht die Menschheit rund 12 Millionen Tonnen Rohöl, Tendenz steigend. Nun entsteht auch heute noch neues Rohöl aus abgestorbenen, luftdicht unter der Erde verschlossenen Pflanzen. Allerdings ist diese natürliche Produktion auf etwa 100 Tonnen pro Jahr weltweit begrenzt.

Noch wichtiger könnte sein, zu welchem Zeitpunkt das weltweite Fördermaximum erreicht sein wird. Ab diesem Zeitpunkt, »Peak Oil« genannt, kommt es zu starken Preissteigerungen, so dass die Nachfrage allmählich zurückgeht. Der Geologe Dr. Volker Steinbach, der bei der Bundesanstalt für Geowissenschaften die Abteilung Energierohstoffe verantwortet, hat keine Zweifel daran, dass das Fördermaximum in wenigen Jahren erreicht sein wird: »Die Menschheit hat seit Beginn der Erdölförderung etwa die Hälfte des vorhandenen Erdöls verbraucht.« Spätestens 2030 wird, so seine Prognose, die maximale Förderung der Ölvorräte erreicht sein. Eine optimistische Aussage angesichts der Tatsache, dass die konventionellen, also leicht zu fördernden Vorräte wahrscheinlich schon 2020 ihr Fördermaximum erreichen.

Außerhalb der OPEC-Staaten ist die Fördermenge schon seit 2004 konstant, trotz dramatisch gestiegener Ölpreise. Auch wenn es spektakuläre Einzelfunde gab, zuletzt vor der norwegischen Küste, ist die Fördermenge aus der Nordsee seit 1999 rückläufig. In den Vereinigten Staaten, einst der größte Ölproduzent der Welt, schrumpft die geförderte Menge sogar seit 1970. Damit wächst die Abhängigkeit von politisch instabilen Regionen. Als Reaktion darauf wird in den USA der Ruf nach einer verstärkten einheimischen Erdölförderung laut. In einer Videobotschaft stellte US-Präsident Barack Obama im April 2011 allerdings klar: »Verstärkte heimische Förderung verschafft uns keine dauerhafte Unabhängigkeit von Ölimporten. Unser Anteil am Weltölverbrauch beträgt 25 Prozent, wir besitzen aber gegenwärtig nur zwei Prozent der Ölreserven auf der Welt. Auch wenn wir den letzten Tropfen verbrauchen, den wir haben, werden wir unseren langfristigen Energiebedarf nicht decken können.«

Weltweit beträgt die statische Reichweite etwa 40 Jahre – eine Aussage, die auch Erdölkonzerne wie Exxon Mobil teilen. Allerdings beziehen sich solche Prognosen stets auf konventionelle Vorräte, bei denen das Öl flüssig unter der Erde liegt. Daneben gibt es noch gewaltige unkonventionelle Lagerstätten, bei denen das Öl in Sand oder Schiefersteinen gebunden ist. Besonders große Ölsandvorräte besitzt Kanada. Unter dem Boden der Provinz Alberta schlummern 175 Milliarden Fass Öl, die allein beim derzeitigen Verbrauch die Welt für mehr als fünf Jahre versorgen könnten. Allerdings ist die Ölgewinnung aus diesen Sanden eine gewaltige technische Herausforderung – und selbst bei heute fast schon normalen Ölpreisen von mehr als 100 Dollar je Fass unwirtschaftlich.

Die Kohlenwasserstoff-Moleküle in den Sanden – die eigentlichen Energiespeicher – sind sehr lang und müssen erst zerkleinert werden, damit man Kraftstoffe aus ihnen gewinnen kann. Hohe Anteile von Aromaten und Schwefel führen zu einem energieintensiven Raffinerie-Prozess. Außerdem ist ziemlich viel Metall in den Sanden, das nach der Ölgewinnung irgendwo bleiben muss. Beispielsweise würde sehr schnell mehr Vanadium zur Verfügung stehen, als heute weltweit in der Industrie eingesetzt werden kann. Dass die große Materialschlacht zu Umweltbelastungen führt, dürfte unbestritten sein. Besonders kritisch ist, dass Schadstoffe, genauer polyzyklische aromatische Kohlenwasserstoffe, in die Flüsse der Region geleitet werden könnten. Außerdem verschlechtert sich die Klimabilanz gegenüber konventionellem Rohöl deutlich. Eine an der Universität Stanford durchgeführte Untersuchung schätzt, dass bei gleicher Nutzenergie 23 Prozent mehr Treibhausgase freigesetzt werden.

Nicht aus schlechtem Gewissen, sondern aus Kostengründen konzentrieren sich die Erdölfirmen darauf, konventionell gelagertes Erdöl dort zu bergen, wo es in der Vergangenheit vor dem Zugriff des Menschen geschützt war. Jeder zehnte Liter Rohöl kommt mittlerweile aus der Tiefsee, gefördert bis zu 3000 Meter unter dem Wasserspiegel. »Das letzte große Abenteuer«, nennt es mir gegenüber ein Industriemanager. Eines mit glücklichem Ausgang, wollen wir hoffen. Denn die Anforderungen an die Technik steigen ebenso wie die ökologischen Folgen, die ein Unfall hätte. Die Größe der Herausforderung ist von der Ölindustrie dramatisch unterschätzt worden. Die von US-Präsident Barack Obama nach dem Unfall im Golf von Mexiko eingesetzte Untersuchungskommission kommt zu dem Schluss, dass die Sicherheitsvorkehrungen für Tiefseebohrungen nicht nur bei BP, sondern in der gesamten Industrie mangelhaft sind. »Das Unglück der Deepwater Horizon«, heißt es im Abschlussbericht, »zeigt die Kosten einer Kultur der Selbstzufriedenheit.« Und weiter: »Diese Selbstzufriedenheit betraf Regierung und Industrie gleichermaßen.« Nicht nur im Golf von Mexiko, sondern überall auf der Welt müssen die Sicherheitsstandards dringend verbessert werden. Denn seit das leicht zu fördernde Öl weniger wird, drängen die Konzerne in ökologisch immer sensiblere Gebiete vor. So hat der Wettlauf um die Reserven unter der Arktis längst begonnen. Und neuerdings wird auch von der Mittelmeerregion erwartet, dass sie mehr als Olivenöl produziert, Tourismus hin oder her.

Wichtigster Abnehmer für das Erdöl ist der weltweit weiter ansteigende Verkehr. An der Ablösung der mit Benzin oder Diesel arbeitenden Verbrennungsmotoren wird zwar gearbeitet. Welche der technischen Möglichkeiten das Rennen macht, ob es die Kombination Biokraftstoffe/Verbrennungsmotor, Wasserstoff/Brennstoffzelle oder Strom/Batterie sein wird, ist aber offen. Am wahrscheinlichsten ist, dass es spezifische Lösungen für unterschiedliche Verkehrsträger geben wird.

So lange, wie wir mit dem Erdöl leben müssen, sollten wir sparsam damit umgehen und dafür die besten Verbrennungsmotoren entwickeln. Deren Potenzial ist nämlich auch nach mehr als 130 Jahren noch nicht ausgeschöpft. 30 Prozent sparsamer als heutige Automotoren könnten künftige Verbrenner noch werden, schätzt der Zulieferer Bosch. Und selbst das ist noch nicht das Ende der Fahnenstange. Denn bei einem Hybridantrieb – wie dem Prius – kombiniert man einen etwas verkleinerten Verbrennungsmotor mit einem Elektromotor. Die Batterie wird beim Bremsen des Fahrzeugs und bei neueren Konzepten sogar an der Steckdose wieder aufgeladen und verlängert durch ihre Zuarbeit die Zeit zwischen den Tankstopps. Ein Dieselhybridfahrzeug der Golf-Klasse, das hinsichtlich Gewicht, Aerodynamik und Rollwiderstand optimiert ist, wird mit weniger als drei Litern Kraftstoff auf 100 Kilometer auskommen. Ohne Komforteinbuße und Angst vor Akkuversagen.

Die verbleibende Abwärme des Verbrennungsmotors soll künftig nicht nur zum Heizen des Innenraums, sondern auch zur Stromerzeugung genutzt werden. Der Schlüssel dazu sind thermoelektrische Materialien, die den Seebeck-Effekt nutzen. Dieser nach dem deutschen Physiker Thomas Johann Seebeck benannte Effekt besagt, dass in einem Halbleiter Strom fließt, wenn er an einem Ende erhitzt wird, da die Elektronen durch die Wärme zunächst in Schwingung und dann in Bewegung geraten. Den Strom kann man in der normalen Bordbatterie speichern und die Energie für Radio, Sitzheizung oder Navigation nutzen, anstatt den Strom indirekt durch den Antriebsmotor zu erzeugen.

Viel intensiver muss man sich aus meiner Sicht mit dem Erdöl gar nicht beschäftigen. Denn wir können auf Erdöl für die Erzeugung von Strom und Wärme gut verzichten. Genauso, wie wir momentan im Transportsektor unmöglich auf die aus Erdöl erzeugten Kraftstoffe verzichten können. Deutlich detaillierter werden wir uns mit der Kohle beschäftigen müssen. Sie ist weltweit der Energieträger Nummer 1 für die Stromerzeugung und wird dies auf längere Sicht auch bleiben. Ist der damit verbundene Kohlendioxidausstoß unvermeidlich?

SAUBERE KOHLE – EIN TRAUM?

> »Auch die alten Christen wußten sehr genau, daß die Welt von Dämonen regiert sei, und daß, wer mit der Politik, das heißt: mit Macht und Gewaltsamkeit als Mitteln, sich einläßt, mit diabolischen Mächten einen Pakt schließt, und daß für sein Handeln es nicht wahr ist: daß aus Gutem nur Gutes, aus Bösem nur Böses kommen könne, sondern oft das Gegenteil. Wer das nicht sieht, ist in der Tat politisch ein Kind.«
>
> *Max Weber, Politik als Beruf*

Kohle ist braun oder schwarz. Wer mit ihr hantiert, macht sich schmutzig. Was also steckt hinter der Forderung nach sauberer Kohle? Was meint Carl Christian von Weizsäcker mit dem Satz: »Wenn Deutschland einen Beitrag zum globalen Klimaschutz leisten will, dann muss es ›Clean Coal‹-Technologien entwickeln und exportieren«?

Bei keinem Energieträger klafft die Einschätzung von Experten und der Allgemeinheit so weit auseinander wie bei der Kohle:

- Die Bundesnetzagentur rechnet bis 2020 mit 14 Gigawatt zusätzlicher Leistung aus neuen Kohlekraftwerken; selbst Greenpeace rechnet für sein Szenario zum Express-Ausstieg aus der Atomkraft mit vier Neubauten.
- Nur jeder zehnte Deutsche meint, dass Braun- und Steinkohle in vier Jahren einen wesentlichen Anteil an der Stromerzeugung leisten, dagegen glauben das sieben von zehn Deutschen von der Solarenergie.

Gäbe es keinen Klimawandel, dann wäre das Weltenergieproblem nicht akut. Denn mit Kohle kann man nicht nur heizen, sondern auch Strom und sogar Benzin herstellen. Bliebe die Förderung auf dem derzeitigen Niveau von etwa 6 Milliarden Tonnen pro Jahr, reichen nämlich allein die Steinkohlereserven noch mindestens 120 Jahre, die der Braunkohle für 270 Jahre. Eindeutig zu beantworten ist die Reichweite der Kohle ebenso wenig wie bei Erdöl oder Erdgas, Einigkeit herrscht lediglich dahingehend, dass die Kohle später ausgeht. Einzelne Studien, die berechtigterweise nicht von einem konstanten, sondern von steigendem Verbrauch ausgehen, befürchten, dass es auch bei der Kohle ein Fördermaximum (»Peak Coal«) geben wird. Laut Energy Watch Group soll es bereits 2025 erreicht sein. Wie in den »Peak Oil«-Theorien wird davon ausgegangen, dass die leicht zu erschließende und besonders reine Kohle zuerst gefördert wird. Ab einem gewissen Zeitpunkt wird die Kohle durch die schwierige Förderung so teuer, dass sie ihren Wettbewerbsvorteil verliert und weniger gefördert wird. Dass es so sein wird, daran besteht kein Zweifel. Meine Skepsis in Bezug auf die konkreten Jahreszahlen konnte aber bislang niemand zerstreuen, denn es handelt sich um ein Gleichungssystem mit sehr vielen Parametern: Die höhere Energieeffizienz von Kraftwerken und Stromverbrauchern, der wachsende Wohlstand, neue Explorations- und Fördertechniken, die Preise für die verschiedenen Energieformen und die teilweise von kurzfristiger Politik bestimmte Förderung einzelner Energieträger, das sind nur einige der Dinge, die man sicher wissen müsste, um die Kohlenachfrage und das Angebot für ein bestimmtes Jahr vorauszusagen. Wir können aber auf jeden Fall davon ausgehen, dass in dem für den Kraftwerksbau relevanten Zeitraum von 30 Jahren Kohle vorhanden sein wird, wenn wir auch nicht exakt wissen, zu welchem Preis.

Kohle zu verstromen ist eine bewährte Technik, und seit als Reaktion auf das Waldsterben das Rauchgas entschwefelt wird, sind die unmittelbaren Auswirkungen auf die Umwelt begrenzt. Aber beim Verbrennen von Kohle entsteht nun einmal Kohlendioxid. Und zwar relativ viel: Für eine Kilowattstunde Strom fallen je nach Güte des Kraftwerks 800 bis 1200 Gramm CO_2 an, wenn Steinkohle verbrannt wird. Braunkohlekraftwerke emittieren je Kilowattstunde noch etwas mehr. Daher arbeiten Wissenschaftler aus aller Welt an Verfahren, dieses Kohlendioxid einzufangen – vor, während oder nach der Verbrennung – und sicher zu speichern. Sie benutzen für solche Verfahren in der Regel das Kürzel CCS, es steht für »Carbon Capture and Storage«.

Selbst überzeugte Verfechter von Sonnen- und Windstrom wie Peter Hennicke halten die CO_2-Abscheidung für erforderlich, zumindest falls nicht alle Effizienzmaßnahmen greifen. Daher ist es erstaunlich, dass diese Technologie im Zusammenhang mit dem deutschen Atomausstieg so wenig diskutiert wird. Der Effekt auf die Weltklimabilanz wäre auf jeden Fall erheblich. 2030 könnte die vom Energiesektor verantwortete Kohlendioxidemission allein durch CCS um ein Sechstel niedriger ausfallen, meint Juho Lipponen, der das Thema CCS bei der Internationalen Energieagentur verantwortet. Dies entspräche einer Einsparung von fast sechs Milliarden Tonnen des Klimagases pro Jahr. Umgekehrt kann man seinen Berechnungen ebenfalls entnehmen, dass CCS kein Allheilmittel ist, sondern die Suche nach Alternativen zu fossilen Brennstoffen lediglich zeitlich entschärft.

Lipponen nennt auch die Voraussetzungen, damit sich die mildernde Wirkung von CCS entfalten kann: Bis 2030 müssten weltweit 850 Kohlekraftwerke, bis 2050 sogar 3400 mit dieser Technik ausgerüstet werden (oder alternativ andere Großemittenten wie Stahl- und Zementfabriken). Dies entspräche einer Investition von drei Billionen US-Dollar in den nächsten 40 Jahren. Zudem muss das Kohlendioxid ja irgendwo bleiben: Allein bis 2050 müsste man 150 Milliarden Tonnen CO_2 lagern – vielmehr anders lagern, denn heute dient uns ja die Erdatmosphäre als Deponie. Dazu, welche unterirdischen Lagerkapazitäten weltweit tatsächlich zur Verfügung stehen, gibt es noch keine verlässlichen Aussagen.

Wie soll das überhaupt funktionieren? Im Prinzip werden drei technische Wege verfolgt, die sich alle noch im Prototypenstadium befinden: Entweder man trennt das Kohlendioxid aus dem Rauchgas ab, oder man entfernt es schon vorher aus dem Brennstoff. Eine dritte Möglichkeit bietet die Verbrennung mit reinem Sauerstoff, bekannt als Oxyfuel-Verfahren. Am weitesten entwickelt sind die Verfahren, die auf eine Abtrennung des Kohlendioxids aus dem Rauchgas zielen. Sie haben auch das größte Potenzial auf einen schnellen Einsatz, weil man sie bei bestehenden Kohlekraftwerken nachrüsten kann. Einige Pilotanlagen haben die grundsätzliche technische Machbarkeit nachgewiesen. Im »Staudinger«, einem der größten Kraftwerke in Hessen, sehe ich mir den erreichten Stand an.

EINE WASCHMASCHINE FÜR KOHLENDIOXID

Fast bin ich enttäuscht. So gigantisch das nahe Hanau gelegene 2000-Megawatt-Kraftwerk Staudinger mit fünf großen Blöcken wirkt, so unscheinbar, fast zierlich schmiegt sich die CCS-Pilotanlage außen an den Kessel des neuesten Blocks: Zwei Silberne Rohre mit jeweils wenigen Dezimetern Durchmesser, eines 35, das andere 20 Meter hoch. Darunter eine Art Baucontainer. Mehr nicht. Unsichtbar ist der Prozess, der in dieser Anlage abläuft: Ein Teil des bereits von Stickoxiden gereinigten Kraftwerkabgases wird durch das höhere der beiden Rohre geleitet, das in Wirklichkeit gar kein Rohr ist, sondern ein Absorberturm, befüllt mit einer Waschmittellösung. Damit möglichst viel von dem Gas mit dem Waschmittel in Kontakt kommt, wird es über stählerne Kanäle in die Kolonne eingebracht, deren Form mich an große Bienenwaben erinnert. Die CO_2-Moleküle haften am Waschmittel und werden mit ihm in den kleineren der beiden Türme transportiert. Dort wird die verschmutzte – oder wie Fachleute sagen: gesättigte – Lösung so lange erhitzt, bis das Kohlendioxid ausgast und abgeführt werden kann. Die Waschmittellösung besteht zu 20 bis 40 Prozent aus Aminosäuresalzen, der Rest ist entsalztes Wasser, wie es im Kraftwerk ohnehin zum Einsatz kommt. Nachfüllen muss der Kraftwerkbetreiber allerdings selten, denn die Lösung verbraucht sich nicht, sondern wird zum ersten Turm zurückgeleitet. Zum Erhitzen nimmt man übrigens Wärme aus dem Kraftwerk. Wirkungsgradneutral ist das jedoch nicht, denn benutzt wird Dampf, der ansonsten noch einmal durch eine Turbine – die Niedrigtemperaturturbine – gejagt worden wäre und dort Strom erzeugt hätte.

Die Anlagentechnik im Staudinger ähnelt der vieler anderer CCS-Pilotversuche, die in den vergangenen Jahren durchgeführt wurden. Eine Besonderheit stellt das verwendete chemische Waschmittel dar. Aminosäuren sind zwar Säuren, aber eben solche, die in der Natur ohnehin vorkommen (beispielsweise in Energy-Drinks und Futtermitteln). Konkurrierende Technologien basieren überwiegend auf dem giftigen und brennbaren MEA (Monoethanolamin). Bei den enormen Mengen, die von der Waschmittellösung benötigt werden, nämlich 1000 Kubikmeter für ein Kraftwerk mit 800 Megawatt Leistung, ist es von Vorteil, wenn ein unbedenklicher Stoff eingesetzt wird – auch wenn MEA heute in der chemischen Industrie bereits verbreitet ist. Zusätzlicher Vorteil der Aminosäure: Sie liegt gebunden im Salz vor, so dass sie nicht verdampft. Was für die Umwelt ein Vorteil ist, bedeutet für die Techniker eine zusätzliche Herausforderung: Sie müssen es schaffen, den Rest Schwefel, der sich im Abgas befindet und sich ebenfalls gern an das Waschmittel anlagert, wieder herauszubekommen. Ansonsten müsste man es allzu rasch erneuern.

Neben dem Waschen des Rauchgases per Absorption sind viele andere Reinigungstechniken in der Diskussion. So sind Anlagen denkbar, bei denen die Kohlendioxidmoleküle wie in einem Sieb an einer Membran vom Rest getrennt werden. Allerdings sind die meisten dieser Techniken noch nicht einmal in einer Pilotanlage getestet worden. So benötigen die heute bekannten Membranen zu große Flächen, um den enormen Rauchgasstrom eines großen Kraftwerkblocks reinigen zu können. Anders sieht es mit dem MEA-Prozess aus, der in der chemischen Industrie bereits zum Einsatz kommt. Das Waschmittel gegen ein umweltfreundlicheres auszutauschen, dürfte der schnellste Schritt zu einer funktionierenden Kohlendioxidabscheidung sein. Andere Verfahren werden wohl erst deutlich nach 2020 marktreif werden – was nicht gegen sie spricht, sondern einfach nur für weiteren Forschungsbedarf.

Die Pilotanlage im Staudinger reinigt nur ein Zehntausendstel des tatsächlich anfallenden Abgases, deshalb ist sie auch so schlank. Seit 2009 in Betrieb, soll sie den Nachweis erbringen, dass die nachträgliche Kohlendioxidabtrennung tatsächlich funktioniert. Bei meinem Besuch im Februar 2011, der Pilotversuch ist gerade verlängert worden, bekräftigen Anlagenbauer und Kraftwerkbetreiber, dass die Technik sich bewährt hat. 90 Prozent des CO_2 wären auszuwaschen, auch unter den realen Betriebsbedingungen, unter denen die chemische Zusammensetzung des Abgases schwanken kann, je nachdem, welche Kohle zum Einsatz kommt. Außerdem wollen die Techniker um Rüdiger Schneider herausfinden, wie stark der Gesamtwirkungsgrad der Anlage durch ihre Technik sinkt. Aus den vorliegenden Messungen lässt sich ablesen, dass der Wirkungsgrad eines Kraftwerks nur durch die Abscheidung um sechs Prozent sänke. »Bei einer großen Anlage hätten Sie eher geringere Wärmeverluste, so dass das Ergebnis gut zu übertragen ist«, erläutert Schneider. Allerdings kämen im Ernstfall weitere 2,5 Prozent für die Verdichtung des Kohlendioxids auf 200 bar hinzu – momentan kann man mit dem Kohlendioxid, das im Staudinger mühevoll gesammelt wird, nichts anfangen. Man entlässt es daher, wie sonst auch, wieder in die Atmosphäre.

Der nächste Entwicklungsschritt wäre jetzt eine deutlich größere Anlage. Die macht allerdings nur Sinn, wenn man das Kohlendioxid auch speichert. »Von der Technologie her werden wir 2020 so weit sein, einen Gigawatt-Kraftwerksblock auszurüsten«, bekräftigt Schneider. Aber was nutzt das, wenn man das Klimagas dann nirgends sicher verstauen kann? Beim Staudinger-Betreiber E.ON hält man sich daher auch bedeckt. In früheren Werbeprospekten stand noch, dass der geplante Neubau eines 1,1-Megawatt-Blocks mit Kohlendioxidabscheidung ausgerüstet werden sollte. Es wäre ein

Segen für die Umwelt, da zudem zwei alte Blöcke für den neuen abgeschaltet würden. Bei 90 Prozent Abscheiderate kämen jedes Jahr sieben Millionen Tonnen Kohlendioxid nicht in die Atmosphäre. Der Neubau wird trotzdem bekämpft. Zu den Gegnern gehörte bis zu seinem Tod auch der hessische Umweltpolitiker Hermann Scheer, einer der Väter der Einspeisevergütung für erneuerbare Energien. Gegen Staudinger 6 führte er nicht nur dessen Auslegung als Grundlastkraftwerk an, womit er einen wunden Punkt traf. Denn für ein Steinkohle-Kraftwerk wäre der neue Block sehr groß – und Größe bedeutet bei thermischen Kraftwerken immer auch eine gewisse Trägheit beim Herauf- oder Herunterfahren der Last. Scheer behauptete aber auch, CCS befände sich in einem frühen Forschungsstadium. Ein Eindruck, den ich nach meinem Besuch nicht mehr teile.

DIE SAUERSTOFFVERBRENNUNG

Alternativ zur nachträglichen CO_2-Abtrennung wird intensiv an der Sauerstoffverbrennung gearbeitet. Erst einmal ein seltsamer Begriff, ist doch eine Verbrennung per se eine chemische Reaktion eines Elementes mit Sauerstoff, bei der Energie frei wird. Der Unterschied: Bei Oxyfuel-Verfahren wird in einer separaten Einheit aus normaler Umgebungsluft reiner Sauerstoff gemacht. Stickstoff (fast 80 Prozent unserer Atemluft) sowie andere Luftbestandteile kommen erst gar nicht in die Brennkammer. Verbrennt man Kohle mit reinem Sauerstoff, so entstehen nur Kohlendioxid und Wasserdampf. Die Abtrennung von Kohlendioxid ist dann technisch einfach zu bewältigen: Man lässt das Rauchgas abkühlen, der Wasserdampf kondensiert zu Wasser, während das Kohlendioxid gasförmig bleibt. Was nach einem extrem sauberen Verfahren klingt, hat dennoch mehrere Nachteile. Denn zum einen ist die Produktion von Reinsauerstoff selbst energieintensiv, sie kostet das Kraftwerk einschließlich der CO_2-Komprimierung acht bis zehn Prozentpunkte Gesamteffizienz. Deshalb wird auch hier an neuen Verfahren geforscht. Besonders vielversprechend scheinen Verfahren zu sein, bei denen eine Membran ab 700 Grad Celsius für Sauerstoff durchlässig wird. Zum anderen ist die Verbrennung in der Praxis nicht so sauber wie in der Theorie. Sehr große Kraftwerke mit gewaltigen Brennkesseln sind nicht völlig luftdicht abzuschließen. Selbst bei neuen Kraftwerken treten etwa vier Prozent der Luft durch die

Nähte in den Kessel. Und Kohle besteht natürlich auch nicht nur aus reinen Kohlenwasserstoffen. So kann auf eine Entschwefelung des Rauchgases auch weiterhin nicht verzichtet werden.

Aber das Oxyfuel-Verfahren hat sich in ersten Pilotanlagen bewährt. Vattenfall testet im Kraftwerk »Schwarze Pumpe«, einem in der Lausitz gelegenen, riesigen Braunkohlekraftwerk, seit 2009 den Einsatz. Nach mehr als 10 000 Betriebsstunden zieht Entwicklungsleiter Dr. Thomas Porsche eine positive Bilanz. Es sei gelungen, mehr als 90 Prozent des Kohlendioxids aufzufangen. Als Konsequenz daraus will man nun erstmals einen kommerziellen Brennkessel mit der Technik ausstatten. 2015 soll im brandenburgischen Jänschwalde einer der Blöcke – ein Neubau – mit reinem Sauerstoff betrieben werden. Ein anderer Kessel wird mit einer Kohlendioxidabscheidung nachgerüstet, so dass man beide Betriebsarten direkt vergleichen kann. Parallel soll die komplette Infrastruktur auch für Transport und Speicherung getestet werden. Letztere trifft in Brandenburg allerdings auf den Widerstand der Bevölkerung. Seit Stuttgart 21 sei es noch schwieriger geworden, sagt Porsche und klingt dabei ein wenig traurig. »Die Menschen sind dagegen.« Dabei hat er ein gutes Argument: Nur 78 Gramm Kohlendioxid wird eine Kilowattstunde Strom aus dem neuen Kraftwerksblock freisetzen. Ein Rekordwert für Braunkohle.

Um den Energiebedarf für die Sauerstoffgewinnung deutlich zu verringern, hat sich Professor Bernd Epple von der Technischen Universität Darmstadt ein neues Verfahren ausgedacht, das er »Chemical Looping«, also Chemiekreislauf, nennt. Es basiert darauf, dass die Umgebungsluft in einem eigenen Reaktor neben der Brennkammer ein Metall oxidiert, sprich dieses Metall einzelne Sauerstoffatome aufnimmt. Transportiert man das so gewonnene Oxid dann in die Brennkammer, verbindet sich der angelieferte Sauerstoff mit Kohlen- und Wasserstoff, es entstehen nur Kohlendioxid und Wasser. Das um ein Sauerstoffatom ärmere Metalloxid wird in den Luftreaktor zurücktransportiert, der Kreislauf kann von Neuem beginnen. Während die traditionelle kryogene Methode (man kühlt die Luft auf –183 Grad ab, dann wird der Sauerstoff flüssig, während Stickstoff noch gasförmig ist) Energie kostet, ist die Oxidation sogar exotherm, sprich es wird Energie frei. Die Darmstädter rechnen damit, dass ein solches CCS-Verfahren am Ende nur zwei bis drei Strafpunkte beim Wirkungsgrad kosten könne. Vermutlich sei es mit zehn Euro je Tonne CO_2 sogar günstiger als heutige Emissionsrechte. Allerdings ist vor einem Serieneinsatz noch erhebliche Entwicklungsarbeit zu leisten, zumal der Transport von Feststoffen aus und in eine Brennkammer alles andere als trivial ist. Vielleicht, so Epple, wird es sogar möglich sein, die Sauerstoffgewinnung in der Brennkammer selbst durchzuführen.

Die gleiche Idee – den Abtransport eines Gases durch ein Oxid zu organisieren – überträgt Epple auch auf die nachträgliche CO_2-Abtrennung bei konventionellen Brennverfahren. Hier kommt Kalziumoxid zum Einsatz, das mit dem Kohlendioxid im Abgas zu Kalziumkarbonat reagiert. Dieses Karbonat wird in einem separaten Reaktor bei 650 Grad Celsius wieder zu Kalziumoxid, das Kohlendioxid liegt anschließend in sehr reiner Form vor. Trotz des hohen Temperaturniveaus dieser Reaktion ist der Gesamtprozess recht effektiv, er dürfte nach Abschätzung Epples maximal sechs Prozent Wirkungsgrad kosten. Dieser »Carbonate Looping« getaufte Prozess ist kein völlig geschlossener Kreislauf: Da die Reaktionswilligkeit des Kalziumoxids schon nach wenigen Zyklen sinkt, muss man im Schnitt 68 Kilo frischen Kalkstein zugeben, um jeweils eine Tonne Kohlendioxid abzuscheiden. Ganz so schlimm ist das nicht, denn Kalziumoxid ist unter dem Namen »gebrannter Kalk« ein wesentlicher Rohstoff für die Zementherstellung. Der Einsatz in Zementwerken würde sogar deren Kohlendioxidemission verringern.

Der Vollständigkeit halber sei an dieser Stelle noch ein Prozess beschrieben, bei dem das Kohlendioxid vor der Verbrennung abgeschieden wird. Er funktioniert nur mit einem neuen Kraftwerktyp, bei dem die Kohle vorab vergast wird. Es entsteht ein Gemisch aus Kohlenmonoxid und Wasserstoff, bekannt als Synthesegas. Dann gibt man Wasser und Wärme zu, das Kohlenmonoxid schnappt sich das Sauerstoffatom aus dem Wasser und ist als Kohlendioxid physikalisch oder chemisch gut abzutrennen. Übrig bleibt reiner Wasserstoff, den man in einer Gasturbine bei sehr hohen Temperaturen verbrennt. Die Abwärme nutzt man für den Antrieb von Dampfturbinen, so dass der gesamte Prozess dem eines Gaskraftwerks sehr ähnlich wird. Man spricht daher auch von IGCC-Kraftwerken – das Kürzel steht für »Integrated Gasification Combined Cycle«. Unter Experten gilt dieses Verfahren als ziemlich ausgereift, der verbleibende Forschungsbedarf als gering. Das spektakulärste IGCC-Projekt soll 2014 in Texas ans Netz gehen, gesponsert mit 350 Millionen Dollar durch das US-Energieministerium, geleitet von Ex-Energie- und Innenminister Donald Paul Hodel.

Ein erstes deutsches Großkraftwerk mit dieser Technik wollte RWE ursprünglich bis 2015 in Hürth vor den Toren Kölns bauen. Mittlerweile wurde das Projekt auf Eis gelegt, weil es für die Speicherung des abgeschiedenen Kohlendioxids keinen sicheren rechtlichen Rahmen gibt. Daran ist wiederum RWE nicht unschuldig. Denn es heißt, dass es die – nicht mit der Landesregierung abgesprochene – Ankündigung eines Pipeline-Baus von Hürth nach Schleswig-Holstein war, die den politischen Widerstand im Norden erst erzeugt hat.

WOHIN DAMIT?

Grundsätzliche kommen verschiedene Lagerstätten als Kohlendioxid-Deponien in Frage. Da es sich bei CO_2 unter normalen Temperaturen um ein Gas handelt, das auf Dauer unterirdisch verschlossen werden soll, liegt es nahe, sich zunächst jene Plätze anzusehen, in denen Natur Erdgas über Millionen Jahre eingeschlossen hat. Erdgasfelder also. Solche, die ausgefördert sind und in denen Platz für Kohlendioxid ist. Allein in Norddeutschland sollen 66 Felder mit einer Gesamtkapazität von 1,8 Milliarden Tonnen bestehen. Sie gelten als grundsätzlich sicher, sind sie doch stets mit einer gasundurchlässigen Gesteinsschicht bedeckt (sonst hätte sich dort das Methan gar nicht sammeln können). Zusätzlicher Vorteil: Die Infrastruktur für den Gastransport existiert in der Regel bereits. Das einzige Sicherheitsrisiko besteht in nicht entdeckten und unverschlossenen Bohrlöchern, die zu einer Leckage führen könnten.

Wenn das Gas noch gefördert wird, kann es von Vorteil sein, trotzdem schon mit der Kohlendioxid-Einleitung zu beginnen. Denn dann verdrängt das Kohlendioxid das in den Hohlräumen sitzende Methan allmählich, die Fördermenge erhöht sich somit signifikant. (Was den meisten von uns nicht bewusst ist: Kein Gasfeld wird wirklich vollständig geleert, da die Förderung unter einem gewissen Druck passiert. Da dieser nachlässt, je leerer so ein Feld wird, bleibt meist mindestens ein Drittel des Brenngases unter der Erde.) Dieser in der Fachwelt »Enhanced Gas Recovery« (verbesserte Gasförderung) genannte Ansatz macht Kohlendioxid plötzlich zu einem nützlichen Arbeitsmedium, das nicht nur Kosten verursacht, sondern beim Geldverdienen hilft. Er funktioniert ähnlich übrigens auch mit Erdöl, aber das kommt bei uns bekanntermaßen nicht in großen Mengen vor. In Weyburn, Kanada, wird die verbesserte Erdölförderung bereits seit dem Jahr 2000 getestet. Das Kohlendioxid wird in diesem Fall per Pipeline aus Norddakota herbeigeschafft. Die USA fördern an mehr als 100 Bohrlöchern jeden Tag bereits heute 300 000 Fass Öl auf diese Weise. Insgesamt sollen unter amerikanischem Boden bis zu 50 Milliarden Fass Öl lagern, die nur per Kohlendioxideinleitung geborgen werden können.

Nicht nur die Natur, sondern auch der Mensch lagert Erdgas in der Erde. Wir tun dies, um jahreszeitliche Schwankungen auszugleichen und Rücklagen für politische Krisen zu schaffen. Als besonders geeignet haben sich Salzkammern, auch Kavernen genannt, erwiesen, die beim Abbau von Kalisalzen entstanden sind. Im großen Stil können solche Bergwerke unser Deponieproblem aber nicht lösen. In Deutschland gibt es nur noch zwei ungenutzte ehemalige Kalibergwerke.

Als realistische weitere Option bleiben die salinen Aquifere, also salzwasserführende und poröse Gesteinsschichten. Wir sind ihnen bereits im Kapitel über die Geothermie begegnet. In der Tat besteht hier eine Nutzungskonkurrenz, man wird also entscheiden müssen, ob man ein bestimmtes Reservoir entweder für die Kohlendioxidlagerung oder zur Gewinnung von Erdwärme nutzen möchte. Der große Vorteil der salinen Aquifere ist zunächst einmal ihre Häufigkeit. Die Schätzungen für das Potenzial in Deutschland reichen von 12 bis 28 Milliarden Tonnen. Angesichts eines Kohlendioxidausstoßes aus den Kraftwerken von 360 Millionen Tonnen hätten wir also für mindestens 30 Jahre »ausgesorgt«. Wenn wir den Anteil fossiler Kraftwerke an der Stromerzeugung allmählich herunterfahren, in den verbleibenden aber CCS implementieren, könnte das heißen: Bis 2030 wird in Deutschland die CO_2-Emission aus fossilen Kraftwerken um 90 Prozent reduziert!

Die Sicherheit der Kohlendioxidspeicherung ist bei salinen Aquiferen sehr hoch. Denn schon nach wenigen Jahren schweben vier von fünf Kohlendioxidmolekülen nicht mehr frei durch das Salzwasser, sondern lösen sich in ihm. Diese Bindung ist nur durch sehr hohen Druck wieder aufzulösen. Die Lösung verteilt sich in den feinen Poren des Gesteins. Wenn man dann sehr lange wartet, ein paar Tausend Jahre, vielleicht auch länger, mineralisiert die Lösung allmählich und wird selbst zu Gestein. Damit ist auch die Frage beantwortet, was über lange erdgeschichtliche Zeiträume passiert: Es wäre ja künftigen Generationen gegenüber höchst unfair, wenn wir überall Kohlendioxid einlagern, dies aber später durch Kontinentalplattenverschiebungen und andere geologische Ereignisse komplett wieder freigesetzt würde. Experten sprechen übrigens von sicherer Lagerung, wenn in 1000 Jahren maximal ein Prozent des Kohlendioxids freikommt. Was aber bedeuten würde: In 100 000 Jahren wäre der Effekt komplett verpufft. Allerdings könnte auch eine nur zeitliche Streckung schon einen positiven Aspekt haben, da Kohlendioxid nicht für unendlich lange Zeit in der Atmosphäre verbleibt, sondern allmählich wieder abgebaut wird. Einen großen Einfluss haben dabei unsere größten Kohlenstoffspeicher, die Weltmeere. Unter Klimaforschern ist jedoch umstritten, wie stark sich die CO_2-Speicherfähigkeit der Ozeane durch den Klimawandel verändert.

Die Sicherheit hat noch einen zweiten Aspekt. Langsames Entweichen wäre ärgerlich, aber gänzlich ungefährlich: Kohlendioxid ist ja ohnehin Bestandteil unserer Atemluft. Schlagartiges »Platzen« eines Speichers würde hingegen dazu führen, dass das Kohlendioxid, das etwas schwerer als die übrigen Luftbestandteile ist, sich am Boden sammelt, den Sauerstoff verdrängt und Lebewesen die Luft zum Atmen fehlt. In diesem Zusammenhang wird immer wieder der afrikanische Vulkansee Nyos genannt. 1986 entwichen aus ihm schlagartig anderthalb Millionen Tonnen Kohlendioxid vulkanischen Ursprungs. Fast 2000 Menschen starben an seinen Ufern. Die Frage lautet also: Ist so eine »Explosion« auch bei CCS-Anlagen zu befürchten?

Ich halte dies nach allem, was ich gelesen habe, für unwahrscheinlich. Die Katastrophe am Nyos wurde dadurch verursacht, dass das Kohlendioxid nicht, wie bei anderen Vulkanseen, allmählich entweichen konnte, sondern sich unter dem See gesammelt hatte, bis der Druck so hoch war, dass es sich schlagartig entlud. Klar ist aber, dass man unterirdische Kohlendioxidspeicher mit Drucküberwachungssystemen ausführt – und sich im Zweifelsfall eher dafür entscheiden würde, das Kohlendioxid kontrolliert entweichen zu lassen, als den Druck zu hoch werden zu lassen. Realistischerweise ist die Gefährdung keinesfalls größer als bei Erdgasleitungen und -speichern, die wir auch unter unseren Wohngebieten, Kindergärten, Schulen dulden. Nein, sie ist sogar geringer, da Kohlendioxid nicht entflammbar ist.

Wie viele Speicher wo in Deutschland überhaupt zur Verfügung stehen, untersucht das Bundesamt für Geowissenschaften noch, während ich zum letzten Mal Korrektur lese. Die in den Medien kolportierten 408 Standorte basieren auf Regionalstudien, die mitnichten ganz Deutschland abdecken. Allerdings dürfte sich die Tendenz bestätigen, dass die meisten potenziellen Speicherorte sich in wenigen Bundesländern im Norden und Osten Deutschlands befinden. Und genau hier liegt das Problem: In der aktuellen Fassung des Gesetzes, das ohnehin nur Demonstrationsvorhaben regelt, wird den Ländern freigestellt, ob sie bestimmte Gebiete von der Kohlendioxidspeicherung ausschließen, ein Passus, für den insbesondere Schleswig-Holstein gekämpft hatte. Das einzige Bundesland, in dem zumindest in Form eines Pilotprojektes überhaupt Kohlendioxid schon unter die Erde gebracht wird, ist Brandenburg. In Ketzin lagert das Deutsche Geoforschungszentrum seit 2008 Kohlendioxid in einem Aquifer, bislang mehr als 50 000 Tonnen. Allerdings treten auch dort Bürgerinitiativen massiv für ein Verbot ein. Hauptargument: Das ist gefährlich, denn wir wissen nicht, ob das Kohlendioxid wirklich da unten bleibt. Nebenargument: Wenn schon, dann bitte nicht hier!

Angesichts des Aufschreis mancher Kommune, die in dem allein nach geographischen Kriterien zusammengestellten Atlas des Bundesamtes für Geowissenschaften genannt wird, ist zu vermuten, dass es sehr schwierig werden wird, in Deutschland Lagerstätten für Kohlendioxid auszuweisen. Zumal fraglich ist, ob die Energiekonzerne nach dem aus ihrer Sicht verlorenen Kampf um die Kernenergie ein weiteres Schlachtfeld aufmachen. »Wir sind nicht bereit, uns wieder über Jahre öffentlich verhauen zu lassen«, sagt ein E.ON-Mann. Für die Verfechter von CCS – und das sind mitnichten nur Konzerne, sondern auch viele Klimaschützer – scheint daher eine Lagerung »offshore«, also unter dem Meer, durchsetzbarer. Allerdings macht das die Sache auch komplizierter, sprich, es kostet mehr und dauert länger.

Den Nachweis, dass eine Untersee-Speicherung funktioniert, versucht der staatliche norwegische Energiekonzern Stateoil zu erbringen. Er fördert aus dem Feld »Sleiper« in der Nordsee Erdgas, das einen ungewöhnlich hohen CO_2-Anteil von neun Prozent hat. Um dieses nicht in die Umwelt entweichen zu lassen, wird es direkt auf der Förderplattform vom Erdgas abgeschieden und zurück in die Erde gepumpt. Der Speicher sitzt 1000 Meter unter dem Meeresboden in einem salinen Aquifer. Dieses Projekt, bei dem jedes Jahr eine Million Tonnen Kohlendioxid verpresst werden, beweist die grundsätzliche technische Machbarkeit, sogar auf dem engen Raum einer Förderplattform. Das Gestein ist höchst aufnahmefähig, es fasst angeblich sechs Milliarden Tonnen Kohlendioxid. Zur Dichtheit des Speichers gibt es fortwährende Untersuchungen, deren Ergebnisse kontrovers diskutiert werden. Nachgewiesen werden konnte ein Leck nicht. Greenpeace nimmt aber die bei der Injektion von verschmutztem, ölhaltigen Wasser aufgetretenen Risse und Leckagen in der gleichen geologischen Formation, Utsira genannt, zum Anlass, die Speicherfähigkeit für Kohlendioxid grundsätzlich in Frage zu stellen.

2010 entstand eine Debatte über den oben erwähnten Speicher im kanadischen Weyburn, nachdem ein Grundstückseigentümer an einer Stelle einen vierfach erhöhten CO_2-Gehalt in Bodennähe nachweisen konnte. Drohte einer der wenigen großen, langjährig betriebenen Kohlendioxidspeicher auszugasen? Das wäre für CCS wohl gewesen, was Fukushima für die Kernkraft bedeutet. Tatsächlich wies eine Gruppe von Wissenschaftlern nach, dass es wahrscheinlich keinen Zusammenhang gab: Auch Präriegräser atmen unter bestimmten Bedingungen CO_2 in erhöhter Konzentration aus. Das Verhältnis von Sauerstoff und Kohlendioxid wies darauf hin, dass es sich schlicht um ein Produkt aus pflanzlicher Atmung handelte. Solche Befürchtungen, mögen sie auch später widerlegt werden, spielen auf jeden Fall eine wichtige Rolle in der Weiterentwicklung der Speichertechnik. Denn wer mag mit absoluter Sicherheit behaupten, dass CCS der richtige Weg ist? Aus meiner Sicht gilt es, genau hinzusehen, Risiken zu analysieren und gegen andere – die drohende Klimaveränderung – abzuwägen.

Was man aber sagen kann: Sicherheitsprobleme oder gar dramatische Unfälle hat es im Zusammenhang mit CCS-Pilotprojekten bislang nicht gegeben. Insofern ist der von radikalen Gegnern bemühte Vergleich mit der Kernkraft in jeder Hinsicht unredlich. Denn die friedliche Nutzung der Kernkraft ist von Unfällen begleitet, die auch Befürworter nicht bestreiten (die Parteien kommen lediglich zu unterschiedlichen Bewertungen der Folgen).

Das geringste Problem dürfte der Transport des Kohlendioxids zwischen Kraftwerk und Lagerstätte darstellen, er würde ganz ähnlich wie beim Erdgas aussehen. Wissenschaftler der Universität Stuttgart haben verschiedene Szenarien durchgerechnet, wie der Transport von Kohlendioxid innerhalb von Europa organisiert werden kann. Ungewöhnlich uneitel stellen sie am Ende ihrer Berechnungen fest, dass es auf die Kosten der Pipelines gar nicht so sehr ankommt: »Die Etablierung von CCS-Technologien wird daher zukünftig stärker von erreichbaren technischen und ökonomischen Parametern der Abtrennung in den Kraftwerken beeinflusst als durch die Kosten für den Kohlendioxidtransport und die Speicherung.« Einzelne Unternehmen haben auch bereits alternative Szenarien durchgerechnet, die eine Verflüssigung des Kohlendioxids und den anschließenden Transport mit Tankschiffen vorsehen. Ein Konzept, das nur aufgeht, wenn man das Kohlendioxid nutzt, um die Ausbeute von Erdgasfeldern zu erhöhen.

Allen Verfahren zur Kohlendioxidabtrennung und -speicherung gemeinsam ist, dass sie den Gesamtwirkungsgrad eines Kohle- oder Gaskraftwerks deutlich mindern – und damit die Wirtschaftlichkeit für den Betreiber. Hinzu kommen die Investitionskosten für die

CCS-Anlagentechnik am Kraftwerk sowie für Transport und Speicherung. Inwieweit sich CCS-Verfahren durchsetzen, dürfte also wesentlich davon abhängen, wie sich die Kosten für CO_2-Emissionszertifikate entwickeln. Derzeit kostet das an der Energiebörse in Leipzig gehandelte Recht, eine Tonne CO_2 zu emittieren, um 15 Euro, an manchen Tagen auch 16 Euro – seit die Deutschen beschlossen haben, aus der Kernkraftnutzung auszusteigen, ist generell ein leicht höheres Preisniveau zu beobachten. Noch liegen alle zumindest teilweise erprobten Verfahren bei Kosten von mehr als 20 Euro je vermiedener Tonne CO_2. Für die im Staudinger verwendete Technik geben die Betreiber sogar eine Bandbreite von 30 bis 40 Euro je Tonne CO_2 an. Ob sich die Schere schließt oder weiter öffnet, ist alles andere als klar. Die europäische Kommission setzt derzeit massiv darauf, ihre Energiesparpläne nicht über den Emissionshandel, sondern über Detailvorschriften, zum Beispiel zur Häuserdämmung oder zu Leuchtkörpern, durchzusetzen. Wenn dadurch der Verbrauch tatsächlich sänke, was anzunehmen ist, würden die Emissionszertifikate immer billiger und am Ende sogar wertlos. Ein Phänomen, das immer auftritt, wenn man dirigistische und marktorientierte Steuerung eines Umweltziels gleichzeitig durchzusetzen versucht.

Zur Wirtschaftlichkeitsbetrachtung gehört noch, dass höhere Investitionen in die Kohlendioxidabscheidung tendenziell dazu führen, ein Kohlekraftwerk eher zur Deckung des Grundbedarfs laufen zu lassen. Eine wissenschaftliche Veröffentlichung der renommierten Zeitschrift für Energiewirtschaft formuliert das so: »Die erhöhten Investitionskosten bei CCS-Kraftwerkssystemen legen den Wunsch nahe, das Kraftwerk mit höherer Ausnutzungsdauer zu betreiben als fossile Kraftwerke ohne CCS.« Praktiker bestätigen dies, beispielsweise habe ich von den internen Planungen eines Energieversorgers gehört, der eine erste Anlage mit CCS ausstatten und diese dann bevorzugt laufen lassen will. Das kommt einem künftigen Energiesystem, bei dem die fossilen Kraftwerke das Rückgrat für solche Zeiten bilden, in denen die fluktuierenden erneuerbaren Energien nicht zur Verfügung stehen, nicht unbedingt entgegen. Und es macht den Kohlestrom zumindest gegenüber dem teureren Strom aus emissionsärmeren Gaskraftwerken weniger wettbewerbsfähig. Ein zusätzliches Problem bei Lastschwankungen tritt dadurch auf, dass manche chemische Verfahren nicht schnell genug reagieren, so dass die Abscheideraten zeitweise auf unter 90 Prozent sinken. Allerdings wird an diesem technischen Problem bereits gearbeitet, zum Beispiel durch eine gute Wärmeisolation der Absorbermedien.

Große industrielle Kohlendioxidemittenten wie Stahl- und Zementwerke könnten die CCS-Verfahren, die zur Rauchgasreinigung von Kraftwerken entwickelt werden, theoretisch bereits in den kommenden Jahren einsetzen. Sie werden darüber allerdings nach rein wirtschaftlichen Aspekten entscheiden. Ist die Abtrennung günstiger als das Emissionszertifikat, werden neuere Produktionsanlagen schnell nachgerüstet werden. Sofern sich das Erzeugnis nicht gut über weite Strecken transportieren lässt. Denn solange es keinen globalen Emissionshandel gibt, werden energieintensive Unternehmen, vor allem der Rohstoffbranche, zusätzliche Kosten immer gegen eine Verlagerung aus dem europäischen Raum heraus abwägen. Zwar ist es etwas zu polemisch, den Konzernen daraus einen moralischen Strick zu drehen, denn tatsächlich kostet eine umfangreiche Verlagerung ja auch, insbesondere wertvolles Know-how. Aber »koste es, was es wolle«, das kann sich kein Unternehmen leisten.

RECYCLING IST BESSER ALS WEGWERFEN

Wenn wir den Klimaschutz ernst nehmen und den Ausstieg aus der Kernenergie ebenso, dann führt wahrscheinlich nichts an CCS vorbei. Trotzdem ist es mit Sicherheit nicht im strengen Sinn nachhaltig, einen Abfallstoff in großen Mengen unterirdisch zu lagern. Nachhaltig wäre ein geschlossener Stoffkreislauf, bei dem Kohlendioxid oder der darin gebundene Kohlenstoff wiederverwertet werden kann. Ganz absurd ist diese Idee nicht, bereits heute wird CO_2 in der Industrie eingesetzt, beispielsweise in Getränken oder als Kältemittel. Weltweit benötigt man dafür rund 20 Millionen Tonnen. Dr. Alexis Bazzanella, der beim Branchenverband Dechema die Forschungsförderung vorantreibt, glaubt nicht an eine große Steigerung dieses Verwertungsweges: »Viel mehr Cola kann man gar nicht trinken.« Wichtiger ist der Einsatz als Prozessmedium in der chemischen Industrie, beispielsweise als Lösungsmittel. Die bekannteste Anwendung ist die Herstellung von entkoffeiniertem Kaffee. Das Problem: In solchen Prozessen wird das CO_2 in der Regel nicht verbraucht, sondern im Kreis geführt. Direkt verwendet wird CO_2 heute bei der Herstellung von Harnstoff, den man vor allem als Dünger einsetzt. Zwar verbraucht die Harnstoffproduktion mehr als 100 Millionen Tonnen CO_2 im Jahr, aber der zweite Ausgangsstoff – Ammoniak – kann nur mit hohem Energieaufwand hergestellt werden. Die Netto-Kohlendioxidbilanz ist also negativ, solange die Produktionsenergie nicht aus regenerativen Quellen stammt.

Derzeit wird intensiv daran geforscht, wie man Polymere, also Kunststoffe, auf Basis von Kohlendioxid zusammenbauen kann. Eine charmante Option, denn damit sinkt gleichzeitig der Rohölbedarf. Am erfolgversprechendsten ist derzeit die Verwendung für Polycarbonate (das sind harte, durchsichtige Kunststoffe, wie sie beispielsweise für moderne Autoscheinwerfer verwendet werden) und in den Ausgangsprodukten für Polyurethane (sehr weiche Kunststoffe, die in der Regel aufgeschäumt werden und sich dann in Matratzen oder Autocockpits wiederfinden). Gemeinsam ist diesen Stoffen, dass das Basismolekül ohnehin eine Kohlenstoff-Sauerstoff-Verbindung enthält, das Kohlendioxid mithin nur eingebaut werden muss. Viel schwieriger wäre es, den Kohlenstoff ohne den daran hängenden Sauerstoff weiterzuverwenden. Grund dafür ist der hohe Energieaufwand, der benötigt wird, um das extrem stabile Kohlendioxid wieder aufzubrechen. In einer sehr fernen Zukunft ohne fossile Reserven müsste die Menschheit allerdings einen Weg finden, Kohlenstoff, der für organische Verbindungen zwingend benötigt wird, ohne Rohöl herzustellen – oder alles Plastik würde aus unserer Welt verschwinden. Vermutlich führt der Weg allerdings nicht über Kohlendioxid-Recycling, sondern über die direkte Weiterverarbeitung von frischer Biomasse.

Egal, wo man Kohlendioxid aus Kraftwerksprozessen weiterverwenden will, wichtig ist, dass es in hoher Reinheit vorliegt. Denn die Folgeprozesse arbeiten in der Regel mit Katalysatoren, die ganz exakt auf die jeweilige chemische Reaktion abgestimmt sind. Fremdstoffe, auch scheinbar harmlose Gesellen wie Stickstoff, führen zu Verunreinigungen und langfristig sogar zur Zerstörung der Katalysatoren. Deshalb sieht Bazzanella als Lieferanten für das CO_2-Recycling auch erst einmal nicht Kohlekraftwerke. Es ist wahrscheinlicher, dass der Rohstoff aus der chemischen Industrie selbst oder aus Zement- und Stahlwerken stammen wird, wo er in der Regel deutlich reiner vorliegt.

Letztlich kann es aber ohnehin nicht gelingen, das heute im Energiesektor entstehende Kohlendioxid komplett zu verwenden. »Es gibt kein chemisches Produkt, von dem die Menschheit Milliarden Tonnen braucht«, so Bazzanella. Weltweit werden derzeit etwa 200 Millionen Tonnen Kunststoffe hergestellt. Das scheint viel. Im Vergleich ist es dies aber nicht. 2010 emittierte die Menschheit laut Professor Gerhard Adrian, Präsident des Deutschen Wetterdienstes, etwa 31 Milliarden Tonnen Kohlendioxid. Könnte man 40 Prozent des gesamten Kunststoffs aus Kohlendioxid herstellen, würde man immerhin 40 Millionen Tonnen des Klimagases binden. So viel blasen zehn moderne Kohlekraftwerke in die Luft.

Einziger theoretischer Ausweg aus dem Mengendilemma: aus Kohlendioxid wieder flüssige kohlenwasserstoffhaltige Kraftstoffe zu machen. Das ist nicht schwer und funktioniert mit gängigen chemischen Verfahren. Allerdings benötigt man dafür sehr viel Energie, etwa zweieinhalb Mal so viel wie im Kraftstoff landet, wie Emitec-Geschäftsführer Wolfgang Maus vorgerechnet hat. Damit dabei nicht neues Kohlendioxid entsteht und die Bilanz für das Klima negativ wird, müssten wir in einer Energie-Überflussgesellschaft leben. Was so lange unwahrscheinlich bleibt, wie die Weltbevölkerung wächst und Milliarden Menschen nach mehr Wohlstand streben. Es sei denn, es gelingt, Sonnenenergie direkt für die CO_2-Umwandlung zu nutzen, ein Ansatz, den beispielsweise Forscher an den Sandia National Laboratories in New Mexiko und an der Technischen Hochschule in Zürich verfolgen. Sie entwickeln Maschinen, die nur mit Hilfe von Sonnenlicht und eines Katalysators Erstaunliches tun: Ohne weitere Energiezufuhr entstehen Kohlenmonoxid aus Kohlendioxid und Wasserstoff aus Wasser. Aus Kohlenmonoxid und Wasserstoff dann Benzin herzustellen, ist keine große Kunst.

Realistischer ist es wohl, nach anderen Kohlendioxidsenken zu suchen. Zum Beispiel Mikroorganismen, die sich ausschließlich von Kohlendioxid ernähren. Im Wiesbadener Kochbrunnen, schon zu Goethes Zeiten Lieferant heilenden Wassers, wurde mit »Azedianus ambivalens« ein solcher Kandidat gefunden. Auch etwas größere Organismen, Algen, könnten dafür herhalten. In einem Pilotprojekt in Niederaußem bei Köln werden sie bereits mit CO_2 gefüttert. Hat man erst einmal Biomasse so erzeugt, dann ist eine weitere energetische Nutzung auf jeden Fall kohlendioxidneutral, sofern nicht fossile Energien für den Transport und die Weiterverarbeitung eingesetzt werden. Am Ende einer solchen Kette ist das Klimagas natürlich trotzdem in der Luft, aber wenigstens nach zweimaligem Gebrauch.

Es sei denn, man macht aus der Biomasse nicht Methan oder Kraftstoff, sondern Kohle. Und verbrennt diese nicht, sondern pflügt sie unter die Erde. Wie bitte? Wenn ich bei einem launigen Abendessen unter Freunden von solchen Ideen erzähle, dann verdreht der eine oder andere schon die Augen. Aber: Das ist ein vollkommen ernst gemeinter Vorschlag der Max-Planck-Forscher Markus Antonietti und Gerd Gleixner. Sie schlagen vor, einen Teil der jährlichen natürlichen Biomasseproduktion von 60 Milliarden Tonnen (in getrocknetem Zustand) dauerhaft wegzuschließen und damit die Kohlendioxidemissionen zu kompensieren, die aus der Erdölnutzung stammen. Würde man nur 8,5 Prozent dieser neu gebildeten – nicht der bestehenden – Biomasse quasi aus der Welt schaffen, dann wäre sogar die heutige Erdölnutzung klimaneutral! Dazu muss verhindert werden, dass die Biomasse auf natürlichem Weg abgebaut wird, was technisch mit Hilfe der hydrothermalen Karbonisierung möglich ist. Dabei handelt es sich um ein Verfahren, bei dem mit Hilfe von Wärme, Wasserdampf und Druck – ähnlich einem Dampfkochtopf – praktisch der gesamte in den Pflanzen gebundene Kohlenstoff zu Kohle wird. Mit Hilfe von Katalysatoren geht das »Auskochen« der Kohle mittlerweile recht schnell, in wenigen Stunden statt der Millionen von Jahren, die die Natur zur Kohleherstellung braucht.

Gegenüber den zuvor diskutierten CCS-Verfahren hätte die hydrothermale Karbonisierung den großen Vorteil, dass Kohle ein Feststoff ist, der bedeutend einfacher gelagert werden könnte; ein Entweichen in die Atmosphäre ist nicht zu befürchten. Man könnte die menschengemachte Kohle sogar als Dünger einsetzen. Zumindest im Amazonas-Becken hat sich dieses Verfahren schon vor 500 Jahren bewährt. Eine indianische Hochkultur mehrte die Fruchtbarkeit ihrer Böden, indem sie »terra preta«, Schwarzerde also, aus Holzkohle, Dung und Pflanzenabfällen herstellte.

Natürlich kann man viele Einwände geltend machen: Zehn Prozent der weltweit nachwachsenden Biomasse zu ernten und umzuwandeln, das bedarf eines erheblichen Energieaufwands. Der Bedarf an Fläche wäre enorm, selbst wenn man besonders schnell wachsende Pflanzen einsetzt. Und dauerhaft ist die Lösung auch nicht, denn es führt lediglich dazu, dass die begrenzten fossilen Reserven klimaneutral genutzt werden können. Aber es sagt ja auch niemand, dass wir unseren Energiehunger allein auf diesem Weg decken sollten. Sondern dass es sich um eine weitere gute Idee für eine vermutlich funktionierende Kohlenstoffsenke handelt, die wir verfolgen sollten. Und die hinsichtlich des Flächenbedarfes vermutlich deutlich effektiver ist als die Versorgung der Welt mit Biokraftstoffen, da hierbei die Umwandlungsverluste deutlich höher sind. Auch hinsichtlich der Kosten scheint das Verfahren recht effektiv: Die Wissenschaftler meinen, mit 20 US-Dollar je Tonne Kohlendioxid hinzukommen. Das entspräche einem Aufpreis von zehn Prozent auf die heutigen Treibstoffkosten, während die Produktion von nachhaltigen Biokraftstoffen der zweiten

Generation mindestens doppelt so teuer ist wie die Herstellung von Benzin und Diesel.

Stattdessen ist auch vorgeschlagen worden, die aus Biomasse gewonnene Kohle zu verstromen, ganz konventionell im Kraftwerk, und das Kohlendioxid abzuscheiden und unterirdisch zu speichern. Auch in diesem Fall hätte man Kohlendioxid aus der Atmosphäre entfernt. Gleichzeitig ist aus energetischer Sicht ein solches Vorgehen günstiger, weil mit dem erzeugten Strom der Energieeinsatz für Anbau, Transport und Verkohlung der Biomasse »bezahlt« werden könnte.

AUF BESSERE WIRKUNG AUS

Nun ist CCS aber nicht das einzige Thema, das Wissenschaftler und Ingenieure umtreibt, die an der Weiterentwicklung von Kohlekraftwerken arbeiten. Denn die besten Emissionen sind ja immer jene, die gar nicht erst entstehen. Also gilt es, möglichst viel Energie aus einer bestimmten Menge Kohle herauszuholen. Und das geht vor allem, indem man die Temperatur des Wasserdampfs erhöht, der für den Antrieb des Generators verwendet wird.

Das heute beste Steinkohlekraftwerk Deutschlands steht in Rostock; es ging 1994 in Betrieb und erreicht einen Wirkungsgrad von 43,2 Prozent. Es arbeitet mit Temperaturen von bis zu 560 Grad Celsius und Dampfdrücken bis zu 262 bar. Gelänge es, die Temperaturen auf mehr als 700 Grad Celsius und den Druck auf mehr als 350 bar zu erhöhen, wäre ein Wirkungsgrad von mehr als 50 Prozent machbar. Das klingt vielleicht nicht nach einem Riesensprung, ist es aber. Wenn der Wirkungsgrad von 45 auf 50 Prozent steigt, bedeutet dies, dass je Kilowattstunde 669 statt 743 Gramm Kohlendioxid emittiert werden. Abgesehen davon, dass weltweit die durchschnittliche Emission bei 1116 Gramm liegt, es sich also in jedem Fall lohnt, auf neue Technik zu setzen.

Die größte technische Hürde für 700-Grad-Kraftwerke sind derzeit die hochtemperaturfesten Materialien, die für den Kessel, die Leitungen und andere Bauteile benötigt werden. Es gibt sie schlichtweg noch nirgends zu kaufen. Aus anderen Hochtemperaturanwendungen weiß man aber, dass der Weg über Nickel-Legierungen wohl funktionieren wird. Hat man diesen Sprung in eine neue Materialklasse erst einmal bewältigt, dann scheinen sogar 800 Grad Celsius machbar. Es gibt darüber hinaus eine nicht unwesentliche politisch-gesellschaftliche Hürde: Neue Kohlekraftwerke werden in Deutschland mittlerweile fast so heftig bekämpft wie Kernkraftwerke. Statt neuer, hocheffizienter Kraftwerke laufen unter dem Druck von Umweltverbänden und Anrainern ältere und ineffizientere Anlagen länger als notwendig.

Kraftwerke mit einer Frischdampftemperatur von 600 Grad sind technisch heute schon darstellbar, zehn von ihnen mit einer Gesamtleistung von mehr als zehn Gigawatt sollten im Zeitraum 2010 bis 2012 ans Netz gehen. In diesen Effizienzkraftwerken beträgt der Wirkungsgrad bis zu 46 Prozent, wenn Steinkohle verbrannt wird, und maximal 44 Prozent beim Einsatz von Braunkohle. Allerdings verlangen bereits diese Temperaturen neue Varianten bestehender Stahllegierungen, die mit Titan und Vanadium härter gemacht werden. Zumindest bei einzelnen Lieferanten scheint es 2011 erhebliche Schwierigkeiten zu geben, die geforderte Stabilität im Kraftwerkseinsatz tatsächlich zu erbringen – die Dampfkessel, ausgelegt auf eine Lebensdauer von 30 Jahren und mehr, zeigten bereits im Probebetrieb Spannungsrisse. Die Inbetriebnahme der neuesten Kraftwerkgeneration dürfte sich daher deutlich verzögern. Für Umwelt- und Klimaschützer, die nicht radikal gegen alles Neue sind, ist das keine gute Nachricht. Denn der fehlende Atomstrom wird dann zur Not über die sogenannte Kaltreserve gedeckt. Darunter versteht man alte, eigentlich stillgelegte Kohlekraftwerke, teilweise aus den 60er Jahren, die jedoch gewartet werden, damit man sie in schlechten Zeiten innerhalb von zwei bis drei Tagen wieder in Betrieb nehmen kann. Sie dürften bis zu doppelt so viel Kohlendioxid emittieren wie moderne Kraftwerke.

Die heimische Braunkohle kann übrigens noch deutlich effektiver genutzt werden, als dies heute der Fall ist. Bislang steht sie deutlich schlechter da als Steinkohle: Um sie überhaupt verbrennen zu können, muss sie vorher getrocknet werden, was ziemlich viel Energie kostet. Die Ausnutzung der theoretisch in der Braunkohle vorhandenen Energie ist daher um bis zu ein Drittel geringer als bei Steinkohle. Neue Trocknungsverfahren, die im Prozess entstehende Abwärme nutzen, können den Gesamtwirkungsgrad des Kraftwerkes um fünf bis zehn Prozent steigern.

Ganz sicher ist: Wo wir in einer künftigen Energielandschaft noch fossile Kraftwerke einsetzen, müssen diese sehr flexibel betrieben werden können, um die schwankende Erzeugung durch Windkraft und Photovoltaik auszugleichen. Diese Schwankungen sind groß und erfolgen mit relativ hoher Geschwindigkeit. Vergleicht man nur das Ausbauszenario der Bundesregierung für 2020 mit der heutigen Stromnachfrage an einem typischen Novembertag, wird man feststellen: Die Lücke, die durch fossile Kraftwerke gedeckt werden muss, kann innerhalb eines einzelnen Tages um 40 Gigawatt schwanken. Und noch dramatischer: Es kann passieren, dass innerhalb nur einer Viertelstunde drei Gigawatt zusätzliche Leistung benötigt werden. Und 15 Minuten später wiederum drei Gigawatt mehr.

Kohlekraftwerke gelten allgemein als sehr träge, sie laufen und laufen. Außerdem verlieren sie deutlich an Effizienz, wenn sie nicht im Bestpunkt betrieben werden. Eine flexible Steuerung gilt aber für das künftige Energiesystem als unverzichtbar. Also doch lieber ganz auf die schneller umschaltenden Gaskraftwerke setzen? Ganz so träge, wie man unterstellt, sind Kohlekraftwerke jedoch nicht. Laut Professor Hartmut Spliethoff, der an der Technischen Universität München das Fach Energietechnik lehrt, kann ein modernes Kohlekraftwerk innerhalb von 15 Minuten von 30 auf 100 Prozent seiner maximalen Leistung hochgefahren werden – umgekehrt funktioniert das auch. Sind 30 Prozent momentan noch die Untergrenze für einen wirtschaftlichen Betrieb, werden es bei künftigen Generationen 25 Prozent sein. Steht das Kraftwerk für maximal 48 Stunden still, so kann es innerhalb von drei Stunden wieder angefahren werden. »Gute Wetterprognosen sind auf jeden Fall eine wichtige Voraussetzung«, so Spliethoff.

Darüber hinaus wird bei der Weiterentwicklung der Kohlekraftwerke darauf geachtet, dass nicht mehr nur der Wirkungsgrad im Bestpunkt immer weiter optimiert wird. »Wenn der Wirkungsgrad bei Teillast immer schlechter wird, bringt das auch nichts«, erläutert Dr. Jochen Seier, der für den Projektträger Jülich Forschungsprogramme des Wirtschaftsministeriums koordiniert. »Denn die Kraftwerke werden immer häufiger in diesen Bereichen betrieben werden.« Er rechnet damit, dass die Forschung stärker in dieser Richtung arbeitet.

EINE SCHAUFEL DRAUFLEGEN

In der Welt geht ohne Kohlekraft gar nichts. Ein kurzfristiges Umsteuern mag man sich wünschen, aber selbst in Deutschland werden noch Jahrzehnte vergehen, bis wir uns von der Kohle als Energieträger verabschieden können. Der Entwicklungsstand der Verfahren zur Kohlendioxidabscheidung und -speicherung macht allerdings Hoffnung, dass die Klimabilanz deutlich verbessert werden kann. Neue Kraftwerkstechnik ermöglicht gleichzeitig eine bessere Ausnutzung der im fossilen Rohstoff gespeicherten Energie. Damit solche Techniken dem Weltmarkt rasch zur Verfügung gestellt werden können, müssen Betreiber, Anlagenbauer und Forscher noch eine Schaufel drauflegen und ordentlich Dampf machen.

Volldampf ist dabei nicht mehr das alleinige Ziel, denn Flexibilität erfordert das Energiesystem der Zukunft von allen Kraftwerktypen. Als Meister in dieser Disziplin gelten Gaskraftwerke, die zudem mit höchsten Wirkungsgraden winken.

ERDGAS: BRÜCKENTECHNOLOGIE NUMMER EINS?

> »Über sieben Brücken musst du gehen, sieben dunkle Jahre überstehn, sieben Mal wirst du die Asche sein, aber einmal auch der helle Schein.«
>
> *Peter Maffay*

Erdgas gilt als umweltfreundlich. Warum eigentlich? Schließlich handelt es sich um einen fossilen Energieträger. Genau wie Erdöl entsteht Erdgas durch abgestorbene Algen und andere Kleinstlebewesen, die sich am Meeresboden sammeln und sich durch Sand und Gestein von Sauerstoff abgeschlossen allmählich chemisch verändern. Sehr oft wird Erdgas sogar mit Erdöl zusammen gefunden.

Dass Erdgas dennoch von (fast) allen Umweltschützern als ideale Brückentechnologie bezeichnet wird, liegt daran, dass Methan – der korrekte chemische Begriff für Erdgas – eine sehr einfache Molekülstruktur hat. Auf ein Kohlenstoffatom kommen vier Wasserstoffatome. Da die chemische Energie in den Bindungen zwischen Kohlen- und Wasserstoff steckt, entsteht beim Verbrennen von Methan viel Energie. Und wenig Kohlendioxid, es ist ja nur wenig Kohlenstoff vorhanden. Zum Vergleich: Erzeugt man eine Kilowattstunde Strom aus Erdgas, dann entstehen 430 bis 640 Gramm Kohlendioxid, etwa halb so viel wie bei einem Kohlekraftwerk. Dieses günstige Verbrennungsverhalten gilt übrigens auch, wenn Erdgas im Automotor eingesetzt wird. Sind Fahrstrecke und Geschwindigkeit identisch, jagt der Fahrer, der Gas gibt anstatt Benzin, 24 Prozent weniger Kohlendioxid in die Atmosphäre.

Dass man das Erdgas gegenüber Erdöl lange vernachlässigt hat, liegt schlicht daran, dass es viel einfacher ist, eine Flüssigkeit als ein Gas zu transportieren. An vielen Erdöl-Förderstellen hat man früher das Erdgas einfach abgefackelt. Auch heute noch kann man, wenn man bei Nacht aus dem Weltraum auf die Erde blickt, nicht nur hell erleuchtete Städte, sondern auch brennende Erdgasquellen beobachten. Grüne Flecken an den Küsten Nigerias, Nordafrikas, in Saudi-Arabien und Sibirien zeigen, wie fahrlässig wir mit Energieressourcen umgehen, für die wir eines Tages vielleicht dankbar wären. Für das Weltklima sind diese Brandherde übrigens besser, als das Methan einfach in die Umwelt zu entlassen. Denn Methan ist 21-mal so klimaschädlich wie Kohlendioxid – aus jedem Methan-Molekül entstehen bei vollständiger Verbrennung aber nur vier Kohlendioxid-Moleküle.

GAS UND DAMPF

Weniger wegen ihrer Emissionsbilanz als wegen ihrer Flexibilität haben in den letzten Jahrzehnten mit Erdgas betriebene Gas-und-Dampf-Kraftwerke, in der Branche GuD genannt, signifikante Marktanteile gewonnen. Sie heißen so, weil das Erdgas zunächst bei sehr hoher Temperatur in einer Gasturbine verbrannt wird. Das Abgas ist dann immer noch heiß genug, um Wasserdampf zu erzeugen, mit dem weitere Turbinen angetrieben werden.

Eine Gasturbine funktioniert prinzipiell wie der »Düsenantrieb« eines Flugzeugs: Die angesaugte Luft wird zunächst verdichtet und dabei wärmer. Sie strömt mit dem Erdgas in die Brennkammer der Turbine, wo sie sich in Folge der Verbrennung auf Temperaturen von bis zu 1500 Grad Celsius erhitzt. Die sehr heiße und verdichtete Luft dehnt sich aus und bewegt dabei Turbinenschaufeln, die die sich allmählich abkühlende Luft in Richtung Turbinenausgang befördern. Da die Gasturbine im Kraftwerk nicht abheben soll, gibt die Welle, an der die Schaufeln befestigt sind, die Drehbewegung an einen Strom produzierenden Generator weiter. Hinter der Turbine ist das Abgas noch mehr als 600 Grad heiß – das reicht, um ziemlich heißen Dampf zu produzieren, der eine konventionelle Dampfturbine antreibt. Und weil auch die das Wasser nicht auf das ursprüngliche Temperaturniveau zurückbringt, kann man damit sogar noch ein Fernwärmenetz betreiben – wenn man denn Abnehmer in der Nähe hat.

Wenn wir vorher die Temperatur als entscheidenden Parameter für den Wirkungsgrad bezeichnet haben, so müsste klar sein, dass 1500 Grad deutlich besser als 600 oder 700 Grad sind. Und tatsächlich: Gas-und-Dampf-Kraftwerke schlagen Kohlekraftwerke deutlich. Den aktuellen Weltrekord hält das im Frühjahr 2011 in Betrieb genommene Kraftwerk in Irsching mit knapp über 60 Prozent – ohne Fernwärmeauskopplung.

Warum ein GuD-Kraftwerk schneller auf Touren kommt als ein »nur« mit Dampf betriebenes Kohlekraftwerk, kann man herleiten, indem man sein Auto an einem kühlen Wintermorgen startet. Dreht man den Schlüssel herum, springt der Motor sofort an (sofern die Starterbatterie geladen ist) und man kann losfahren. Die Gasturbine in einem Kraftwerk ist eine Verbrennungskraftmaschine wie der Hubkolbenmotor im Fahrzeug, sie liefert mechanische Energie sofort nach dem Zünden. Allerdings wird man im Auto zunächst etwas frieren, weil es einige Minuten dauert, bis das Kühlwasser genug Abwärme vom Motor abbekommen hat, um den Innenraum zu heizen. Ganz ähnlich muss der Dampfkreislauf in einem Kohlekraftwerk erst auf Temperatur kommen. Diese Flexibilität – in Verbindung mit der sehr sauberen Verbrennung – ist es, die erdgasbetriebene Kraftwerke zum idealen fossilen Rückgrat einer grundsätzlich auf »Erneuerbaren« basierenden Energiewirtschaft macht.

500 000 PFERDESTÄRKEN AUS DER NÄHE BETRACHTET

Von weitem sehe ich bereits drei sehr hohe, schlanke, weißrote Schornsteine. Hier bin ich richtig, auch wenn das Dorf Irsching, zehn Kilometer östlich von Ingolstadt an der Donau gelegen, so winzig und unscheinbar ist, dass ein großes Kraftwerk nicht hierherzugehören scheint. Die drei Schornsteine gehören zu den ältesten Kraftwerkblöcken, von denen nur noch einer in Betrieb ist. Ich will Block 4 sehen. Zum Zeitpunkt meines Besuchs befindet er sich noch in der finalen Erprobung. Mein Glück, denn so kann ich einen Blick auf sein Herzstück werfen: die leistungsstärkste und effizienteste Gasturbine der Welt. Auf die Gasturbine kommt es nämlich an, sie liefert etwa zwei Drittel des gesamten Stroms, der Rest kommt aus den nachgelagerten Dampfprozessen.

Für eine technische Prüfung geöffnet, liegt sie halbnackt vor mir, wie ein überdimensioniertes Flugtriebwerk. Dabei ist sie mit 444 Tonnen schwerer als ein unbetankter Airbus A380. Ihre Leistung von mehr als 500 000 PS sieht man ihr nicht an. Unsichtbar bleibt vor allem die Technik, die erst die Gesamteffizienz des Kraftwerks von mehr als 60 Prozent ermöglicht. Beispielsweise wird der Brennstoff auf 215 Grad Celsius vorgeheizt, um eine Verbrennung mit höherer Temperatur zu ermöglichen. Die größte Herausforderung für die Ingenieure war es aber, die Turbinenschaufeln so zu gestalten, dass sie das mehr als 1500 Grad heiße Gas dauerhaft vertragen – und das bei einer Fliehkraft von zehntausendfacher Erdanziehung, die auf die Schaufeln wirkt.

Optimiert wurde die Turbine aber nicht nur auf maximalen Wirkungsgrad bei voller Leistung, sondern auch auf hohe Effizienz im Teillastbetrieb. Daher sind die ersten vier Ringe mit Leitschaufeln, die die Luft vor dem Brennraum verdichten, verstellbar ausgeführt. Die Turbine ist minimal mit etwa 45 Prozent der Volllast zu betreiben, allerdings sinkt dann der Wirkungsgrad auf etwa 35 Prozent. Theoretisch wäre noch weniger möglich, aber bei sehr niedrigen Lasten entsteht der Schadstoff Kohlenmonoxid. Auch dass man in der Turbine Luft statt Dampf zur Kühlung einsetzt, ist der von GuD-Kraftwerken geforderten Flexibilität geschuldet. Sie muss in weniger als einer halben Stunde von null auf ihre Nennleistung fahren können, bei einem Schnellstart sollen 350 Megawatt nach zehn Minuten erreicht sein. Innerhalb einer Minute muss eine Laständerung von 35 Megawatt möglich sein. Die Flexibilität wird auch genutzt, wie der Produktionsleiter erzählt: »Da holt man mal einen Zettel aus dem Büro des Schichtführers, kehrt zwei Minuten später zurück, und die Anlage läuft auf voller Last.« Den wirkungsgradsteigernden Dampfprozess beschreibt er als »Bremsklotz«, denn der ist nur vollflexibel, wenn die gesamte Anlage noch warm ist. Deshalb ist zwischen Gasturbine und Dampfturbine auch eine Kupplung eingebaut, so dass die eine schon mal loslegen kann, während die andere noch auf heißes Wasser wartet.

Wie immer, wenn ein neues technisches Produkt sich bewähren muss, schwitzen die Ingenieure bei der Abnahme im Mai 2011. Der letzte Versuch, bevor das Kraftwerk vom Generalunternehmer Siemens an den Betreiber E.ON übergeben wurde, ergab einen Wirkungsgrad von 60,75 Prozent. So faszinierend dieser Wert ist, so sehr zeigt er doch die Reife der Technik, die große Sprünge nicht mehr erwarten lässt. Denn nebenan, im bereits 2010 fertiggestellten Block 5, in dem zwei konventionelle Gasturbinen ihren Dienst verrichten, wurden bei der Abnahme 59,67 Prozent Wirkungsgrad erzielt. »62 oder vielleicht 63 Prozent sind noch möglich«, sagt Willibald Fischer, der die Rekordturbine entwickelte. Man ist versucht zu sagen: Was bringen schon ein oder zwei Prozentpunkte? Aber ein Prozentpunkt besserer Wirkungsgrad bei allen konventionellen Kraftwerken, das entspricht rechnerisch fünf Prozent der Kohlendioxidemission aus dem Straßenverkehr in Deutschland.

Bei voller Last verbrennt die Irschinger Turbine mehr als 90 000 Kubikmeter Erdgas in der Stunde. Die Verbrennung ist so sauber, dass eine Reinigung des Abgases – etwa von Schwefel – nicht notwendig ist. Kritik am neuen Irschinger Kraftwerk gab es von Umweltschützern trotz der guten Wirkungsgrade. Denn die verbleibende Abwärme wird mangels Abnehmern in der Umgebung nicht genutzt. Stattdessen wird mit dem Wasser der Donau gekühlt.

Immer wieder ist zu lesen, dass GuD-Kraftwerke aufgrund ihrer Flexibilität die optimale Ergänzung zur fluktuierenden Stromerzeugung aus Sonne und Wind seien. Einerseits bestätigt das mein Besuch in Irsching: Sauberer kann man Energie aus fossilen Rohstoffen nicht erzeugen. Und hinsichtlich der Möglichkeit, schnell große Mengen Strom zu erzeugen, werden sie nur von Wasser-Speicherkraftwerken übertroffen. Andererseits zeigt sich auch: Trotz hoher Flexibilität sinkt der Wirkungsgrad im Teillastbereich deutlich, das heißt, der Betrieb wird unwirtschaftlicher und weniger umweltfreundlich. Daraus kann man den Schluss ziehen, dass der Strommarkt in jedem Fall so reguliert werden muss, dass die Vergütung für solchen Reservestrom so hoch ist, dass die Investition in moderne Gaskraftwerke sich lohnt, auch wenn diese nicht auf 5000, sondern vielleicht nur 2000 oder 3000 Volllast-Betriebsstunden im Jahr kommen. Es gibt durchaus Anzeichen, dass sich die finanzstarken Energiekonzerne aus diesem Grund bei den von der Politik gewollten Investitionen in Gaskraftwerke zurückhalten.

PROFITIEREN NUR DIE RUSSEN?

Heute wird das meiste Erdgas über Pipelines transportiert. Anders als wahrgenommen, stammt das meiste Erdgas in Deutschland nicht aus Russland, sondern aus EU-Staaten: 51 Prozent waren es 2010, die Hauptlieferanten hießen Norwegen und Niederlande. Aus dem ehemaligen Zarenreich im Osten kam nur ein Drittel des hierzulande verbrauchten Erdgases. Mit der Zeit dürften sich diese Anteile allerdings in Richtung Osten verschieben, wo immer noch große Felder entdeckt werden. Die neue Pipeline »North Stream« zwischen der Hafenstadt Wiburg und Greifswald erhöht die Transportkapazität für russisches Erdgas um ein Viertel. Eine »South Stream« genannte Ergänzung durch das Schwarze Meer wird diskutiert. Wem unwohl ist angesichts der wachsenden Abhängigkeit von Putin-Russland, auf dem Korruptionsindex von Transparency

International auf Platz 154, der fühlt sich bei den erdgasreichen Alternativen nicht wohler: Aserbaidschan steht auf Platz 134, Turkmenistan auf Platz 172. Die Liste hat übrigens nur 178 Plätze, das Schlusslicht bildet Somalia.

Um die Abhängigkeit von diesen Regionen zu mindern, wird in den USA, aber zunehmend auch in Deutschland intensiv daran gearbeitet, »unkonventionelles« Erdgas zu fördern. Dabei handelt es sich um Erdgas, das, zum Beispiel in Tonschiefergestein, fest eingeschlossen ist. Um es zu befreien, wird Wasser mit hohem Druck von bis zu 1000 bar in die Gesteinsschicht gepresst. Die aufwändige Förderung galt lange als nicht rentabel, deshalb sind auch die Vorkommen außerhalb der USA noch nicht quantifizierbar. Die Bundesanstalt für Geowissenschaften und Rohstoffe geht jedoch davon aus, dass das Potenzial des nicht-konventionellen Erdgases das des konventionellen um ein Vielfaches übersteigt. Immer wieder gab es in den USA Diskussionen über mögliche Trinkwasserverunreinigungen durch das Schiefergas. Das tatsächliche Gefährdungspotenzial vermag ich allerdings nicht abzuschätzen. Auch erschließt sich mir nicht, auf welcher wissenschaftlichen Basis Frankreich Mitte 2011 den Beschluss fasste, die Förderung von Erdgas durch hydraulische Fraktionierung des Gesteins auf seinem Staatsgebiet völlig zu verbieten.

Zunehmend verflüssigt man Erdgas aber auch – bei minus 164 Grad –, um es per Schiff von abgelegenen Orten an die Verbrauchszentren dieser Welt zu befördern. Das ultra-tiefgekühlte Erdgas schrumpft im Volumen auf ein Sechshundertstel, so dass sich der mit der Kühlung verbundene energetische Aufwand lohnt. Bereits ein Viertel des weltweit geförderten Erdgases wird als LNG (Liquid Natural Gas) verkauft, das meiste davon stammt aus Katar, Nigeria und Ägypten.

Ganz einfach ist das Betanken und Löschen von LNG-Tankschiffen allerdings nicht. Daher arbeiten Wissenschaftler seit längerem daran, Methan direkt vor Ort in Flüssigkraftstoffe zu verwandeln. Damit dies gelingen kann, braucht man geeignete Katalysatoren. Nachgewiesenermaßen tauglich ist der Periana-Prozess, benannt nach dem Chemiker Roy Periana, bei dem Platin als Katalysator verwendet wird – allerdings nicht als Feststoff, sondern gelöst in Oleum. Was fast nach einer Marke für edles Olivenöl klingt, ist in Wirklichkeit eine Lösung von Schwefeltrioxid in Schwefelsäure. »Selbst für einen Chemiker ist es eine unangenehme Situation, mit so etwas arbeiten zu müssen«, gibt Ferdi Schüth zu. An seinem Max-Planck-Institut ist es immerhin gelungen, das Platin in einen

Kunststoff fest einzubetten und den Prozess deutlich zu beschleunigen.

Wo große Mengen Methan zur Verfügung stehen und eine direkte großtechnische Verarbeitung kein Problem darstellt, eignet sich der Fischer-Tropsch-Prozess, um Kraftstoffe direkt aus Erdgas herzustellen. Die Herren Fischer und Tropsch hatten wir im Kapitel über die Biomassenutzung bereits kennengelernt. Ihre Erfindung ist gemeint, wenn in Zeiten des globalen Business-Pidgin-Denglisch von »Gas to liquid« oder GTL die Rede ist. Die größte GTL-Anlage steht in Katar und produziert 140 000 Fass Diesel und Kerosin am Tag. Allerdings muss bei diesem Prozess das Methan zuvor in Kohlenmonoxid und Wasserstoff zerlegt werden, damit das für den Fischer-Tropsch-Prozess benötigte Synthesegas entsteht. Durch die zwei Umwandlungsschritte geht natürlich Energie verloren, so dass, wo immer möglich, das Erdgas besser direkt als Treibstoff eingesetzt werden sollte.

DIE UNERSCHLOSSENE QUELLE: METHANHYDRATE

Methan ist aber nicht immer als Gas unter der Erde versteckt, sondern in gewaltigen Mengen als Methanhydrat auf dem Meeresgrund und im Permafrostboden. Dieser Feststoff – eine Art Eis – bildet sich bei mehr als 20-fachem Luftdruck und bestimmten Temperaturen aus Wasser und Methan. Das Methan ist hierbei 164-mal so hoch konzentriert wie in Erdgas. Noch wird Methanhydrat, 1972 erstmals auf dem Boden des Schwarzen Meeres entdeckt, nirgends kommerziell gefördert. Sollte normales Erdgas eines Tages zur Neige gehen, ohne dass genügend regenerative Alternativen zur Verfügung stehen, könnte die Menschheit aber darauf zurückgreifen. Es gibt Schätzungen, dass in den Methanhydrat-Vorkommen doppelt so viel Energie gespeichert ist wie in allen Erdöl-, Erdgas- und Kohlevorkommen weltweit. Und selbst konservative Schätzungen gehen davon aus, dass in Methanhydrat mehr Energie gebunden ist als im gesamten noch verfügbaren Erdgas.

Interessanterweise ist ein Hydrat aus Kohlendioxid chemisch stabiler als eines aus Methan. Daher wäre es eventuell möglich, Kohlendioxid – zum Beispiel aus Kraftwerken – in die Methanhydrat-Lagerstätten ein- und gleichzeitig das Methan herauszupressen.

Zukunftsmusik, klar, aber auch eine weitere Chance: relativ lang verfügbar, relativ saubere Verbrennung, relativ flexibel zu betreiben. Hinzu kommt, dass Erdgas in allen drei großen Verbrauchssektoren eingesetzt werden kann: Gaskraftwerke erzeugen Strom, Häuser kann man mit Gas beheizen und Autos mit Gas oder aus Gas erzeugten Kraftstoffen betanken.

Tatsächlich spricht fast alles dafür, den Übergang zu einer von fossilen Rohstoffen unabhängigen Energiewirtschaft mit der neuen Brückentechnologie Erdgas abzufedern. Weltweit wird sie aber vermutlich die ebenfalls als Brückentechnologie gedachte Kernenergie aus Kostengründen nicht eins zu eins ablösen. Dabei ist allerdings zu berücksichtigen, dass sich Preise im Energiesektor fast immer aus den Herstellkosten und den politisch erwirkten Subventionen oder Steuern zusammensetzen – anders ausgedrückt: Was Erdgas relativ zu anderen Energieträgern kostet, ist politisch gestaltbar.

DIE KERNENERGIE: HAUPTSACHE OHNE KOHLENDIOXID?

»Die entfesselte Macht des Atoms hat alles verändert,
nur nicht unsere Denkweise.«

Albert Einstein

Werden meine Kinder den Einstein zugeschriebenen Satz aus dem Motto noch verstehen? Sie wachsen am Beginn des 21. Jahrhunderts unter anderen Bedingungen auf als die meisten heute lebenden Menschen. Ein mit Atomwaffen geführter Krieg, der ganz Europa vernichten könnte, wird ihnen hoffentlich als unwirklich erscheinen. Ebenso wenig wie eine solche Bedrohung werden sie die Argumente verstehen, die beim ersten deutschen Atomausstieg unter rot-grüner Regie vorgebracht wurden. Denn natürlich werden die Lichter in Deutschland nicht ausgegangen sein, vielleicht gibt es einzelne großflächige Stromausfälle, aber die werden eine starke Volkswirtschaft nicht in den Untergang zwingen. Die Emotionalität, mit der seit den siebziger Jahren gegen Atomkraftwerke, Wiederaufbereitungsanlagen, Castor-Transporte, Endlager demonstriert wurde – alles Vergangenheit ohne große Folgen. Ohne Fukushima wäre es aus Sicht meiner Kinder vermutlich gar nicht so anders gekommen. Denn Anlagen, die in den siebziger und achtziger Jahren des letzten Jahrhunderts gebaut wurden, hätte man sowieso in den kommenden Jahrzehnten abschalten müssen, so wie irgendwann jede Waschmaschine, jedes Auto, schlicht jeder von Menschenhand gemachte Gegenstand das Ende seiner Lebenszeit erreicht und zuvor fehleranfälliger wird. Und für einen Neubau von Kernkraftwerken wäre in Deutschland mit hoher Wahrscheinlichkeit keine Akzeptanz vorhanden gewesen.

Bereits beim Aufbruch zu unserer Reise habe ich betont, dass die Kernenergie keinen sehr großen Beitrag zur Weltenergieversorgung leistet. Man könnte auch formulieren: Die Frage nach der Kernkraft ist schlichtweg überbewertet. Das einzige Argument, das in den letzten Jahren in der Debatte neu und spannend war, ist die gute Klimabilanz von Kernkraftwerken, die sogar ehemals erbitterte Gegner wie den amerikanischen Umweltaktivisten Steward Brand zu Befürwortern gemacht hat. In der Tat können Kernkraftwerke hier einen Beitrag leisten, allerdings ebenfalls nicht die Welt retten. Hätten wir im Jahr 2050 weltweit 1000 Kernkraftwerke am Netz, so eine MIT-Studie, die entsprechende Kohlekraftwerke ersetzen, dann würde die Welt 1,8 Milliarden Tonnen Kohlendioxid pro Jahr weniger ausstoßen. Anders ausgedrückt: Da die heutigen Kraftwerke bis dahin nahezu alle das Ende ihrer Lebenszeit erreichen, müssten wir jedes Jahr zwei bis drei Kernkraftwerke neu bauen, um damit sieben Prozent der heutigen Emissionen einzusparen. Technisch ist das machbar.

Daher lohnt es sich, einige einfache Fragen zu stellen, bevor wir diese Energieform endgültig zu den Akten legen: Wäre es möglich, so etwas wie absolut sichere Kernkraftwerke zu bauen? Und wie sollte dann mit der Entsorgung der strahlenden Abfälle umgegangen werden?

MATERIE WIRD ENERGIE

Beginnen will ich aber mit einer ganz anderen Frage: Warum sind heutige Kernkraftwerke überhaupt gefährlicher als Kohlekraftwerke? Die kurze Antwort lautet: Weil man sie nicht einfach abstellen kann. Die längere Version kann man mit dem Unterschied zwischen einem Gasherd und einem Kernkraftwerk erläutern. Wer seine Pastasoße auf dem Gasherd vergisst, der wird irgendwann riechen, dass sie anbrennt, zum Herd eilen, den Drehhebel auf null stellen. Die Soße ist zwar futsch, aber da der Nachschub an Brennstoff fehlt, ist jede weitere Gefahr gebannt. Und selbst wenn wir das verbleibende Restrisiko betrachten (niemand ist zu Hause und es beginnt in der Wohnung zu brennen), so können Feuerwehr und Stadtwerke einen Unfall schnell in den Griff bekommen, indem sie die Gaszufuhr abstellen und das vom Energienachschub abgeschnittene Feuer löschen. Im Wesen jeder Verbrennung liegt es, dass sie erlischt, sobald der Brennstoff fehlt.

Auch bei Kernkraftwerken reden wir von Brennstäben. Irrtümlich, denn in Kernkraftwerken brennt (hoffentlich) gar nichts. Es wird nämlich nicht chemische Energie in thermische umgesetzt, sondern die Kernkraft genutzt. Sie beruht auf einem seltsamen physikalischen Phänomen: Wiegt man einen Atomkern, so ist er leichter als das Gewicht all seiner einzelnen Bestandteile zusammengenommen. Physiker sprechen von einem Massendefekt. Da Masse nicht einfach verschwindet, muss beim Zusammenschluss der Protonen und Neutronen zu einem Atomkern ein Teil der Masse zu Energie geworden sein. (Wer jetzt an Einstein denkt, liegt übrigens richtig.)

Nun ist der Massendefekt nicht für alle Atome gleich groß. Den größten Massendefekt weisen Eisen- und Nickelatome auf, die aus etwa 60 Kernbausteinen bestehen. Um sie aufzuspalten, benötigt man besonders viel Energie. Sehr schwere Atomkerne hingegen, beispielsweise von Uran, je nach Bauart mit 232 und mehr Kernbausteinen ausgestattet, haben von Natur aus einen geringen Massendefekt und lassen sich leicht spalten. Bei der Spaltung entstehen zwei kleinere Atome, die in Summe einen höheren Massendefekt aufweisen als das Ausgangsmaterial, es ist also ein größerer Teil der Masse als Energie freigesetzt worden. Diese zusätzlich frei werdende Energie ist jene, die in Kernkraftwerken technisch genutzt wird. Denn die Energie ist nicht irgendwo, sondern sie beschleunigt die Teilchen, die bei einer Kernspaltung entstehen. Die Teilchenbewegung wird indirekt an die Wassermoleküle eines Kühlkreislaufs weitergegeben, die sich erhitzen und verdampfen. Der Wasserdampf erzeugt dann mit Hilfe einer Turbine Strom, genauso wie in einem Kohlekraftwerk.

So weit, so gut. Aber was hat das alles mit der Abschaltbarkeit zu tun? Bei der Spaltung des in vielen Kernkraftwerken verwendeten Uran-Isotops 235 entstehen nicht nur zwei neue, kleinere Atome, sondern auch einzelne Neutronen (in der Regel drei) sowie einige andere Tierchen aus dem bunten Zoo der Teilchenphysiker. Die Neutronen sind in der Lage, die Kerne weiterer Uranatome zu spalten, wenn sie auf diese treffen. Man spricht von einer Kettenreaktion, die, einmal in Gang gekommen, theoretisch erst vollständig zum Erliegen kommt, wenn der sich im Reaktor befindende Brennstoff komplett verbraucht ist. Und tatsächlich: In einem Kilo Uran steckt so viel Energie wie in 2,7 Millionen Tonnen Steinkohle. Die übersteigerten Hoffnungen, mit denen man in den fünfziger und sechziger Jahren in die friedliche Nutzung der Kernkraft investierte, gründeten genau auf dieser Energiedichte. Eine Kettenreaktion mit hoher Energiefreisetzung, das bedeutet allerdings: Die natürliche Reaktion würde immer zur Kernschmelze führen. Erst zusätzliche Technik, nämlich permanente Wärmeabfuhr in Form von Kühlung, ermöglicht den sicheren Betrieb. Und weitere Technik, die Steuerstäbe, ermöglicht zwar nicht das Abschalten, aber doch die Verlangsamung der Kettenreaktion. Hier genau liegt das erhöhte Gefahrenpotenzial von Kernkraftwerken: Fällt die Technik zur Beherrschung der Technik aus, wird sie unbeherrschbar. Ein Freund, Professor für Regelungstechnik, formulierte das einmal so: »Es ist, als ob man einen Löffel mit seinem Stiel frei auf den Tisch stellt. Wenn man permanent mit den Fingerspitzen nachregelt, dann fällt er nicht um. Wehe aber, man passt einen Moment nicht auf.«

DIE DRITTE GENERATION

In Fukushima ist der Löffel umgefallen, mit allen Folgen, die das für die Nutz- und Bewohnbarkeit eines großen Gebietes auf der japanischen Hauptinsel Honshu hat. Natürlich gibt es technische Unterschiede zwischen dem havarierten Kernkraftwerk Fukushima Daiichi und den in Deutschland noch betriebenen Anlagen. Wesentliche Eckpunkte sind das gestaffelte Sicherheitskonzept, der bessere Schutz der Notstromversorgung und Einrichtungen, die die Ansammlung von explosivem Wasserstoff verhindern sollen. Daher ist es auch nicht verwunderlich, dass die Reaktorsicherheitskommission nach dem sogenannten Stresstest zu dem Ergebnis kommt, dass »hinsichtlich der Stromversorgung und der Berücksichtigung externer Überflutungsereignisse für deutsche Anlagen eine höhere Vorsorge festzustellen ist.« Das Wort »sogenannt« verwende ich bewusst, weil ein guter Teil des Gutachtens darin besteht, zu schildern, welche Ergebnisse nicht oder nicht vergleichbar vorliegen. Für eine ernstzunehmende Sicherheitsüberprüfung hinsichtlich außergewöhnlicher Ereignisse hätte die Kommission deutlich mehr Zeit benötigt, die ihr die Politik aus Angst vor den nächsten Wahlkämpfen nicht zugestanden hat.

Nicht zu bestreiten ist aber, dass sie zur selben Generation von Kernkraftwerken gehören, die international die zweite Generation genannt wird. Die drei großen Hersteller von Kernkraftwerken, Areva, General Electric und Toshiba, arbeiten mittlerweile alle an einer dritten Generation, die eine deutlich erhöhte Sicherheit bieten soll. Teilweise befinden sich diese Anlagen bereits im Bau. Zum Beispiel der Europäische Druckwasserreaktor EPR, dessen erstes Exemplar 2012 auf der finnischen Halbinsel Olkiluoto in Betrieb gehen soll. Fast zeitgleich war die Erweiterung des französischen

Kernkraftwerks Flamanville am Ärmelkanal um einen EPR-Reaktor geplant. Im Juli 2011 gab der Betreiber EDF in einer nur auf Französisch veröffentlichten Pressemitteilung bekannt, dass mit der Stromproduktion erst 2016 gerechnet werden könne. Wie es scheint, bereitet bei dem direkt am Meer gebauten Kraftwerk die Sicherheit bei Überschwemmungen Sorgen, die erst seit Fukushima richtig ins Bewusstsein der Konstrukteure gelangt ist.

Die höhere Sicherheit der dritten Kraftwerksgeneration basiert im Wesentlichen darauf, dass sämtliche Systeme, die für Kühlung und Stromversorgung benötigt werden, mehrfach vorhanden sind und voneinander völlig unabhängig arbeiten. Außerdem ist für den Fall einer Kernschmelze bereits vorgesorgt: Unterhalb des Reaktors befindet sich ein Auffangbecken, in das der geschmolzene Kern abfließen kann. Ansonsten unterscheidet sich die Technik des ERP nicht grundlegend von heutigen Druckwasserreaktoren. Ich habe keinerlei Zweifel daran, dass ein solches Kraftwerk sicherer als die der zweiten Generation ist, aber man muss konstatieren, dass das Betriebsprinzip das gleiche ist: Mit großem technischen Aufwand wird versucht, den Zustand zu verhindern, den das System von sich aus annehmen würde: die Kernschmelze und damit die Zerstörung des Kraftwerks. Grundsätzlich sicher, das sieht anders aus.

DIE VIERTE GENERATION – INHÄRENT SICHER?

Ob aus solchen Überlegungen heraus oder aus politischer Motivation: Seit Anfang des 21. Jahrhunderts läuft ein internationales Forschungsprogramm, das die Entwicklung eines inhärent sicheren Kernreaktors zum Ziel hat. Eines Reaktors also, in dem ein GAU tatsächlich auszuschließen ist. Wie aber soll das vor dem Hintergrund des zuvor erläuterten Mechanismus überhaupt möglich sein?

Um dieser Frage nachzugehen, besuche ich, drei Monate vor dem Unglück in Fukushima, Professor Thomas Schulenberg, der das Kern- und Energietechnische Institut in Karlsruhe leitet. Dass es sich nicht um irgendein Institut einer Universität handelt, ahnt sofort, wer den Standort in Eggenstein-Leopoldshafen besucht. Wenige Kilometer von der Rheintalautobahn entfernt, mitten im Wald, komme ich an eine Pforte, an der ich den Personalausweis abgeben muss. Vom Pförtner bekomme ich einen Lageplan, er zeichnet mir den Weg zu meinem Gesprächspartner ein. Früher, als hier das führende kerntechnische Forschungsinstitut der Bundesrepublik stand, wäre es freilich undenkbar gewesen, dass ich mich frei auf dem riesigen Gelände bewege. Ich parke direkt vor dem Institutsgebäude, traurig wirkt es mit seiner unrenovierten Fassade an diesem nasskalten Dezembertag. Auch im Gebäude kann ich mich frei bewegen, auf der Suche nach Schulenbergs Büro verlaufe ich mich zweimal. Als ich in seinem Sekretariat stehe, fällt mir an der Pinnwand sofort ein Zettel mit einem Merkspruch auf: »Journalistenanfragen: Weiterleiten an Pressestelle«.

Schulenberg ist ein nüchterner, hagerer, freundlicher Mann, der sich viel Zeit nimmt. Nur die Weihnachtsfeier für seine Mitarbeiter, die müsse er heute Nachmittag wahrnehmen. Gleich zu Beginn unseres Gesprächs wird deutlich, dass seine Vita die Entwicklung der Kerntechnik in Deutschland spiegelt: Als promovierter Kernphysiker fand er nach dem GAU in Tschernobyl keinen Job auf seinem Fachgebiet. Also entwickelte er Gas- und Dampfkraftwerke für ein großes deutsches Unternehmen. Im Jahr 2000 berief man ihn nach Karlsruhe, eigentlich, um zwei kerntechnische Institute in konventionelle Kraftwerktechnik zu überführen. »Im ersten Jahr habe ich festgestellt: Das wäre unverantwortlich gewesen, wir sind fast die Letzten, die sich noch wissenschaftlich mit Kerntechnik beschäftigen.« Die Ausbildung von Kerntechnikern, die weltweit benötigt werden, wo Kernkraftwerke betrieben oder sogar nur rückgebaut werden, sieht er als Kernaufgabe.

Um junge Menschen für die umstrittene Technik begeistern zu können, setzte Schulenberg einen neuen Forschungsschwerpunkt auf der vierten Generation von Kernkraftwerken. Der Begriff »Generation IV« meint eine internationale Forschungsinitiative, die im Jahr 2000 vom US-Energieministerium ins Leben gerufen wurde. In Schwung kam die Bewegung vor allem durch den Terrorangriff auf das World Trade Center am 11. September 2001. Eine Renaissance der Nukleartechnik versprach größere Unabhängigkeit. Die Entspannungspolitik war so weit gediehen, dass sich auf Initiative der Präsidenten George Bush und Vladimir Putin im Sommer 2002 führende Wissenschaftler beider Länder in Moskau trafen, um Forschungsschwerpunkte für die Zukunft zu identifizieren. Höchste Priorität habe es, so steht es im Abschlussdokument, dafür zu sorgen, dass Kernkraftwerke nicht dazu beitragen, Terroristen mit Atomwaffen auszustatten. Heute sind insgesamt zwölf Staaten, darunter China und Russland, Mitglieder der Initiative. Deutschland ist ebenfalls an Bord, wenn auch indirekt und daher weitgehend unbemerkt. Denn die Atomforschung wird in der Europäischen Union von der gemeinschaftlich finanzierten Behörde Euratom koordiniert. Die Ziele sind ehrgeizig: Bis 2030 will man Kernkraftwerke zur kommerziellen Reife entwickeln, die alle Probleme dieser Technik minimieren oder ausmerzen. Die Kraftwerke sollen so sicher sein, dass Schutzmaßnahmen außerhalb der Gebäude unnötig werden. Halbwertszeiten und die Toxizität der Abfälle sollen signifikant reduziert werden. Auch will man die Entwendung und Weiterverwendung spaltbaren Materials deutlich erschweren. Um das geeignete technische Konzept zu finden, wurden von einer international besetzten Kommission mehr als 100 Ideen gesichtet und bewertet. Sechs Konzepte überlebten den Auswahlprozess und werden nun international erforscht. Unterscheiden lassen sich die Systeme am einfachsten anhand der zur Kühlung eingesetzten Medien. Darüber hinaus unterscheiden sie sich wesentlich durch die eingesetzten Brennstoffe und das Reaktorkonzept.

In Karlsruhe wird schwerpunktmäßig das Konzept des wassergekühlten Reaktors mit überkritischen Dampfzuständen verfolgt. »Überkritisch« klingt nicht gerade vertrauenserweckend. Gemeint ist aber nicht »knapp am GAU vorbei«, sondern ein Fachbegriff der Thermodynamik. Erhöht man Druck und Temperatur bei Wasserdampf immer weiter, dann verschwinden bei mehr als 374 Grad Celsius und 221 bar die Grenzen zwischen gasförmiger und flüssiger Phase, die eigentlich den Dampf charakterisieren. Das entstehende Gas führt die Wärme aus dem Reaktor ab und treibt die Turbine direkt an. Das Konzept ist heutigen Siedewasserreaktoren recht ähnlich, die Vorteile liegen vor allem im deutlich höheren thermischen Wirkungsgrad und im geringeren Kühlwasserbedarf (da mit der gleichen Menge Wasser mehr Wärme abgeführt werden kann).

Einige der Generation-IV-Konzepte sind schnelle Reaktoren, im Volksmund auch »schnelle Brüter« genannt. Sie heißen so, weil die meisten Neutronen, die bei jeder Kernspaltung neu entstehen, eigentlich viel zu schnell sind und künstlich abgebremst werden müssen, um weitere Uran-235-Atome zu spalten. Die Kerntechniker sprechen von Moderation, wenn sie aus schnellen Neutronen langsame machen. Trifft das Neutron mit hoher Geschwindigkeit auf ein Uran-238-Atom, den Hauptbestandteil des Kernbrennstabes, so wird es wahrscheinlich absorbiert und ist dann Teil eines neuen Atoms: Plutonium-239. Dieses Material, gefürchtet und genutzt wegen seiner hohen Energiedichte, dient schnellen Reaktoren wieder als Brennstoff. Sie erbrüten also ihren Brennstoff selbst und verlängern die Reichweite des Natururans um etwa den Faktor 60, so dass für die kommenden Jahrhunderte keinerlei Knappheit zu befürchten wäre.

Wirklich neu ist die Idee des schnellen Brüters allerdings nicht:

Was innerhalb des Generation-IV-Programms als zukünftiger natriumgekühlter Reaktor verkauft wird, erinnert sehr an Projekte aus den siebziger Jahren, vor allem an den sieben Milliarden teuren Reaktor in Kalkar, der zwar 1985 fertiggestellt, aber nie in Betrieb genommen wurde. Ins Aus geschickt wurde er, weil sich niemand der technischen und der politischen Risiken aussetzen wollte, die ein konsequenter Aufbau einer Plutonium-Wirtschaft bedeutet hätte. Auch in Karlsruhe gab es einen Forschungsreaktor, der seit 1991 stillgelegt ist. Der Rückbau läuft noch. »Wenn wir das noch stehen hätten, wäre das Generation vier«, bestätigt Schulenberg. Verfolgt wird das Konzept heute von einem japanischen Hersteller, der damit sehr kleine Kraftwerke in entlegenen Gegenden wie Alaska bauen will. Als nukleare Batterie soll ein Natrium-Reaktor mit 20 Megawatt Leistung wartungsfrei und ohne Betriebspersonal laufen.

In schnellen Reaktoren kann man Wasser nicht als Kühlmittel einsetzen, es würde Neutronen zu stark abbremsen. Deshalb kommt zum Beispiel Natrium zum Einsatz: ein Metall, das bereits bei 98 Grad Celsius schmilzt. Und Wärme sehr gut aufnehmen kann. Eigentlich ein perfektes Kühlmittel für heiße Anlagen. Wenn es nicht so hoch reaktiv wäre. Käme es bei mehr als 500 Grad Celsius mit Luft in Berührung, würde es spontan zu brennen anfangen. Im Forschungskraftwerk Phénix in der Nähe von Avignon soll es 33-mal gebrannt haben, glücklicherweise ohne Folgen. Die Forscher beschäftigen sich daher insbesondere mit der Frage, wie man Reparaturen und Inspektionen vermeiden kann – denn einfach aufmachen funktioniert ja nicht, sonst käme das Natrium mit Luft in Berührung. Alternativ werden bei der vierten Generation blei- und heliumgekühlte schnelle Reaktoren untersucht.

Blei hat nicht nur den Vorteil, dass es nicht brennbar ist, es weist darüber hinaus eine hohe thermische Trägheit auf – sprich, es erhitzt sich nur langsam, falls die Kühlung ausfällt. Bleigekühlte Reaktoren sind ebenfalls nichts grundsätzlich Neues, sie wurden im 20. Jahrhundert in russischen U-Booten verbaut. Kein Wunder also, dass russische Wissenschaftler heute wieder an diesem Konzept arbeiten. Bislang werden Blei-Wismuth-Verbindungen als Kühlmittel genutzt, künftig soll auf Basis von reinem Blei gearbeitet werden. Auch hier besteht die Idee, einen langzeitstabilen Reaktorkern als »Batterie« zu bauen, der Austausch von Brennstäben ist nicht vorgesehen. Ein wesentliches Problem bei Blei ist allerdings, dass es gegenüber Stahl korrosiv wirkt.

Auch die gasgekühlten Reaktoren, die in der Generation-IV-Initiative als Zukunftskraftwerke gehandelt werden, sind aus deutscher

Sicht gute alte Bekannte: Der nach nur sechsjährigem Betrieb abgeschaltete Kugelhaufenreaktor in Hamm-Uentrop kühlte mit Helium. Die von dem deutschen Physiker Rudolf Schulten erdachte Bauform galt einst als revolutionär: Als Brennstoff wird Thorium eingesetzt, das in der Natur deutlich häufiger vorkommt als Uran. Verpackt in tennisballgroße Graphitkugeln, durchläuft der Brennstoff den Reaktor portionsweise. Im Reaktor befinden sich mehr als 600 000 Brennstoffkugeln, von denen jeden Tag etwa 600 ausgetauscht werden. Eine Kernschmelze ist auszuschließen. Das Edelgas Helium lässt sich sehr hoch erhitzen und erhöht den thermischen Wirkungsgrad des Kraftwerks gegenüber Leichtwasserreaktoren um 50 Prozent. Leider zeigte sich in der Praxis, dass auch dieses Reaktorkonzept Probleme mit sich brachte. So wurden die im Reaktorkern gehäuften Kugeln weitaus öfter mechanisch beschädigt als vorausberechnet. Als am 4. Mai 1986, wenige Tage nach Tschernobyl, eine geringe Menge Radioaktivität austrat, wurde das Ende des Konzepts eingeleitet. »Was den Störfall zum Skandal machte, war der Versuch des Betriebs, alles zu vertuschen«, schrieb der Spiegel. 1989 kam das endgültige Aus in Deutschland. Südafrika hatte im vergangenen Jahrzehnt das Konzept weiterentwickelt, aber schließlich eingestellt. Am aktivsten scheint man das Kugelhaufenprinzip in China zu verfolgen, dort wird zumindest ein Forschungsreaktor betrieben.

Die Forschung an der vierten Generation greift das Grundkonzept des Helium-Hochtemperaturreaktors in zwei Varianten wieder auf, die beide als Kugelhaufenreaktoren ausgeführt werden können, aber nicht müssen. Angedacht ist ein schneller Reaktor, der nicht mehr mit Thorium, sondern mit Uran und Plutonium arbeitet. Und außerdem ein Höchsttemperaturreaktor, bei dem das Helium auf mehr als 1000 Grad Celsius erhitzt wird. Der Höchsttemperaturreaktor könnte Wasserstoff aus Wärme statt aus Strom herstellen. Allerdings: Eine Wasserstoffproduktionsanlage ist per se hochgradig explosionsgefährdet – ob es da Sinn macht, sie direkt neben ein Kernkraftwerk zu stellen?

Bleiben noch die Salzschmelze-Reaktoren, das letzte der sechs Konzepte. Die Idee stammt aus den fünfziger Jahren: Man wollte sie als Antriebsquelle in Flugzeugen einsetzen, die damit beliebig lange in der Luft bleiben sollten. »Gott sei Dank hat man das nie gebaut«, sagt sogar Schulenberg. Der Brennstoff wird bei diesem Konzept einem Gemisch aus flüssigen Fluorverbindungen beigefügt, das gleichzeitig als Kühlmittel dient. Damit der Reaktor weiterarbeitet, muss dem Kühlmittel ständig neues Uran- oder Plutoniumfluorid zugeführt werden. Die Spaltprodukte werden anschließend elektrolytisch aus der Salzschmelze wieder entfernt. Dieser Reaktortyp ist damit »inhärent« sicher, wie es die Kerntechniker ausdrücken, wenn eine Kernschmelze nicht stattfinden kann. So spannend das Konzept sein mag, es gibt auch ungelöste Probleme. Salzverbindungen sind sehr korrosiv. Und daran gearbeitet wird nur von kleinen Gruppen im universitären Rahmen.

Nach Meinung von Schulenberg könnten Reaktoren der vierten Generation schon vor 2030 gebaut werden. Insbesondere natriumgekühlte Anlagen und der Kugelhaufenreaktor wären schneller zu realisieren. Aber der Markt verlange heute Druckwasserreaktoren. Ein wesentlicher Grund für die Zurückhaltung der Betreiber dürfte das verbleibende wirtschaftliche Risiko sein: Eine Anlage mit neuer Technik, selbst wenn sie sicherer wäre, genehmigt zu bekommen, ist schwieriger, als einen Siedewasserreaktor zu bauen. Und der produziert auf jeden Fall Strom. Was also könnte der Anreiz für ein betriebswirtschaftlich denkendes Unternehmen sein, um auf neue Konzepte zu setzen? Der einzige Grund, warum die Betreiber von Kohle- und Gaskraftwerken auf immer effizientere Technik gesetzt haben, sind die steigenden Brennstoffkosten, die bei einem Gaskraftwerk zwei Drittel der Gesamtkosten ausmachen. Uran ist hingegen ein billiger Rohstoff, der in der Gesamtkalkulation eines Kernkraftwerks keine Rolle spielt. Eine Verknappung mag in 70 Jahren zu erwarten sein, aber vorläufig verharrt der Preis auf dem Niveau der achtziger Jahre.

Ist denn die vierte Generation nun sicherer als die heutige? »Das würde ich nicht unterschreiben«, sagt Schulenberg. »Da ist viel Neuland dabei, und die Gefahr, dass etwas schiefgeht, besteht immer bei etwas Neuen.« Dies gälte insbesondere für den gasgekühlten, schnellen Reaktor. In Summe bin ich enttäuscht – ich hatte erwartet, technisch völlig neue Konzepte für das Kernkraftwerk der Zukunft zu sehen. »Bei der vierten Generation ist nichts dabei, wo wir sagen können: Das ist so klasse, da können wir die gesamte zweite und dritte Generation vergessen«, sagt auch Schulenberg. Wenn man meine Eingangsthese teilt, dass ein Reaktor nur dann wirklich sicher ist, wenn er nicht schmelzen kann, dann sind die meisten der Generation-IV-Reaktoren nicht absolut sicher. Allein der Kugelhaufenreaktor und der Salzschmelze-Reaktor erfüllen diese Voraussetzung. Und für den Kugelhaufenreaktor hat ausgerechnet das Forschungszentrum Jülich, das ihn einst entwickelte, berechnet, dass es auch ohne Kernschmelze bei einem Totalausfall der Kühlung zu massiver Freisetzung von Radioaktivität kommen kann.

Von der Politik nicht unterstützt, von der Wirtschaft nicht hartnäckig vorangetrieben: Die Forschung an der vierten Generation läuft in Deutschland auf Sparflamme. »Ein paar Dutzend Leute sind das vielleicht«, so Schulenberg. »In Frankreich sind es mindestens zehn Mal so viele.« Direkt neben seinem Institut steht jetzt die Pyrolyse-Versuchsanlage, die für die Biokraftstoffherstellung mit dem Bioliq-Verfahren genutzt wird.

SICHER ODER ABSOLUT SICHER?

Je länger ich recherchiere, je mehr ich lese, desto sicherer werde ich in meinem Urteil: Extrem gefährlich sind Kernkraftwerke nicht. Es sterben nachweislich viel mehr Menschen bei der Gewinnung und an den Folgen der Nutzung fossiler Rohstoffe. Aber es ist wohl auch wahr, dass es beim Einsatz keiner Technologie *absolute* Sicherheit gibt. Schon gar nicht bei einem Prozess, der auf einer Kettenreaktion in einem nuklearen Reaktor beruht. Der Unterschied zwischen einem Verkehrsunfall, so verheerend er sein mag, und einem havarierten Kernkraftwerk ist vor allem die langfristige und großflächige Verseuchung von Orten. Sie geht in Fukushima weit über das hinaus, was wir beim Unfall der Ölplattform Deepwater Horizon im Golf von Mexiko erlebt (und mal ehrlich: fast schon vergessen) haben. Insofern ist es verständlich, wenn die Technikhistorikerin Martina Heßler in der FAZ schreibt: »Tschernobyl und Fukushima stellen eine Zäsur in der Geschichte technischer Kulturen dar.«

WAS UNS BLEIBT

Kernkraftwerke werden heute vor allem unter dem Aspekt ihrer Betriebssicherheit diskutiert. Ein weiterer problematischer Aspekt der Kernenergie ist aber der radioaktive Abfall, der bei ihrem Betrieb entsteht. Nun ist ein »abgebrannter« Kernbrennstab aus energetischer Sicht keinesfalls wertlos. Nicht einmal fünf Prozent des Materials werden nämlich im Kraftwerk genutzt. Völlig logisch eigentlich, dass man sehr früh auf die Idee gekommen ist, solche Brennstäbe zu recyceln, sprich »wiederaufzubereiten«. Wobei die Intention sicher zunächst nicht die Energiegewinnung war, zumal Uran ein billiger Rohstoff ist. Am Ende ihres Einsatzes enthalten die Brennstäbe etwa zwei Prozent Plutonium, das man zu Zeiten des kalten Krieges benötigte, um Atomwaffen damit zu bestücken, und das grundsätzlich auch als Brennstoff einzusetzen ist. Die Forschung arbeitet heute daran, neben Plutonium und Uran auch andere Reststoffe aus den Brennstäben wiederaufzubereiten, so dass nur Spaltprodukte übrig bleiben, die innerhalb weniger Jahrhunderte zerfallen.

Freilich machen solche Konzepte nur so lange Sinn, wie eine Gesellschaft sich grundsätzlich für eine weitere Nutzung der Kernkraft entscheidet. Schon vor dem Ausstieg aus dem Ausstieg aus dem Ausstieg hatte sich Deutschland gegen die Wiederaufbereitung von Atommüll entschieden. Es war keine demokratische, etwa per Volksentscheid gefällte Entscheidung, die Wiederaufbereitungsanlage in Wackersdorf nicht zu bauen – und dennoch schien sie dem Willen der Bevölkerung zu entsprechen. Damit verbleiben genau zwei Möglichkeiten, mit dem existierenden Atommüll umzugehen: Man kann ihn lagern. (Ich vermeide den Begriff Endlagerung, denn es ist nicht auszuschließen, dass künftige Generationen den an sich unvollständig genutzten Energierohstoff eines Tages doch zu nutzen wissen.) Oder man kann ihn so verändern, dass er seine Gefährlichkeit weitgehend verliert. Diese noch wenig diskutierte Möglichkeit, genannt Transmutation, ist mittlerweile ein konkretes Forschungsprojekt, das am belgischen Institut SCK-CEN in Mol verfolgt wird, wo bis 2020 eine erste Versuchsanlage entstehen soll. Die Grundidee: Man nimmt einen Teilchenbeschleuniger, der Protonen stark beschleunigt. Die zertrümmern dann Atome eines flüssigen Metalls, beispielsweise eines Blei-Wismut-Gemisches. Dabei entstehen freie Neutronen, die wiederum in der Lage sind, hochradioaktive Stoffe wie Plutonium zu spalten. Eine Kettenreaktion ist bei diesem Vorgehen ausgeschlossen – stellt man die Protonenquelle ab, passiert nichts mehr. Fachleute sprechen daher auch von einem unterkritischen Reaktor. Nach der Transmutation ist noch immer radioaktiver Müll vorhanden, aber mit deutlich reduzierter Halbwertszeit. Der Abfall müsste nur noch 500 bis 1000 Jahre sicher verwahrt werden.

Gemessen an den Zeiträumen, die wir den in den Kernkraftwerken entstandenen und entstehenden Müll lagern müssen, ist das sehr wenig. Erst nach 10 000 Jahren hat der aufbereitete hochradioaktive Anteil des Abfalls aus einem Druckwasserreaktor wieder die Strahlungsintensität natürlichen Uranerzes. Bis Plutonium auf diesem Niveau ankommt, vergehen 100 000 Jahre. Und erst nach zirka 500 Millionen bis drei Milliarden Jahren ist die Strahlung null, das heißt, es finden gar keine Zerfallsprozesse mehr statt. Immerhin nimmt die Strahlungsintensität mit der Zeit ab. Befindet man sich nur eine Minute einen Meter neben einem nackten Brennelement, das vor einem Jahr ausgemustert wurde, dann stirbt man mit einer Wahrscheinlichkeit von 50 Prozent. Nach 100 Jahren muss man für dieselbe Dosis bereits eine Stunde neben dem (unverpackten) Brennelement stehen, nach 10 000 Jahren drei Tage.

Bis heute hat die Menschheit nach Angaben der internationalen Atomagentur IAEA etwa 30 Millionen Kubikmeter radioaktiven Mülls produziert. (Zum Vergleich: der Bodensee fasst etwa 50 Millionen Kubikmeter Wasser.) Allein die 17 deutschen Atomkraftwerke haben rund 50 000 Kubikmeter Abfall im Jahr hinterlassen. Der Anteil des hochaktiven Mülls variiert je nach Reaktorkonzept, er beträgt für einen Druckwasserreaktor etwa drei Prozent. Allerdings kann er nur durch Wiederaufbereitung von dem weniger strahlenden Abfall getrennt werden. Für den Fall, dass man die Brennstäbe ohne Aufbereitung in Castoren lagert, erhöht sich das Volumen deutlich. Dass es in Deutschland für die Entsorgung des radioaktiven Abfalls kein endgültiges Konzept gibt, ist allgemein bekannt. Was aber viel erstaunlicher ist: Gorleben ist tatsächlich überall. Weltweit ist nämlich kein einziges Endlager in Betrieb, nicht einmal in den Vereinigten Staaten, wo große Wüsten, eine starke nukleare Tradition und mehrere ohnehin verseuchte ehemalige Atomwaffentestgelände den Gedanken nahelegen. Lichtblicke bieten allein Finnland und Schweden, beides nicht gerade Atom-Großmächte. Zumindest existieren in beiden Ländern genehmigte Endlager, in Finnland wird sogar bereits gebaut. Ansonsten überall das gleiche Bild: aufwändige Suchen durch Kommissionen, Bürgerproteste, Lavieren von Regierungen und Betreibern. Aber irgendwo muss der Atommüll hin, wenn man ihn nicht ewig in Zwischenlagern stehen lassen will.

Für kurze Zeit herrschte in den neunziger Jahren Zuversicht, dass das Problem durch eine internationale Kooperation zu lösen wäre. Im Rahmen des Pangea-Projektes wurden mehrere entlegene Gegenden auf ihre geologische Eignung für eine Tiefenlagerung radioaktiven Abfalls untersucht und schließlich ein Standort in Westaustralien identifiziert. Mit 35 speziell angefertigten Schiffen sollte Atommüll aus aller Welt angekarrt und in einem 20 Quadratkilometer großen Areal in 500 Metern Tiefe verstaut werden. Das Parlament in Perth verbot jedoch die Lagerung ausländischen Atommülls, das kommerziell organisierte Projekt wurde aufgegeben, obwohl Australien selbst zu den großen Uran-Exporteuren gehört.

Charles McCombie, damals technischer Direktor des Projekts, ist heute noch davon überzeugt, dass es sinnvoll wäre, bei der Endlagerung international zusammenzuarbeiten: »Idealerweise minimiert man das Risiko, indem man mehrere internationale Standorte auswählt.« Der renommierte Experte, der unter anderem in Gorleben als Gutachter wirkte, hat den Verein Arius gegründet, um die interstaatliche Zusammenarbeit zumindest in Europa zu fördern. Die Lobbyarbeit blieb nicht ohne Erfolg.

Die im Sommer 2011 in Kraft getretene EU-Richtlinie zur Entsorgung abgebrannter Brennelemente und radioaktiver Abfälle betont die einzelstaatliche Verantwortung, schließt aber eine Kooperation nicht aus. Wörtlich heißt es: »Radioaktive Abfälle sind in dem Mitgliedsstaat endzulagern, in dem sie entstanden sind, es sei denn, Mitgliedsstaaten treffen untereinander Vereinbarungen, Endlager in einem der Mitgliedsstaaten zu nutzen.« Der Richtlinie zufolge muss Deutschland bis 2015 einen Aktionsplan vorlegen, in dem der Umgang mit dem Atommüll festgeschrieben wird. Damit ist schon klar, was die nächste Bundesregierung zu tun hat.

Bliebe noch die Frage nach der Sicherheit: Ich habe in meiner Recherche keine Hinweise darauf gefunden, dass es eine Möglichkeit gäbe, den Abfall aus kerntechnischen Anlagen sicherer zu lagern, als ihn unterirdisch zu bunkern. Diskutiert wird immer wieder über die Frage, welche geologischen Formationen am geeignetsten sind. Die wahrscheinlich umfangreichste Studie, die zu diesem Thema in Deutschland je verfasst wurde, kam nach jahrelanger Arbeit zu dem Ergebnis, dass es kein Wirtsgestein gibt, das generell die größte Endlagersicherheit gewährleistet. Sprich: Es muss gar nicht zwingend ein Salzstock wie in Gorleben sein. Sinnvoller sei es, so das federführende Bundesamt für Strahlenschutz in seinem zusammenfassenden Bericht, konkrete Standorte auf ihre Eignung hin zu untersuchen. Einen grundsätzlichen Forschungsbedarf sieht das Amt nicht mehr. Greenpeace sieht hingegen noch eine Menge offene Fragen: Korrodieren die Behälter über sehr lange Zeiträume? Wie verändert die noch vorhandene Restwärme umgebende Materialien über lange Zeiträume? Wie verhalten sich Gesteinsformationen bei der Weiterleitung radioaktiver Substanzen? Was passiert, wenn in einer möglichen Eiszeit große Gletscher über den Lagerstätten enormen Druck ausüben?

Es mag sein, dass Hundertmillionen Jahre alte Granitfelsen in unbewohnten Gebieten Australiens geeigneter sind als Salzstöcke in Norddeutschland. Aber wenn wir darauf keinen Zugriff haben, ist es an der Zeit, die Verantwortung für den bei uns entstandenen Müll zu übernehmen und einen geeigneten Standort im eigenen Land zu suchen.

DIE FOLGEN DES AUSSTIEGS

Jahrzehntelang tobte in Deutschland ein Streit um die Kernenergie, der anfangs die Grenzen zwischen bürgerlichem und alternativem Denken klar markierte. Nun, da die Grünen längst bürgerlich sind und die Industrie grün sein will, ist der Ausstieg aus der Technik endgültig besiegelt. Da das Ende Juni 2011 im Bundestag beschlossene Konzept im Gegensatz zum rot-grünen Atomkonsens keine Übertragbarkeit nicht produzierter Strommengen von einem auf das andere Kernkraftwerk vorsieht, erlischt die Betriebserlaubnis jedes Kraftwerkes zu einem festgesetzten Zeitpunkt. Die letzten drei Meiler, Isar 2, Emsland und Neckarwestheim 2, dürfen längstens bis zum 31. Dezember 2022 laufen.

Die Folgen des Ausstiegs werden vermutlich ganz andere sein, als sie in der Debatte um den Ausstieg immer wieder artikuliert wurden. Denn dass die Lichter in Deutschland ausgehen, ist unwahrscheinlich. Die ausgefallenen Strommengen werden kurzfristig vor allem durch zusätzliche fossile Kraftwerke und höhere Stromimporte aufgefangen werden. Bis in zehn Jahren das letzte Kernkraftwerk vom Netz ist, sollten eine höhere Energieeffizienz in allen Bereichen und der erfolgte Aufbau erneuerbarer Energiequellen in der Lage sein, den gesamten bisherigen Atomstrom zu substituieren.

Trotzdem gilt es, in den kommenden zehn Jahren eine ganze Reihe von Fragen zu beantworten. Die wichtigste aus meiner Sicht: Können wir auf die Technik der Kohlendioxidabscheidung und -speicherung vertrauen, um die verbleibende Nutzung fossiler Energierohstoffe klimafreundlicher zu gestalten? Aber auch mit der Kernkraft werden wir uns weiter beschäftigen müssen. Denn die Kraftwerke müssen abgebaut und der Müll gelagert werden. Bis man in Deutschland – über der Erde – keine Spuren der Atomwirtschaft mehr finden wird, schreiben wir wahrscheinlich das Jahr 2040. Die Experten, die wir für den Abbau der Kernkraftwerke und den Bau von Endlagern auf viele Jahre benötigen, könnten bald Mangelware sein. Deutsche Kernphysiker werden derzeit heftig umworben, vor allem, aber nicht nur von China, das sein Atomprogramm trotz Fukushima fortsetzen will.

Nicht zuletzt ist die Frage offen, ob eine Stromerzeugung mit der Kernfusion eine realistische Alternative ist.

DIE KERNFUSION: HOLEN WIR DIE SONNE AUF DIE ERDE?

»Die Mußezwischenzeit verwenden die Meisten für die Wissenschaften.«

Thomas Morus, Utopia

Rutherfordium ist ein seltsames Element. Das radioaktive Übergangsmetall mit der Ordnungszahl 104 kommt in der Natur nicht vor, kann ausschließlich künstlich erzeugt werden, zerfällt dann aber mit einer Halbwertszeit von maximal 61 Sekunden wieder. Eine technische Nutzung ist, wen wundert es bei diesen Eigenschaften, nicht bekannt. Seine herausragende Eigenschaft besteht darin, dass es nach Ernest Rutherford benannt ist, der 1908 den Nobelpreis für Chemie für sehr grundlegende Arbeiten zur Kernspaltung erhielt. Theoretische Arbeiten allerdings, denn bis man die Kernspaltung sowie die von Rutherford korrekt vorhergesagten Alpha-, Beta- und Gammastrahlen nachweisen konnte, sollten noch drei Jahrzehnte vergehen. 1919 war es umgekehrt: Rutherford konnte die erste Kernfusion experimentell nachweisen, es mangelte jedoch an einer Erklärung für das Phänomen.

Heute weiß man, dass zwei Atomkerne aufgrund der starken Wechselwirkung verschmelzen können, wenn sie sich nur nah genug kommen, so ungefähr auf zwei Femtometer, das ist der billiardste Teil eines Meters. Dass dabei Energie freigesetzt werden kann, liegt wiederum am Massendefekt (den wir im letzten Kapitel behandelt haben). Denn die sich in Energie umwandelnde Masse nimmt bis zu Atomkernen mit etwa 60 Kernbausteinen zu und erst danach wieder ab. Besonders viel Energie wird frei, wenn man die allerkleinsten Atomkerne verschmilzt, weshalb man meist die beiden Wasserstoffisotopen Deuterium und Tritium nutzt und diese zu einem Heliumatom zusammenbaut. Dumm an der Sache: Tritium, ein

Wasserstoffatom mit zwei Neutronen und einem Proton im Kern, kommt in der Natur nicht vor. Man muss es künstlich aus Lithium erzeugen. Auch Deuterium (ein Proton und ein Neutron im Kern) muss erst erzeugt werden, es kommt in aus Wasser gewonnenem Wasserstoff im geringen Mengen vor.

Jede einzelne Fusion eines Deuterium- und eines Tritiumatoms zu einem Heliumatom setzt ein schnelles Neutron frei, dessen Bewegungsenergie genutzt werden kann, um entweder den Tritium-Nachschub zu sichern oder ein Arbeitsmedium zu erhitzen, dessen Wärmeenergie dann zur Stromerzeugung mit einer Dampfturbine genutzt wird. So weit, so einfach. Kommen wir zu den komplizierten Themen. Denn damit sich die starke Wechselwirkung zwischen Atomkernen entfalten kann, müssen bestimme Bedingungen herrschen. Die Atome müssen eine hohe kinetische Energie haben, sonst würden sich die Kerne, die ja aus neutralen und positiv geladenen Teilchen bestehen, gegenseitig abstoßen. Hohe kinetische Energie der Teilchen bedeutet, es muss sehr warm sein. Im Inneren der Sonne, deren Energie ebenfalls aus der Wasserstofffusion stammt, sind es bis zu 15 Millionen Grad Celsius, das reicht. Leider nicht auf Erden: Denn im Zentrum der Sonne herrscht durch ihre hohe Masse ein Druck von ungefähr 200 Milliarden bar. Da völlig unvorstellbar ist, einen solchen Druck unter irdischen Bedingungen herzustellen, haben sich die Fusionsforscher für den zweitschwierigsten Weg entschieden: Sie erhöhen die Temperatur auf 100 Millionen Grad.

Damit ist nun die Aufgabe beschrieben, die jeder vor sich hat, der ein Kraftwerk auf Basis der Kernfusion bauen will: Es gilt ein Stoffgemisch auf eine Temperatur von 100 Millionen Grad zu bringen und diese Temperatur zu halten; gleichzeitig soll die dafür benötigte Energie kleiner sein als jene, die man aus der Fusion gewinnt. Können Menschen so etwas überhaupt leisten? Und ist das nicht ähnlich gefährlich wie die Kernspaltung?

Antworten auf diese Fragen suche ich am Max-Planck-Institut für Plasmaphysik in München. Denn alle Fäden der internationalen Fusionsforschung laufen in München zusammen, dem weltweit größten Institut, seit es in den achtziger Jahren mit dem von US-Wissenschaftlern sogenannten »Munich Miracle« der ins Stocken geratenen Fusionsforschung neuen Schwung gab. Institut für Plasmaphysik heißt es übrigens, weil jedes Gas, wenn man es sehr stark erhitzt, irgendwann in einen Zustand übergeht, in dem sich die Elektronen von den Atomkernen trennen. Diesen Zustand, in dem viele oder alle Atomkerne ionisiert sind, nennt man Plasma.

DAS MÜNCHNER WUNDER

»Man muss einen langen Atem haben«, ist einer der ersten Sätze, die Professor Günter Hasinger fallen lässt. Der Astrophysiker leitete das Max-Plank-Institut für Plasmaphysik in den Jahren 2008 bis 2011, einem entscheidenden Zeitraum, weil in den Nachwehen der Finanzkrise die Finanzierung für den Forschungsreaktor ITER, den alle an der Kernfusion arbeitenden Staaten, also neben Europa, den USA und Japan auch China, Südkorea und Indien, gemeinsam in Südfrankreich bauen wollen, fast gescheitert wäre. Mit stringenter, manchmal fast missionarischer Argumentation überzeugte er Forschungspolitiker in ganz Europa davon, das Projekt trotz knapper Kassen fortzuführen – obwohl die ursprünglich geplanten Kosten sich auf mittlerweile rund 15 Milliarden Euro verdoppelt haben.

In München werden zwei Geräte weiterentwickelt, die es ermöglichen sollen, ein 100-Millionen-Grad-Plasma zu beherrschen: der Tokamak und der Stellarator. Der Tokamak ist, wie der Name vermuten lässt, eine ursprünglich russische Idee; das Stellarator-Prinzip, in dessen Name sich das lateinische Wort für Stern verbirgt, wurde Anfang der fünfziger Jahre von dem amerikanischen Astrophysiker Lyman Spitzer erdacht. »Sie verhalten sich zueinander ein bisschen wie der Otto- und der Dieselmotor«, erläutert Hasinger. »Vermutlich wird man Ergebnisse aus beiden Entwicklungslinien benötigen.« Gemeinsam ist beiden Konzepten, dass das elektrisch leitfähige Plasma in einem ringförmigen Magnetfeld so eingeschlossen wird, dass es die Gefäßwände nicht berührt. Nicht weil die sonst schmelzen würden, dazu ist die Energiedichte des Plasmas viel zu gering. Sondern weil es sonst schlagartig erkalten würde, der energieintensive Aufheiz- und Zündungsprozess müsste von neuem gestartet werden. Damit ist auch die Kernfrage der Kernfusion beantwortet. So richtig gefährlich kann es nicht werden, weil der Prozess nicht wie die Kernspaltung *per se* stabil ist. Sondern so instabil, dass man gewaltigen Aufwand treiben muss, um die Fusionsreaktion aufrechtzuerhalten.

Das entscheidende Kriterium, das über den Erfolg der Konzepte entscheiden wird, ist daher die Einschlusszeit: Wie lange bleiben Temperatur und Druck des Plasmas erhalten, ohne dass neue Energie zugeführt werden muss? »Ein Fusionsreaktor muss ungefähr 100-mal besser isolieren als Styropor«, beschreibt Hasinger die Herausforderung. Dazu arbeiten Forscher weltweit daran, Turbulenzen des Plasmas möglichst zu vermeiden – sie stellen die Hauptverlustquelle für die Wärme dar. Beim Stellarator werden in einer sehr komplizierten Konstruktion mehrere Magnetfelder überlagert, um dem Plasmaring im Inneren der Maschinen eine spiralförmige Drehung zu verpassen – ähnlich wie bei einem verdrillten und daher besonders reißfesten Seil. Beim Tokamak entsteht die Verdrehung durch einen Stromfluss im Plasma. Erzeugt wird er durch regelmäßige Pulse eines Transformators, die etwa die gleiche stabilisierende Funktion haben wie regelmäßiges Abstoßen beim Rollerfahren. Außerdem werden zusätzliche kleine Magnetfelder erzeugt, die das Plasma verbeulen und dadurch stabiler machen.

Die Entwicklung des Tokamaks ist weiter vorangeschritten, daher wird der ITER in dieser Bauweise ausgeführt werden. Der fortschrittlichste Stellarator ist eine Nummer kleiner, wird vom Max-Planck-Institut derzeit in Greifswald aufgebaut und soll etwa 2014 in Betrieb gehen. Die Münchner hatten 1980 erstmals überhaupt bewiesen, dass der Einschluss eines Plasmas in einem Stellarator nicht nur in der Theorie, sondern auch in der Praxis funktioniert. Amerikanische Wissenschaftler sprachen daraufhin vom »Munich Miracle«. Für den derzeit gebauten Apparat haben sie mit Hilfe von Supercomputern Magnetspulen berechnet, deren Geometrie so komplex ist, dass sie zunächst wie völlig zufällig oder sogar verbogen aussehen. Damit aber ist es möglich, das Plasma in einer einzigen Spule stabil zu halten. Die Spule selbst ist nicht nur ästhetisch, sondern auch technisch ein Wunderwerk: Zwei Meter große Windungen, die Kräfte von bis zu 200 Tonnen ertragen müssen, unter den Bedingungen von Supraleitung übrigens, also bei ungefähr minus 270 Grad Celsius.

Die extremen Bedingungen, unter denen Fusionskraftwerke betrieben werden, sind mit ein Grund dafür, warum eine kommerzielle Anwendung noch so weit weg ist. Der erreichte technische Stand entspricht etwa dem eines großen Teilchenbeschleunigers – und die werden ja auch nicht in großer Anzahl gebaut. Trotzdem hofft Hasinger, dass in den dreißiger Jahren dieses Jahrhunderts mit dem Bau des ersten Demonstrationskraftwerks begonnen werden kann. Es entspräche von Größe und Technik her schon einem kommerziellen Kraftwerk. Ob dieser Zeitplan gehalten werden kann? »Hoffentlich – aber versprechen kann man in der Forschung nichts«, sagt Hasinger. So sind noch viele Werkstoffprobleme zu lösen. Würde man heute solch ein Kraftwerk bauen, hielte es den extremen Anforderungen, beispielsweise durch den permanenten Neutronenbeschuss, nur etwa ein Jahr lang stand.

Neben dieser Ungewissheit wird die Fusion vor allem dafür kritisiert, dass auch sie nicht ohne Radioaktivität funktioniert. Zum einen strahlt die Brennstoffkomponente Tritium selbst, zum anderen werden durch die sehr schnellen Materialien die Gefäßwände »aktiviert«, das heißt es entstehen neben dem Tritium auch andere instabile Atome, bei deren Zerfall radioaktive Strahlung freigesetzt wird. Das Tritium ist recht unkritisch, denn es soll im Reaktor aus dem völlig harmlosen Alkalimetall Lithium erzeugt werden; es befinden sich daher immer nur geringe Mengen des Brennstoffs (etwa ein Kilo) in der Anlage. Ferner ist anzumerken, dass es sich bei Tritium um einen schwachen Betastrahler handelt, die Reichweite der beim Zerfall entstehenden energiereichen Teilchen beträgt in der Luft acht Zentimeter. Die Halbwertszeit ist mit etwas über zwölf Jahren ebenfalls beherrschbar. Eine großräumige Verstrahlung durch Tritium ist daher selbst bei einer völligen Zerstörung des Reaktors, etwa durch einen Terrorangriff, unmöglich (nicht unwahrscheinlich, sondern unmöglich!). Bleiben die durch den Neutronenbeschuss entstehenden radioaktiven Abfälle, vor allem durch die Innenverkleidung des Reaktorgefäßes. Ihre Radioaktivität ist um mehrere Größenordnungen geringer als die von Abfällen aus Kernkraftwerken. Wer sich also gegen die Kernfusion aufgrund vermeintlicher nuklearer Risiken ausspricht, der müsste auch Computertomographen ablehnen.

FEUER FREI?

Da es so unglaublich schwer ist, das für die Kernfusion notwendige Plasma stabil zu halten, verfolgen Wissenschaftler an der National Ignition Facility (wörtlich: »Nationale Zündungseinrichtung«) in Kalifornien einen anderen Weg. Sie wollen das Plasma permanent mit einer riesigen Laserkanone neu zünden. Dazu wird für eine sehr kurze Zeit, etwa den zwanzigmilliardstel Teil einer Sekunde, eine Leistung von 500 Terrawatt auf eine pfefferkorngroße Kapsel mit Wasserstoff gerichtet. Die Energie des Lasers reicht, um die Kernfusion zu zünden. Theoretisch wird das Hundertfache der vom Laser benötigten Energie frei, dann verlischt das Sonnenfeuer wieder. Was zunächst nach einer deutlichen Vereinfachung klingt, ist auch nicht ohne. Denn der Laser an der NIF ist der leistungsstärkste der Welt, er müsste 600-mal in der Minute feuern, damit ein auf dieser Technik basierendes Kraftwerk kontinuierlich Strom liefert. Momentan brauchen die Wissenschaftler noch rund drei Tage zwischen zwei Zündungen, um die Versuchseinrichtungen neu zu justieren.

Bis zu einem Kraftwerk ist es auch in den USA noch ein weiter Weg, aber über die nächste Ausbaustufe wird bereits nachgedacht. Man will die bei der Kernfusion freiwerdenden schnellen Neutronen eines Tages dazu nutzen, zerkleinerten Atommüll zu spalten, der in die kugelförmige Wand des Fusionsreaktors eingebracht wird. Bei diesem Konzept wirkt die Kernspaltung als Verstärker für die Kernfusion, dadurch sollen am Ende bis zu fünf Megawatt in einem einzigen Reaktor erzeugt werden – etwa 350-mal mehr, als man für den Betrieb des Lasers benötigt. Gleichzeitig wäre ein solcher Reaktor immer unterkritisch, das heißt eine Kettenreaktion findet nicht statt. Lässt man den Kernbrennstoff lange genug im Reaktor, sollen 99,9 Prozent des spaltbaren Materials zerlegt sein, das heißt, es bleiben nur gering strahlende Abfälle übrig. Klingt wie Sciencefiction und ist es in gewisser Weise auch. Mit der Einschränkung, dass ernsthafte Wissenschaftler an dieser Idee arbeiten.

Ob die Kernfusion überhaupt eine Zukunft hat, werden wir frühestens in 15 Jahren wissen, wenn sich der Forschungsreaktor ITER bewährt, das heißt, wenn er mehr Strom liefert, als er verbraucht. Überraschungen sind nicht auszuschließen, wohl aber, dass die Kernfusion bei Zimmertemperatur, die immer mal wieder durch die Medien geistert, Realität wird. Bislang konnte keines der angeblichen Sensationsexperimente reproduziert werden. Aber sollte die Weltgesellschaft viel Geld und geistige Ressourcen in die Erforschung einer Energiequelle stecken, deren Beitrag so ungewiss ist? Auch dies gehört meines Erachtens in einem demokratischen Prozess erörtert.

Ernst Ulrich von Weizsäcker schrieb mir in einem E-Mail-Dialog dazu Folgendes: »Als Naturwissenschaftler empfinde ich bei der Kernfusion eine gewisse Faszination. So wie ich [den Teilchenbeschleuniger] CERN befürworte, bin ich tendenziell auch für Fusionsforschung. Energiepolitisch halte ich sie gleichwohl für nach heutiger Kenntnis irrelevant, aber ich weiß sehr wohl, dass man in 30 Jahren anders darüber denken kann.«

Nach meinen Recherchen plädiere ich vehement für eine Fortsetzung der Fusionsforschung. Zum einen, weil die 15 Milliarden Euro internationaler Finanzmittel über einen langen Zeitraum von mehr als zehn Jahren keine so große Belastung darstellen. Allein durch die EEG-Umlage bezahlen die Verbraucher in Deutschland im Jahr 2011 den Ökostrom-Erzeugern 13,5 Milliarden Euro an Subventionen. Zum anderen, weil die Welt nicht nur aus deutschen Wohlstandshaushalten besteht, die zugunsten grünen Stroms auf den einen oder anderen Cafe Latte locker verzichten können. Sondern aus Milliarden von Menschen, die für ihre Entwicklung neben Bildung vor allem eines benötigen: billige Energie. Wenn wir nicht wollen, dass diese aus Kohle- oder Kernkraftwerken kommt, dann bietet die Fusion eine Chance auf wirtschaftliche Entwicklung ohne Klimakollaps. Eine Chance wohlgemerkt, keine Garantie.

DIE ABGESAGTE REISE

> »Was soll ich mir in dieser Verfassung etwa noch den Kopf über China zerbrechen? Davon haben doch beide Seiten nichts.«
>
> *Peter Rühmkorf, aus dem Gedicht »Zum Jahreswechsel«*

Als dieses Buch geplant wurde, stand für mich zunächst fest: Es ist nicht möglich, über die Energieversorgung der Zukunft nachzudenken, ohne China ins Kalkül zu ziehen. Denn das bevölkerungsreichste Land ist seit 2010 auch der größte Energieverbraucher der Welt. In absoluten Zahlen wohlgemerkt, nicht hinsichtlich des Pro-Kopf-Verbrauches. Wie die Statistik des Mineralölkonzerns BP zeigt, verbrauchte das Reich der Mitte Primärenergie in Höhe von 2,4 Milliarden Tonnen Erdöläquivalent – aus historischen Gründen hat man sich auf diese Einheit geeinigt, um Kohle, Erdöl und andere Energieträger miteinander vergleichen zu können. Damit schlug China die Vereinigten Staaten mit einem Verbrauch von 2,3 Milliarden Tonnen erstmals. Rasant ist der Zuwachs, der allein von 2009 auf 2010 mehr als 11 Prozent betrug. In den einzelnen Energiemärkten kommt der Volksrepublik damit eine immer dominantere Rolle zu. So wird mittlerweile jede zweite Tonne Kohle in China verbrannt. Der ungünstige Energiemix führt dazu, dass China das Ranking der CO_2-Emittenten mit weitem Abstand anführt. Allerdings verschlechtert sich die Bilanz auch dadurch, dass das Land als »Fabrik der Welt« Spielzeug, Unterhaltungselektronik und andere Waren für den Export produziert. Je fünfte Tonne des Treibhausgases, das China in die Atmosphäre entlässt, wird durch einen Konsumenten in den Industrieländern verursacht.

China hat die Abhängigkeit seines weiteren Wachstums von einer stabilen Energieversorgung erkannt. Die hartnäckige Weigerung, internationale Klimaschutzabkommen zu unterzeichnen, wurde wiederholt damit begründet, dass die Kohlendioxid-Emission pro Kopf deutlich geringer sei als in den Vereinigen Staaten. Dies kann man leicht herleiten, wenn man sich vor Augen führt, dass es 1,3 Milliarden Chinesen, aber nur etwas mehr als 300 Millionen US-Bürger gibt. Für aussagekräftiger halte ich es allerdings, wenn man Energieverbrauch oder Kohlendioxidemissionen einer Volkswirtschaft nicht auf die Anzahl der Menschen, sondern auf das Bruttosozialprodukt – also die wirtschaftliche Gesamtleistung – bezieht. Dann nämlich ergibt sich für das Jahr 2010 folgendes Ranking, wenn man die Daten des Internationalen Währungsfonds mit denen der BP kreuzt:

- **1. Deutschland**: Je Tonne Erdöläquivalent erzeugt die deutsche Wirtschaft 9187 »Current International Dollar« (das ist eine künstliche Währung, die die unterschiedliche Kaufkraft in den einzelnen Ländern berücksichtigt, sie entspricht in diesem Fall etwa 7000 Euro).
- **2. USA:** Die Amerikaner schaffen je Primärenergieeinheit schon nur noch 6412 CI-Dollar – sind also um rund ein Drittel weniger energieeffizient.
- **3. China:** 4147 CI-Dollar je Tonne Öläquivalent, das bedeutet übersetzt: China müsste mehr als doppelt so energieeffizient wirtschaften, um zu Deutschland aufzuschließen.

Würde man für das Ranking die Kohlendioxidemission mit der Wirtschaftsleistung korrelieren, sähe die Reihenfolge genauso aus, die Abstände würden indes größer. Denn Deutschland deckt »nur« knapp 80 Prozent seines Primärenergiebedarfs aus fossilen Quellen, in China sind es mehr als 90 Prozent. Obwohl im Reich der Mitte derzeit 25 Kernkraftwerke gebaut werden, rechnet man damit, dass dieser Wert bis 2020 nur geringfügig sinkt. Überspitzt könnte man sagen: Statt nach China zu reisen, sollte man chinesische Eliten nach Deutschland einladen. Die Technologien, die wir für energieeffiziente Produktion, aber auch zur Energieerzeugung und -bereitstellung entwickelt haben, müssten sich bestens nach China verkaufen lassen. Tun sie auch, zum Beispiel machen die Hersteller von Anlagen zur Solarzellenproduktion teilweise mehr als die Hälfte ihres Umsatzes mit chinesischen Kunden.

Trotzdem plane ich zunächst nach China zu reisen. Ich war zuletzt 2006 dort, es muss sich viel getan haben. Aber mit wem reden? China hat viele Ministerien, aber – wie Deutschland – keinen Energieminister. Um die für eine dynamische Volkswirtschaft lebenswichtige Frage der Energieversorgung zu koordinieren, hat der chinesische Premierminister Wen Jiabao eine nationale Energie-Administration gegründet, die er selbst leitet. Insofern wäre er der erste Gesprächspartner, aber chinesische Politiker geben westlichen Medienvertretern extrem selten Interviews. Und wenn doch, hätte das Wall Street Journal sicher Priorität. Also versuche ich es bei Zhang Guobao, der als Direktor die Arbeit der Agentur koordiniert. Asiatisch indirekt natürlich: Der China-Chef eines deutschen Dax-Konzerns, selbst Chinese, geht mit Guobao zum Essen und spricht mein Interesse an einem persönlichen Interview an. Der verweist darauf, dass es ungewöhnlich sei, ich aber meine Fragen schriftlich einreichen könne. Diese würden schriftlich beantwortet und vielleicht in einem persönlichen Gespräch vertieft. Erst einmal lasse ich mich darauf ein, reiche einen Fragenkatalog und meinen Lebenslauf ein – und blockiere mir zwei Wochen für die Reise.

Monate später, trotz Nachfassens, ist ein Termin noch immer nicht fixiert. Der in Peking stationierte Pressesprecher eines deutschen Autoherstellers, als Wirtschaftsjournalist viele Jahre selbst aus China berichtend, tröstet mich: »Da sitzen Sie in schönen Sesseln, trinken Tee, und Verwertbares kommt ohnehin selten heraus.« Ich beginne, andere Termine für die Reise zu koordinieren und beantrage ein Journalistenvisum beim chinesischen Konsulat in Berlin. Für ein solches Visum muss man seine genaue Reiseroute und alle Gesprächspartner auflisten. Das fällt mir schwer, denn eigentlich will ich meine Bewegungsfreiheit nicht derart einschränken lassen. Aber ich will ja nichts Böses, sondern nur meine Arbeit verrichten. Also tue ich, was verlangt wird, und sende die Unterlagen einschließlich eines Lebenslaufes und Arbeitsnachweisen an das Konsulat. Wenige Tage später ruft ein Mitarbeiter der Pressestelle an: Das könne länger dauern, zumal die Einladung eines deutschen Unternehmens, die ich sicherheitshalber beigefügt hatte, nicht für Journalisten-, sondern nur für Geschäftsvisa gelte.

Mittlerweile sind es nur noch drei Wochen bis zum geplanten Abflug. Ich telefoniere mit einem Kollegen, der Halbchinese ist, und der Pressesprecherin der deutschen Botschaft in Peking. Niemand hat eine rettende Idee, so etwas könne halt dauern. Immer noch Stille aus Berlin. Ich entschließe mich schließlich, die Reise abzusagen: Denn natürlich ist der Energiehunger des Landes so groß wie seine Bevölkerung. Aber wozu das Ganze, was könnte man lernen? Zwar steckt China gegenwärtig viel Geld in seine Universitäten, vor allem in die natur- und ingenieurwissenschaftlichen Disziplinen – allein an der Tongji-Universität in Shanghai absolvieren jedes Jahr so viele Ingenieure ein Studium wie in ganz Deutschland. Aber der

Wissensrückstand beträgt dennoch fünf bis zehn Jahre, je nach Fachrichtung.

Neben der Technik gibt es für die Weiterentwicklung unseres Energiesystems eine zweite wichtige Voraussetzung: die gesellschaftliche Akzeptanz. Selbst in einem demokratischen Land ist diese nicht garantiert, wenn legitim Macht ausübende Politiker Entscheidungen treffen – spätestens seit der Debatte um das Bahnhofsprojekt »Stuttgart 21« und die anschließende Wahlniederlage der CDU in Baden-Württemberg sprechen sich auch konservative Politiker dafür aus, den Bürger stärker in die Entscheidungsfindung einzubeziehen. Von einem staatsautoritären System, so schnell die Wirtschaft dort auch wachsen möge, ist jedenfalls in dieser Richtung nichts zu lernen. Also: Rühmkorf hat recht, ich fahre nicht nach China und trete stattdessen mit der Energieakademie auf der dänischen Insel Samsö in Kontakt.

INSEL DER SELIGEN? WIE DIE UMSTELLUNG AUF ERNEUERBARE ENERGIEN GELINGEN KANN

»Es ist nicht genug zu wissen, man muss es auch anwenden;
es ist nicht genug zu wollen; man muss es auch tun!«
Johann Wolfgang von Goethe, Wilhelm Meisters Wanderjahre

Selbstversorgung, das klingt nach einer Utopie der siebziger Jahre, nach Gemüseanbau in Hippiekommunen, nach einem Anachronismus in einer globalisierten Welt. Dennoch streben immer mehr Kommunen in Deutschland danach, in Sachen Energie Selbstversorger zu werden. Es gilt, so die Argumentation, die Macht der großen Energiekonzerne zu brechen und sich aus der Abhängigkeit von fossilen Großkraftwerken zu befreien. Wer Eigeninitiative, Unternehmergeist und Autonomie als gesellschaftlich gestaltende Kräfte befürwortet, kann – ganz unabhängig von Kohlendioxidbilanzen und Kapitalverhältnissen – eine solche Idee eigentlich erst einmal nur sympathisch finden. Es stellen sich lediglich zwei Fragen: Wie viel Selbstversorgung ist möglich und sinnvoll? Und wie kann eine Gemeinde einen damit verbundenen Transformationsprozess stemmen, ohne die Freiheit des Einzelnen über das unbedingt notwendige Maß hinaus zu beschneiden?

Es lohnt sich, schwierige Fragen nicht nur theoretisch zu betrachten, sondern das Experiment als methodisches Mittel einzusetzen. Das dachte sich in den neunziger Jahren auch die dänische Regierung und schrieb einen Wettbewerb aus, an dem sich alle Gemeinden beteiligen konnten. Das Ziel: einen realistischen Plan vorzulegen, wie unter den existierenden gesetzlichen und technischen Rahmenbedingungen eine vollständige Umstellung auf erneuerbare Energien gelingen kann. Angepeilter Grad der Selbstversorgung: 100 Prozent. Der Gewinn: Anerkennung als Modellregion – aber keinerlei finanziellen Einkünfte, denn die in der Modellregion gewonnenen Erkenntnisse sollten später auf ganz Dänemark übertragen werden. Der Gewinner: Samsö, eine kleine Insel im Kattegat, knapp über 4000 Einwohner, unter Dänen bis dato vor allem für die ersten Frühkartoffeln und als Ferienparadies bekannt.

Ende 1997 ging es los mit der Umsetzung. Zum damaligen Zeitpunkt importierten die Samsinger – so nennen sich die Bewohner Samsös – jedes Jahr 30 Gigawattstunden an elektrischer Energie vom Festland, wo der Strom damals noch primär aus Kohlekraftwerken stammte. Außerdem heizten die meisten Insulaner mit importiertem Öl. Der Anteil erneuerbarer Energiequellen am Gesamtverbrauch betrug zum Projektstart 13 Prozent. Für mehr als 10 Tonnen Kohlendioxidemission war jeder Samsinger verantwortlich.

Zehn Jahre später. Der Umbau der Energieversorgung auf Samsö ist abgeschlossen. Die Insel ist mit elf landgestützten und zehn Meeres-Windkraftanlagen zum Stromexporteur geworden. Vier mit Biomasse betriebene Nahwärmenetze erzeugen 43 Prozent der Heizenergie. Da der Stromüberschuss aus Windkraft gegen die verbliebene Nutzung fossiler Brennstoffe verrechnet wird, ist der CO_2-Ausstoß pro Kopf auf –3,6 Tonnen gesunken, rechnerisch beträgt der Anteil der Erneuerbaren 98,6 Prozent. Solche Zahlen sind so faszinierend, dass Samsö in der ganzen Welt berühmt geworden ist. Eine neu gebaute Energie-Akademie, natürlich mit großer Solaranlage auf dem Dach, kanalisiert die Besucherströme.

Eine schöne neue Welt, die man, wie vom dänischen Energieministerium gewünscht, als Blaupause auf ganz Dänemark oder die ganze Welt übertragen kann? Die Nutzung fossiler Energien hat definitiv deutlich abgenommen, aber »autark« im klassischen Sinn ist die Insel nicht. Denn das Stromkabel zum Festland ist weiterhin eine Nabelschnur, um Zeiten mit schwachem Windstromangebot zu überbrücken. Umgerechnet gilt das zwar nur für etwa 15 volle Tage im Jahr, aber an denen würde ansonsten völliger Stillstand herrschen. Denn die Stromnachfrage hat nicht abgenommen, obwohl die Bevölkerung seit Ende der neunziger Jahre um 15 Prozent zurückging. Das Kabel hat noch eine weitere wichtige Funktion: Ohne den Export des Windstroms sähe die Bilanz weitaus weniger rosig aus. Als der Masterplan für die Energie-Insel gemacht wurde, ging man davon aus, dass innerhalb weniger Jahre ein guter Teil der Autos mit Elektroantrieb fahren würde. Beschränkte Reichweiten wären ausnahmsweise kein Problem – vom nördlichsten zum südlichsten Punkt sind es keine 30 Kilometer. Eine Fehleinschätzung, wie sich herausstellte. Wenige Citroens, die für die Gemeindeschwestern geleast wurden, mussten wegen technischer Probleme und ständiger Ausfälle wieder zurückgegeben werden. Nun wird der Strom der seegestützten Windturbinen komplett exportiert und gegen die verbleibende Nutzung fossiler Energie, vor allem im Transportsektor, verrechnet.

Überträgt man das Samsö-Konzept auf größere Einheiten – Dänemark, Deutschland oder gar die Europäische Union –, dann ist klar, dass man nicht eigene Umweltsünden mit dem Export sauberen Stroms kompensieren kann. Abgesehen davon, dass der Kohle- oder Gasstrom nicht außerhalb dieser Einheiten produziert werden kann. Die CO_2-Bilanz kann also niemals negativ sein, solange nur etwas an fossilen Energien genutzt wird (es sei denn, es gelingt uns, Kohlendioxid wieder aus der Atmosphäre zu entfernen). Nur bedingt exporttauglich ist auch der hohe Anteil der Biomasse in der Wärmeversorgung. Die Besiedlungsdichte verbietet dies anderorts schlichtweg. Schon der von der Energie-Akademie mitverfasste Bericht zum 10-jährigen Jubiläum zeigt die Grenzen auf: Sollte ganz Dänemark auf ähnliches Weise selbstversorgt werden, müsste Samsö gemäß seinem Flächenanteil viermal so viel erneuerbare Energie erzeugen. Schon heute wird die Insel landwirtschaftlich intensiv genutzt, Biobauern und Naturschutzgebiete sind in der Minderheit.

Vielleicht liegt die eigentliche Leistung der Samsinger ganz woanders. Denn dass der Energiemix gerade bei verstärktem Einsatz regenerativer Energien sich den regionalen Gegebenheiten anpassen muss, ist ohnehin klar. Und auch dass es ohne fossile Energieträger noch nicht geht, ist nicht gerade eine neue Erkenntnis. Es erstaunt vielmehr, wie eine gesellschaftliche Einheit, die von bäuerlichen Traditionen geprägt ist, in sehr kurzer Zeit eine so deutliche Veränderung ihres Energiemixes hinbekommen hat. Nicht ohne Diskussion, aber ohne Verwerfungen. Einen wesentlichen Anteil an der Transformation dürfte die Eigentümerstruktur der Projekte gehabt haben. Mit Hilfe der örtlichen Banken wurden Anteilsscheine an den einzelnen Windkraftanlagen ausgegeben. Wer kein Geld hatte, konnte sogar den kleinstmöglichen Anteil für 3000 Kronen (zirka 400 Euro) in Raten erwerben. So hat eines der Windräder 450 Besitzer, andere gehören einem einzelnen reichen Bauern.

Sommer 2011. Ich reise nach Samsö, weil mich interessiert, ob die Transformation im Energiesektor mit einer Transformation in den

Köpfen einhergegangen ist. Und ob wir daraus für die gesellschaftliche Akzeptanz, die der Umbau der deutschen Energieversorgung benötigt, etwas lernen können.

DER GÄRTNER

Romantischer kann eine Gärtnerei nicht liegen: Hinter Gewächshäusern und Scheune eine Wiese, dahinter das Meer. Ein altes zweistöckiges Haus mit gelben Klinkersteinen und blauen Fenstern. Gegärtnert wird hier schon eine Weile nicht mehr, die Gewächshäuser dienen als Gehege für Hühner und Tauben. Kai Anderson, Jahrgang 1930, versucht die Vögel mit kurzen Pfiffen zu locken. Doch die interessieren sich nicht für Besuch aus Deutschland. Ob sie sich gegenüber dem japanischen Kulturminister, der auch schon hier war, respektvoller verhalten haben? Später wird Anderson mich in den Raum im Erdgeschoss seines Hauses führen, in dem sich Wärmespeicher und Steuerung für seine Solarthermieanlage befinden. Anderson war der Erste auf der Insel, der vor 15 Jahren eine solche Anlage auf seinem Dach montierte. Inspiriert hat ihn die Bewässerungsanlage in den Gewächshäusern, die im Sommer abends oft so viel warmes Wasser enthielten, dass er zum Duschen ins Gewächshaus ging. Die Solaranlage habe er mit eigenen Händen installiert, erzählt er stolz. Seine Nachbarn seien zunächst sehr kritisch gewesen, er habe ihnen jedoch gesagt: Warum sein Geld zur Bank tragen, um schlechte Zinsen zu bekommen? Die Anlage zahlte sich aus.

Überhaupt war die Ökonomie das wesentliche Argument, mit dem Sören Hermansen, einst selbst Bauer, dann Motor des Projektes, die Insulaner überzeugt hat. Insbesondere der Bau der seegestützten Windkraftanlagen sorgte für Diskussionsstoff, da die Hälfte der Investition von der Gemeinde aufgebracht werden musste. »Die Leute hier sind es nicht gewohnt, mit großen Summen umzugehen«, so Anderson. Es habe schon eine Anti-Stimmung gegeben. »Neuem ist man hier eben schnell negativ gegenüber.« Heute hingegen seien die Samsinger alle stolz auf Hermansen, der schon einmal vom US-Magazin Time zum Umwelthelden gekürt wurde und den dänischen Kronprinzen auf der Insel herumführte.

Ein Idealist oder gar Aktivist ist Anderson sicher nicht. Der Gärtner wollte schlicht warmes Wasser auf eine billige Art und Weise bekommen. Und das funktioniert tadellos, von einem Wechsel des

Warmwasserspeichers abgesehen, der notwendig geworden war, als er Auto-Frostschutzmittel eingefüllt und dies die Schweißnaht angegriffen hatte. Mit Begeisterung erläutert er mir jedes Detail, jeden Schalter, jede Anzeige seiner Anlage. »Ein wenig ist es doch zum Hobby geworden«, sagt er fast entschuldigend.

DER ENERGIEBERATER

Michael Kristensen, Ende 30, treffe ich in der Energie-Akademie, die im Badeort Ballen an der Ostküste errichtet wurde. Ein Gebäude des 21. Jahrhunderts, dunkle Hölzer, reduzierte Formen, perfekte Wärmedämmung, die guten Silizium-Solarzellen auf dem Dach, verglaste Besprechungsräume. Michael ist der Mann, der rausfährt und Hauseigentümer berät, die besser dämmen oder eine neue Heizung anschaffen wollen. Er weiß, wovon er redet, auch ohne ingenieurwissenschaftliches Studium. Aufgewachsen auf Samsö, ausgebildet als Tischler und Dachdecker, kann er mit den Menschen vor Ort in einer für sie verständlichen Sprache sprechen. Und er findet die richtigen Argumente. Zum Beispiel um die Handwerker auf der Insel zu überzeugen, sich weiterzubilden und Wärmepumpen und Solaranlagen statt Ölheizungen anzubieten. Die Ausstattungsrate mit Solarthermieanlagen ist in Samsö um das Vierzehnfache höher als der dänische Durchschnitt, bei identischer Förderung wohlgemerkt.

Allein mit Beratung begnügt sich Kristensen nicht. Intensiv arbeitet er am Projekt »Samsö 2.0« mit. Bis 2020 soll die Abhängigkeit von fossiler Energie endgültig der Vergangenheit angehören. Auch wenn der Plan bei meinem Besuch noch nicht verabschiedet ist, so ist die Zielrichtung doch klar: Der Transportsektor soll möglichst weit auf erneuerbare Energie umgestellt werden. Wichtigste Stoßrichtung: die Fähren, die allein für die Hälfte der CO_2-Emissionen der Insel verantwortlich sind. Sie sollen künftig mit Biogas betrieben werden. Die Biomasse dafür soll vor allem aus Reststoffen aus der Landwirtschaft sowie einer örtlichen Konservenfabrik stammen. »Wir nutzen auf Samsö erst ein Fünftel der Biomasse und wollen diesen Anteil verdoppeln«, erläutert der Energieberater. Das Finanzierungskonzept für die Biogasanlage könnte sich am Erfolg der Windturbinen orientieren. Wiederum sollen verschiedene Bauern gemeinsam mit der Konservenfabrik das notwendige Kapital von 500 000 dänischen Kronen aufbringen.

Aber auch beim Straßenverkehr will Samsö 2.0 ansetzen. Die Busse für den öffentlichen Nahverkehr werden neu ausgeschrieben, angeschafft werden sollen nur noch Fahrzeuge, die mit Biogas oder Wasserstoff fahren. Eine relativ leichte Übung, verglichen mit dem Pkw-Verkehr. Kristensen überlegt, eine kleine Flotte von 30 elektrischen Carsharing-Fahrzeugen anzuschaffen, um die Insulaner davon zu überzeugen, dass Elektromobilität funktioniert. Aber Individual-Verkehr heißt so, weil Individuen entscheiden, mit welchem Fahrzeug sie wann welche Strecken fahren. »Immerhin ist das Bewusstsein bei uns viel größer als im übrigen Dänemark«, macht er sich Mut.

Bei der Erstellung des neuen Masterplans geht Samsö dieses Mal noch weiter als in den Neunzigern. Damals war der Plan – von einem Ingenieur erarbeitet, vom Bürgermeister und dem wichtigsten Großbauern getragen – fix und fertig, als die Umsetzung mit der Bevölkerung diskutiert wurde. Nun werden in der Planerstellungsphase offene Besprechungen abgehalten, in denen mit den Bürgern diskutiert wird. Wenn Widersprüche kommen, sehen die anders aus als in deutschen Kommunen. Fast überall auf der Welt gilt, dass selbst Projekte, deren grundsätzlicher Sinn nicht in Frage gestellt wird, von der lokalen Bevölkerung abgelehnt werden, wenn sie räumlich zu nah kommen. »Not in my backyard«, nennt man dieses Phänomen. In Samsö gilt hingegen: »Only if I own it«. Eine Windmühle ist eben attraktiver, wenn jede Umdrehung gut für den eigenen Geldbeutel ist.

Die Bauern auf der Insel, so Kristensen, sehen die Strohverwertung im Blockheizkraftwerk und die Windkraftanlagen als Erweiterung ihres Geschäftsmodells. Der garantierte Abnahmepreis – Dänemark zahlt ebenfalls fixe Einspeisevergütungen für Windstrom – erscheint ihnen als attraktive Option gegenüber dem Gemüseanbau, wo sie in einem Preiswettbewerb stehen. Durch die Entwicklung der letzten zehn Jahre seien die Samsinger auch eher bereit, zu etwas Neuem »Ja« zu sagen.

Also gar keine Widerstände?, frage ich. Kristensen verschränkt die Arme, zögert und sagt dann: »DONG mag uns nicht und wir mögen DONG nicht.« Der größte dänische Energieversorger gehört zur Hälfte dem Staat, produziert vor allem Kohlestrom, baut aber auch riesige Offshore-Windparks. Nicht so sehr in der Firmenpolitik als vielmehr in den Besitzverhältnissen sieht Kristensen das Problem: Was, wenn ein einziger Versorger, der einen großen Teil des Windstroms erzeugt, sich eines Tages in den Händen russischer oder chinesischer Geschäftsleute wiederfindet? Was in Zeiten der

Globalisierung fast schon normal ist, das passt nicht in eine Kommune, in der die Menschen ihr Schicksal selbst in die Hand nehmen wollen.

DER LEHRER

Wie ein gestrenger Rektor sieht Jörgen Hald wirklich nicht aus, zumindest nicht in T-Shirt und kurzen Hosen. Allerdings leitet er auch keine normalen Schule, sondern eine »Efterskolen«. Eine sehr dänische Version des Internats, das Schüler zwischen Mittel- und Oberstufe besuchen können – aber nur für ein Jahr. Unter Gleichaltrigen sollen sie persönlich reifen, indem sie neben der Schule Ackerbau betreiben, segeln oder Theater spielen.

Hald gehört zu den wenigen Idealisten, die das Projekt Energie-Insel von Anfang an unterstützten. Als es galt, Menschen für das Projekt zu gewinnen, zog er im Nordteil der Insel von Haus zu Haus. Hald ist sich bewusst, dass die meisten seiner Mitbewohner seinen Idealismus nicht teilen und beispielsweise bei der Umstellung der Heizung von Öl auf Biomasse nur mitgemacht haben, weil es billiger war. »Wenn es ökonomisch keinen Sinn gemacht hätte, dann hätten wir es nicht durchgekriegt. Die Bauern hier, wie überall auf der Welt, hätten uns gefragt: Warum soll ich etwas ändern?« Eine kleine Rolle habe auch die Rivalität zwischen dem nördlichen und dem südlichen Teil der Insel gespielt, die nur durch einen schmalen Streifen Land miteinander verbunden sind. Ab einem gewissen Zeitpunkt wetteiferten beide Inselteile darum, das erste Biomassekraftwerk in Betrieb zu haben.

Das Konzept der Energie-Insel versucht Hald auch seinen Schülern zu vermitteln. Mit wechselndem Erfolg. »Es hat sich etwas geändert. Als wir jung waren, Ende der sechziger Jahre, war es wichtig, an eine Sache zu glauben. Das ist heute nicht mehr so.« Aber indem man darüber rede, werde bei den Jugendlichen schon ein Bewusstsein für das Thema Energie geschaffen. Und manchmal gelinge es sogar zu vermitteln, dass es etwas Größeres, Wichtigeres als die eigenen Bedürfnisse gibt. Ganz abgesehen von einem sozialen Lernen, das durch die Situation einer kleinen Insel begünstigt wird.

Ich konfrontiere Hald mit meiner Wahrnehmung: Samsö sei gar nicht die Ökoinsel, über die man immer in den Zeitungen lese. Sondern eine schöne dänische Insel, die mehr Windstrom erzeugt, als sie verbraucht. »Es ist keine Ökoinsel«, bestätigt er. »Ich wünschte, wir hätten das vor 15 Jahren getan. Dazu hätten wir die Bauern überzeugen müssen, die Landwirtschaft komplett umzustellen. Wären wir damit die Ersten gewesen, wir hätten ein Vermögen machen können. Und viel mehr Menschen würden heute auf der Insel leben.« Dafür sieht Hald allerdings keine Chance: Die Bauern müssten dafür ihre Anbaumethoden komplett verändern. Und Verhaltensänderungen sind immer sehr schwer durchzusetzen.

DIE KÜNSTLERIN

Das Erste, was mir an Malene Lundén auffällt: Sie läuft barfüßig durch die Energie-Akademie. Erst dann bemerke ich, dass sie auch sonst nicht ganz den dänischen Konventionen – gerne lässig, aber keineswegs auffällig – entspricht. Wilde blonde Haare, ein blauer Seidenschal, in der Hand trägt sie eine Blume für unseren Besprechungsraum. In Kopenhagen aufgewachsen, kam die Fotografin mit 21 nach Samsö, um einen Freund zu besuchen – und blieb. Erst verliebte sie sich in die Natur, kurze Zeit später in Sören Hermansen. Als fremdartiger Vogel sei sie anfangs wahrgenommen worden, erzählt Lundén, die keinerlei Erfahrung mit der praktischen Arbeit auf einem Bauernhof mitbrachte. Bis heute ist es ihre Aufgabe in der Akademie, die unkonventionellen Dinge zu denken.

Routiniert erzählt sie die Geschichte aus den Anfangstagen des Projekts. Ein Schlüssel für den Erfolg sei, dass eine kleine Gruppe von 15 Personen, unter ihnen den Bürgermeister und die wichtigsten Großbauern, hinter dem Plan stand. Ihrer Meinung nach hätten die Bauern früh erkannt, dass das Projekt Energie-Insel eine Chance für ein gutes Geschäft war, und ihm deshalb kaum Widerstand entgegengebracht. Dann bringe ich sie aber mit einer einfachen Frage aus dem Konzept: »Wie fühlt man sich, wenn man ein idealistisches Projekt verfolgt und alle machen nur des Geldes wegen mit?« »Eine gute Frage«, wiederholt sie mehrfach. »Wir diskutieren die Zukunft: Weitermachen mit dem nächsten Schritt der Transformation? Oder etwas ganz anderes tun? Auf jeden Fall fühle ich mich lebendig, aber auch respektiert und ausgeglichen.« So wirkt sie auch. Weder vom eigenen Erfolg korrumpiert noch desillusioniert. Mit dieser mentalen Stärke blickt sie auf die Schwächen des Projekts. Für Lundén steht fest: »Der nächste Schritt bedeutet Veränderung der Einstellung und des Verhaltens. Wenn das gelingt, haben wir einen guten Grund, dass wieder viele Menschen zu uns kommen.«

Außerdem müsse intensiver darüber nachgedacht werden, wie Samsö die selbstproduzierte Elektrizität nutzen könne, anstatt sie zu exportieren. Gleichzeitig schmiedet Lundén an Plänen für eine echte Akademie, die Forschungs- und Fortbildungsstätte für den Führungsnachwuchs im Energiesektor sein soll. Samsö biete dafür beste Voraussetzungen, denn die Insel verführe zur Langsamkeit – nach Lundéns Meinung eine der Schlüsselqualifikationen für künftige Manager und Politiker. Ich muss an die in aller Eile durch das Gesetzgebungsverfahren geprügelte »Energiewende« denken und lächele. Überhaupt gebe es zu wenig Führungspersönlichkeiten, so Lundén. Die meisten Politiker, die Hermansen und sie auf ihren Reisen träfen, verbrächten zu viel Zeit mit Machterhaltung. Dabei geht es doch ums Tun, nichts ums Reden. »Das ist nicht in der Balance. Wo sind diejenigen, die praktische Maßnahmen ergreifen, um das Leben der Menschen zu verbessern?«

DER POLITIKER

Eine Siedlung mit kleinen dänischen Sommerhäusern. In einem Seitenweg steht ein großes weißes Haus, Solarzellen auf dem Dach, ein kleiner Kartoffelacker, Holzscheite für Jahre hinter dem Schuppen. Hier soll der konservative Kommunalpolitiker Per Urban Olsen leben? Seine Tochter Anna, sieben Jahre alt, begrüßt mich, zeigt mir die Katzen. Bis ihr Vater das Wohnzimmer betritt, im blauen Overall und mit erdverschmutzten Händen, dauert es einige Zeit.

Dass Olsen so wenig wie ein Politiker wirkt, liegt vielleicht daran, dass er keiner ist, jedenfalls nicht hauptberuflich. Der Ingenieur übt sein Amt als Gemeinderat wie elf andere Insulaner ehrenamtlich aus, zwei bis drei Stunden am Tag koste es ihn. Der Einzige, der auf der Insel von der Politik leben kann, ist der Bürgermeister.

In seinem Haus nutzt Olsen kein Öl, erzählt er stolz. Er habe es vor fünf Jahren gekauft, da sei der Öltank mit 600 Litern befüllt gewesen. 200 Liter davon seien noch immer da. Ist das noch konservativ? Mit den Parteigrenzen nimmt man es auf Samsö ohnehin nicht so ernst. Nach der Sommerpause soll eine neue Verordnung im Gemeinderat verabschiedet werden, die bei allen Neubauten vorschreibt, dass die in Dänemark geltende Mindestwärmedämmung um 25 Prozent übertroffen werden muss. »Nur die Rechten sind dagegen«, erläutert Olsen, dessen Partei in Kopenhagen mit der Rechtspartei koaliert. Die Sozialisten hätten Zustimmung signalisiert.

Auch gegen das Projekt Energie-Insel seien die Konservativen nicht gewesen, allenfalls hätten am Anfang nicht alle Samsinger alles verstanden. In der nächsten Phase habe man den Plan bejaht, weil er Jobs für die Einwohner und zusätzliches Einkommen für die Bauern versprach. Heute würden die Menschen das Projekt sogar mögen. Auch Olsen verweist darauf, dass die wirtschaftliche Beteiligung der Einwohner entscheidend sei. »Wenn die Windturbinen ein großer Energiekonzern aufgestellt hätte, sähe das wohl anders aus.«

Ich frage Olsen, wie man solche Modelle auf größere Einheiten – Länder oder die ganze Europäische Union – übertragen könne. Und er hält ein flammendes Plädoyer für die kommunale Selbstbestimmung: »Solange Politiker entscheiden wollen, wie wir auf alternative Energien umstellen, wird das niemals erfolgreich sein. Es muss von den Menschen kommen.« Die EU sollte vor allem dafür sorgen, dass Öl, Kohle und Gas teuer werden. »Öl scheint den Menschen oft billiger als alternative Energien. Aber Öl ist auch teuer, es verursacht eine Menge Umweltverschmutzung.« Das zusätzlich eingenommene Geld solle den Kommunen für die Umstellung zur Verfügung gestellt werden. Den Rest würden nämlich die Gemeinden schon selbst machen.

Während unseres Gesprächs wird der Regen auf der sonnenreichsten Insel Dänemarks immer heftiger. Meine Fähre fährt in einer Stunde. Kaum an Bord, notiere ich: Es war kein Trip auf eine Musterinsel mit einem Modell, das man einfach kopieren und jeder Gemeinde der Welt überstülpen kann. Nicht einmal für die sozialen und ökonomischen Aspekte des Projekts gilt das. Aber Samsö zeigt mir auch: Veränderung ist möglich. Mit der Bevölkerung, nicht gegen sie.

In mir hallen Fragen nach: Wie kann das Modell der Bürgerbeteiligung an der Energieversorgung unter unseren Bedingungen umgesetzt werden? Welche Rolle sollte der Staat dabei spielen? Ist es für die großen Energieversorger und Netzbetreiber eine Option, Bürger an Kraftwerken und Netzen direkt zu beteiligen? Können Städte, in denen heute bereits mehr als 50 Prozent der Weltbevölkerung leben und die viel weniger Fläche je Einwohner für die Energieversorgung bereitstellen können, ähnlich agieren? Welche Rolle spielen die Stadtwerke?

Man findet sicher auch außerhalb von Dänemark Gemeinden, die ihre Energieversorgung eigenständig organisieren. Nicht mit falsch verstandener Autarkie, sprich Isolation, sondern in dem Bewusstsein, dass in einer energetisch vernetzten Welt der Kunde entscheidet, wie der Strom erzeugt wird. So hat sich die Stadt München an einem Offshore-Windpark beteiligt.

Das Nachdenken in den Kommunen hat längst eingesetzt. Aber Nachdenken ist noch kein Handeln.

WAS WIR BEDENKEN MÜSSEN, UM DIE ENERGIEWENDE ZU SCHAFFEN: DIE ESSENZ EINER REISE

»Die Geschichte kennt kein letztes Wort.«

Willy Brandt, Erinnerungen

Der häufigste Fehler, den Deutsche beim Kochen einer Bolognese machen: Sie ziehen sie zu früh vom Herd. Mindestens drei Stunden muss sie köcheln, sagt man in Italien. Dafür fehlt uns im modernen Leben oft die Zeit, selbst jenen, die sich nicht mit Fertigsoßen aus dem Supermarkt-Regal begnügen.

Nun geht es bei der Frage, wie wir unsere Energie-Zukunft gestalten, um weit mehr als ein perfektes Dinner. Sondern um eine Frage, deren Beantwortung darüber entscheidet, wie wir Zivilisation und Wohlstand erlauben, ohne unsere Erde völlig aus dem Gleichgewicht zu bringen. Insofern ist es angebracht, ein wenig unserer knappen Zeit auf diese Antwort zu verwenden. Wenn Sie das Buch bis hierhin gelesen haben, werden Sie gemerkt haben, dass ich die eine, allein selig machende Antwort in mehr als einem Jahr der Recherche nicht gefunden habe. Weil es sie wahrscheinlich nicht gibt.

Gefunden habe ich hingegen wertvolle Ideen, solche, die schon heute zur Energieversorgung beitragen, und solche, die dies vielleicht eines Tages tun werden. Welche Ideen sich davon als valide erweisen, hängt nicht nur davon ab, ob sie sich technisch bewähren. Jedenfalls nicht in einer demokratischen Gesellschaft – und das ist gut so! Denn erst im Diskurs und manchmal leider auch erst im Ausprobieren werden wir, die Bürger, Chancen und Risiken abwägen und anschließend Entscheidungen treffen können.

Trotz des Atomausstiegs hat der notwendige Diskurs um die langfristige Ablösung fossiler Energieträger erst begonnen. Als Zwischenstand darf man daher die folgenden Thesen betrachten, die ich im Lauf meiner Reise durch die Energie-Welt entwickelt habe. Und die in vieler Hinsicht konträr zu dem in der Konsensgesellschaft gepflegten Weltbild stehen.

SECHS THESEN ZUR ENERGIEERZEUGUNG DER ZUKUNFT

1. Energiesparen rettet die Welt nicht

Energieeffizienz ist wichtig, wenn das Gut Energie knapper wird. Ökonomische und ökologische Vernunft sprechen dafür, dass wir alles daran setzen, Industrieprozesse, Gebäude und unsere Mobilität mit möglichst geringem Energieaufwand zu betreiben. Zumal die deutsche Industrie auf allen drei Sektoren zur technischen Weltspitze gehört und dort in einer an Ressourcen ärmeren Welt nur bleiben wird, wenn sie die effizientesten Maschinen entwickelt und produziert. Vor allem die Gebäudesanierung kann, wenn sie richtig gestaltet wird, einen wesentlichen Beitrag leisten. In diesem Zusammenhang wird oft über die Verschandelung von Altbauten diskutiert – wie so oft ein Ablenkungsmanöver. Denn nur 14 Prozent des Gebäudebestandes in Deutschland sind vor 1918 errichtet worden. Man könnte es schlicht verbieten, solche Gebäude von außen zu dämmen, ohne dass ein signifikanter Effekt auf die Energienachfrage zu verspüren wäre. Hingegen stammen 49 Prozent aus den Jahren 1949 bis 1978, selten schön und fast immer energetisch miserabel. Hier sollte gute Politik ein Anreizsystem schaffen, dass sich die aufwändige energetische Sanierung auch für Mietshäuser lohnt.

Aber Wohlstand für neun und mehr Milliarden Menschen auf dieser Erde ist nicht nur durch Energiesparen zu erreichen. Sondern durch mehr Energie, die wir auf sauberem Weg erzeugen. Auch in der Energietechnik gehören deutsche Unternehmen zu den weltweit führenden, egal ob es um Solarzellen, Windkraftanlagen oder Dampfturbinen für klassische Kraftwerksprozesse geht. Es gilt, diese Stellung zu erhalten, auch wenn andere Länder mittlerweile massiv in diesen Sektor investieren.

Vor dem Hintergrund des globalen Energiehungers lautet die Aufgabenstellung also, saubere Technologien so weit zu entwickeln, dass sie international wettbewerbsfähig sind, auch dort, wo Staaten zuerst an die Ökonomie und dann an die Ökologie denken. Sauber erzeugter Strom muss so billig werden, dass er nicht auf Einspeisevergütungen angewiesen ist. Dazu sollte ein klarer Pfad für das Auslaufen dieser Vergütungen in den nächsten zehn Jahren aufgezeigt und am besten gesetzlich verabschiedet werden. Dazu gehört, dass anstelle dauernder Korrekturen am Erneuerbare-Energien-Gesetz baldmöglichst genau festgelegt wird, in welchen Stufen und bis wann die Subventionen endgültig auslaufen. Dies gäbe allen Beteiligten Investitionssicherheit. Damit es nicht zu einem Rückfall in die verstärkte Nutzung fossiler Energievorräte kommt, muss gleichzeitig die Emission von Kohlendioxid teuer werden – der Preis je Tonne muss sich mindestens verdoppeln, wenn nicht verdreifachen. Das von Professor Christian von Weizsäcker vorgeschlagene Welthandelssystem mit einem den Preis überwachenden Fonds ist die einzige mir plausible Lösung. Da eine globale Lösung kurzfristig nicht durchsetzbar scheint, sollte zumindest Europa sein Handelssystem entsprechend überarbeiten – und zwar ebenfalls jetzt und mit definierten Preisstufen für die kommenden zehn oder besser 20 Jahre. Gegenwärtig droht eine ganz andere Gefahr: Der Preis für die Emissionszertifikate könnte verfallen, weil die Fortschritte bei der Energieeffizienz zu rückläufiger Nachfrage führen. Sinkt der Preis, der für die Emission einer Tonne CO_2 bezahlt werden muss, steigt der Anreiz, billigen Strom aus existierenden Kohlekraftwerken zu produzieren. Für die Energieversorger wird es unattraktiv, in effizientere, aber teurere Gaskraftwerke zu investieren.

2. Wind- und Sonnenstrom reichen auf absehbare Zeit nicht

Am Ende meiner Reise bin ich optimistischer denn je, dass in den erneuerbaren Energien, in Sonne und Wind, aber auch den übrigen technischen Pfaden gewaltiges Potenzial liegt. Wind- und Sonnenstrom müssen nicht nur viel effizienter werden, sie können es auch. Doch der Weg ist lang. Denn die Diskrepanz, die zwischen installierter Leistung und tatsächlicher Stromproduktion besteht, ist bei den beiden Hoffnungsträgern Sonne und Wind besonders groß. Hinzu kommt die starke wetterabhängige und leider auch saisonale Schwankung des erzeugten Stroms, die mit heutigen Speichertechnologien nicht überbrückbar ist. Es ist schön, wenn bei uns Solarstrom ab 2012 zu Netzparitätskosten erzeugt werden kann. Um allerdings international auch dort wettbewerbsfähig zu sein, wo es weniger oder keine Subventionen für regenerative Energien gibt, ist er noch viel zu teuer.

All dies spricht nicht gegen erneuerbare Energien, sondern für deren intensivierte Weiterverfolgung – allerdings mit einer realistischen Perspektive. Dem Bürger vorzugaukeln, bereits bei der Abschaltung des letzten Kernkraftwerks sei unsere Energie mehrheitlich »erneuerbar«, ist nicht redlich. Der Umstieg dauert schon bei uns, einem reichen Land, dessen Bevölkerung schrumpft, bis zur Mitte des 21. Jahrhunderts. Frühestens 2030 werden wir die Hälfte der Energie regenerativ erzeugen. In stark wachsenden Industrienationen wie China, Indien oder Brasilien lässt der Umstieg noch länger auf sich warten. Gar nicht zu reden von Afrika, dessen wirtschaftliche Entwicklung noch ganz am Anfang steht.

Ich halte es für wesentlich, dass wir unser Suchfeld nicht auf dezentral erzeugten Sonnen- und Windstrom verengen, sondern allen Technologien, die eine CO_2-freie oder auch nur -ärmere Energieversorgung ermöglichen, eine Chance geben und Forschungsmittel einsetzen. Darüber, welche Technologie eine Gesellschaft tatsächlich einsetzt, sollte sie dann mit möglichst basisdemokratischen Mitteln entscheiden.

3. Es geht nicht ohne große, zentrale Kraftwerke

Es ist eine schöne Vision: Auf jedem Häuserdach Solarzellen und vor den Toren des Dorfes ein paar Windkraftanlagen, fertig ist die Energiezukunft. Der große Charme solcher Visionen liegt nicht nur in einer umweltverträglichen Energieerzeugung, sondern auch darin, dass eine Kommune über dezentrale Anlagen selbstständig entscheiden kann. Für ein hochentwickeltes Land reicht diese Form der Stromerzeugung aber trotz aller Effizienzmaßnahmen nicht, um Industrieprozesse und Rechenzentren sowie einen zunehmend elektrifizierten Verkehr sicher zu versorgen. Eine unterbrechungsfreie Grundlastversorgung ist ein entscheidender Wettbewerbsvorteil für diese Wirtschaftszweige. Auch eine Verschaltung vieler kleiner dezentraler Einheiten zu virtuellen Kraftwerken kann diese Versorgung nicht leisten, wohl aber den Bedarf mindern. Hinzu kommt, dass ein immer größerer Anteil der Menschheit in Städten lebt, die die notwendigen Flächen für dezentrale Energieerzeugung nicht bieten. Bis 2050, so schätzen es die Vereinten Nationen, leben zwei von drei Menschen in der Stadt. Mehr als fünf Milliarden Menschen werden die Metropolen der Wachstumsmärkte und Entwicklungsländer bevölkern und auf Energieimporte angewiesen sein.

Dabei sind große zentrale Kraftwerkeinheiten nicht per se umweltschädigend, im Gegenteil: Der Wirkungsgrad großtechnischer Anlagen liegt fast immer deutlich über dem kleiner Einheiten. Ganz besonders trifft das zu, sobald entweder Wärme für die Stromgewinnung genutzt (Kohlekraftwerk, Solarthermie, ...) oder als Endprodukt erzeugt wird. Übrigens nicht weil die Ingenieure das so wollen, sondern weil die Physik nicht zu überlisten ist: Der Wirkungsgrad thermischer Prozesse steigt mit Temperatur und Druck. Kleine Anlagen haben ein ungünstigeres Verhältnis von Oberfläche zu Volumen und verlieren daher mehr Energie an die Umgebung. Aus dem gleichen Grund ist der Eisbär so groß geraten. Außerdem ist ein einzelnes Kohlekraftwerk oder ein Staudamm natürlich ein massiver Eingriff in die vormals (hoffentlich) intakte Landschaft. Zum Ausgleich, so schreiben es die Naturschutzgesetze zumindest in Europa mittlerweile vor, können Ausgleichsflächen geschaffen werden, in denen die Natur wirklich Natur sein darf, ohne jede Störung durch den Menschen. Viele kleine Eingriffe an vielen Stellen können in Summe den Flächenbedarf vervielfachen und die Artenvielfalt stärker gefährden.

Nur eine Hand voll Technologien bietet die Möglichkeit, große Kraftwerke mit hohem Wirkungsgrad zu bauen. Zunächst die Wasserkraft, die aber in Europa nicht mehr in großem Maßstab ausbaufähig ist, in Deutschland schon gar nicht. Bei den erneuerbaren Energien bieten sich vor allem Solarthermiekraftwerke und Windparks im Meer an. Beide Pfade werden verfolgt, allerdings sind die möglichen Standorte innerhalb Deutschlands nicht ausreichend (Windstrom aus dem Meer) oder gar nicht vorhanden (Solarthermie), so dass hier zwingend internationale politische Kooperation notwendig ist, wie sie im Erdgassektor beispielsweise längst besteht. Aufgabe für die Wissenschaft und die Wissenschaftspolitik bleibt es, herauszufinden, ob Kernfusionskraftwerke eines noch fernen Tages die Rolle des Rückgrates unserer Energieversorgung übernehmen können. Die Kernspaltung wollen wir in Deutschland nicht weiter verfolgen. Bleiben noch Kohle- und Gaskraftwerke.

4. Neue fossile Kraftwerke sollten Vorfahrt erhalten

Nahezu alle Fachleute gehen davon aus, dass wir nach der Bekräftigung des Atomausstiegs übergangsweise mehr Strom aus Kohle- und Gaskraftwerken benötigen werden. Unbestritten ist vor allem, dass ein Zusammenhang zwischen der Geschwindigkeit des Ausstiegs und der Kohlendioxidemission aus dem Energiesektor besteht. Wir sollten hier als Gesellschaft nicht den Fehler machen, den der eine oder andere Umweltbewegte bei seiner privaten Mobilität macht: Wer einen alten Volvo-Kombi fährt, erntet im grünen Milieu vielleicht größeren Beifall als der Fahrer eines neuen, gleich großen BMW. Der aber verbraucht dafür nur sechs und nicht elf Liter Kraftstoff.

Wenn wir uns also aus Sicherheitsgründen gegen alte Kernkraftwerke aussprechen, dann sollten wir uns um des Klimaschutzes willen auch gegen alte Kohlekraftwerke aussprechen. Wenn wir trotzdem Kohle oder Gas einsetzen, dann verbrennen wir sie mit dem bestmöglichen Wirkungsgrad – also in neuen Kraftwerken, die wir extra für diesen Zweck errichten. Und zwar möglichst genau dort, wo wir die Infrastruktur, beispielsweise die Netzanschlüsse bereits haben. Also an den Standorten, an denen wir schon Kohle- oder Kernkraftwerke betreiben.

Unbedingt sollten wir alles daran setzen, solche fossilen Kraftwerke mit Technologien auszurüsten, die das Kohlendioxid abtrennen. Zugegeben, wir wissen noch nicht, ob das im großen Maßstab wirklich funktioniert. Und es gibt auch Zweifel daran, dass man das Treibhausgas auf Dauer sicher einlagern kann. Das gehört untersucht, mit wissenschaftlichen Methoden. Aber es auf Verdacht gar nicht erst zu versuchen, ist fahrlässig gegenüber jenen Menschen, die unter dem Klimawandel am meisten leiden.

5. Die Energieforschung muss intensiviert werden

Wenige Tage bevor ich dieses Manuskript abschließe, hat die Bundesregierung ihr neues, das sechste Energieforschungsprogramm veröffentlicht. Die Presseerklärung, von den vier beteiligten Ministerien gemeinsam versendet, jubelt: »Das Engagement der Bundesregierung spiegelt sich vor allem im Budget für Energieforschung wider. Von 2011 bis 2014 stehen rund 3,4 Milliarden Euro für die Förderung zur Verfügung.« Im fünften Energieforschungsprogramm aus dem Jahr 2005 wurden für den Zeitraum bis 2008 nur 1,7 Milliarden Euro angekündigt. So beachtlich diese Steigerung ist, Anfang der achtziger Jahre investierte die alte Bundesrepublik umgerechnet jährlich zwei Milliarden Euro in die Energieforschung, vorrangig in nukleare Techniken. Im neuen Programm der Bundesregierung ist für 2014 eine Milliarde ausgewiesen, und die steht noch unter der Zustimmungspflicht des Parlaments, das den Bundeshaushalt verabschieden wird. Die Internationale Energieagentur mahnt in einer Studie, dass die staatlichen Forschungs- und Entwicklungsgelder um das Zwei- bis Fünffache erhöht werden müssten, um den Kohlendioxidausstoß bis 2050 zu halbieren. Deutschland, führend in der Energietechnik und stark exportabhängig, müsste hier eigentlich vorangehen.

Nun kommt es bei der Forschungsförderung nicht nur auf die Menge an. Man darf auch hinterfragen, ob staatliche Förderung stets die richtigen Akzente setzt. So ist ein großer Teil der Bundesmittel für anwendungsnahe Forschung, beispielsweise zur Wirkungsgradoptimierung von Kohlekraftwerken oder Solarzellen, reserviert. In den USA, wo mit Steven Chu ein Physiknobelpreisträger als Energieminister agiert, wird ein Teil des Forschungsgeldes, immerhin 400 Millionen Dollar, bewusst in ein Programm investiert, das verrückte Ideen fördert. Das Programm »Advanced Research Projects Agency – Energy« besteht aus 117 Einzelprojekten, von denen sich ein großer Teil wahrscheinlich als Flops erweisen wird: Windräder, die wie Flugzeugturbinen aussehen, künstliche Blätter, die Wasserstoff mit Hilfe des Sonnenlichts herstellen, oder riesige Schwungräder, die Strom in Form mechanischer Energiedichte speichern. Sollten sich aber nur ein paar der Ideen bewähren, wäre das Geld sehr gut angelegt.

Würde uns eine einheitlich geführte, zentrale Lenkung der Energieforschung schneller und vor allem kostengünstiger ans Ziel bringen? Ich bin mittlerweile sehr davon überzeugt, dass gerade das wettbewerbliche Element zu Spitzenergebnissen in der Forschung führt. Denn Zukunft ist offen. Ob Elektrofahrzeuge ihre Energie eines Tages aus Brennstoffzellen oder Batterien beziehen, ist eben ungewiss. Oder werden es doch relativ konventionelle Motoren sein, die mit Biokraftstoffen der zweiten Generation fahren? Je mehr intelligente Menschen unterschiedliche Ansätze verfolgen, desto höher ist die Wahrscheinlichkeit, dass eines Tages ein Volltreffer dabei ist. Es ist schlicht Hybris, Forschungsergebnisse zu einem bestimmten Termin erzwingen zu wollen. Und selbst wenn die Forschung auf einem bestimmten Gebiet den Durchbruch verkünden kann, ist der Weg zur industriellen Anwendung oft weit: Supraleitung, Kernfusion, Solarzellen mit 40 Prozent Wirkungsgrad – das funktioniert im Labor alles bereits. Es ist wichtig, dass die Forschung mehr Ansätze verfolgt, als sich am Ende realisieren lassen, denn nur so haben wir Optionen, zwischen denen wir wählen können. Das technisch Mögliche ist dabei immer nur ein Auswahlkriterium. Das Lieblingsbeispiel des Wissenschaftsjournalisten Ulrich Eberl ist das fliegende Auto: Funktioniert längst und gibt es dennoch nicht zu kaufen. Weil es zu viel Energie verbraucht, zu teuer und schwierig zu bedienen ist.

6. Vergessen wir den Konsens! Streiten wir über den Weg!
Endlich herrsche nationaler Konsens über die Energieversorgung Deutschlands, so war es nicht nur als Äußerung der Bundeskanzlerin, sondern vieler Politiker und Publizisten im Sommer 2011 zu lesen. Nach Jahrzehnten der Auseinandersetzung stimmten am 30. Juni 2011 Christdemokraten und -soziale, Sozialdemokraten, Liberale und Grüne im deutschen Bundestag für den Atomausstieg. Nicht mehr ganz so groß war die Einigkeit schon bei den im gleichen Atemzug eingebrachten Gesetzen über die Änderungen bei der Förderung erneuerbarer Energien oder den Ausbau der Stromnetze. Obwohl es sich hierbei um ebenso wichtige Zukunftsfragen für die Republik handelt, meinen zumindest alle, die sich beruflich mit Energieversorgung beschäftigen. Aber ist das schlimm? Woher stammt die Sehnsucht nach Einigkeit, die so groß war, dass Gesetze mit solcher Windeseile zusammengeschustert wurden, als herrsche unmittelbare Gefahr für Leib und Leben? Wieso verzichtet eine Gesellschaft in einer für die eigene Fortentwicklung so existenziellen Frage auf eine breite und ausführliche Diskussion?
Ich finde, dass es sich lohnt, über die Weiterentwicklung unseres Energiesystems zu streiten. Zumal es um viel Geld geht: In unserem gesamten Energiesystem, also in Kraftwerken, Leitungen, Tankstellen und allem anderen, steckt etwa das Bruttosozialprodukt zweier Jahre. Ein Umbau kostet dementsprechend genauso viel Geld, mindestens. Der Wissenschaftliche Beirat der Bundesregierung für globale Umweltveränderungen (WGBU) schätzt den globalen Investitionsbedarf für den Umbau zu einer klimaverträglichen Gesellschaft auf bis zu 1000 Milliarden US-Dollar jährlich. Die hohe Verschuldung vieler Staaten führt dazu, dass dieses Geld nur vom Stromverbraucher aufgebracht werden kann, was angesichts des Verursacherprinzips auch ethisch geboten ist. Aber wie viel sind wir bereit zu zahlen? Der eine monatliche Milchkaffee weniger, den Umweltminister Norbert Röttgen bemühte, ist längst als Lüge enttarnt. 1000 Milliarden Dollar pro Jahr, das sind 1000 Dollar für jeden Menschen in den klassischen Industrieländern – also für jeden von uns.
Heikel an der Sache ist die damit verbundene Umverteilung. Denn die Hälfte der Bevölkerung, die nicht im Eigenheim wohnt, zahlt per Umlage jene Solaranlagen, die umweltbewusste Gutverdiener als gute Investition in die Zukunft sehen. Die, die ohnehin schon am wenigsten haben, die von Hartz IV leben oder einfach nur einen normalen Beruf ausüben und Kinder haben, kaufen

auch nicht mal eben einen neuen Kühlschrank, weil der Stromverbrauch zu hoch sind. Selbst die Anschaffung mehrerer Energiesparlampen kann ein Loch ins Haushaltsbudget reißen. Das neueste, vielleicht supersparsame Auto steht in solchen Haushalten sicher auch nicht, eher schon ein gebrauchter Mazda. Und von diesen Menschen wollen wir Verzicht um des Klimaschutzes willen? Ein umlagefinanzierter Umbau unserer Energieversorgung kann nicht der richtige Weg sein!

Aber nicht nur für den Privathaushalt, sondern auch für die Industrie spielen die Energiekosten eine große Rolle. Nicht für alle Wirtschaftszweige, sondern nur für vier von zehn Unternehmen, wie McKinsey in einer Studie vorrechnet. Zu beachten ist allerdings, dass die meisten Schlüsselindustrien in Deutschland zu jenen 40 Prozent gehören: die Automobilindustrie, der Maschinen- und Anlagenbau genauso wie energieintensive Branchen wie Stahlherstellung und Chemie. In der Chemie machen die Energiekosten im Mittel zehn Prozent, bei der Metallherstellung sogar mehr als 20 Prozent aus. Auch hier gilt es die Balance zu halten zwischen einer gezielten Verteuerung des Produktionsfaktors Energie, die durch Effizienzmaßnahmen aufgefangen werden kann, und den Arbeitsplätzen und der Wohlfahrt, die aus dem Erfolg der betroffenen Unternehmen resultieren. Was Deutschland aber mit der Einspeisevergütung und dem fast vollständigen Verzicht auf eine langfristige Energiepolitik macht, ist russisches Roulette: Kein Unternehmer weiß heute, ob sich eine teure Investition in eine energieärmere Produktion oder die Entwicklung eines entsprechenden Produkts wirklich rechnet.

Schließlich ist die Rolle des Staates in diesem Umbau zu diskutieren: Brauchen wir für die »zweite Revolution« nach dem Atomausstieg eine stärkere staatliche Lenkung? Oder haben wir längst ein viel zu kompliziertes Fördersystem und sollten einfach die Emission von Treibhausgasen deutlich teurer machen? Brauchen wir am Ende gar einen neuen Gesellschaftsvertrag, um die Herausforderungen durch den Klimawandel zu bewältigen? Mehr Auseinandersetzung fordert auch der Chefökonom des Potsdam-Instituts für Klimafolgenforschung. In einem Gastbeitrag für die Zeit schreibt Professor Ottmar Edenhofer: »Der Fehler der Regierungskoalition ist nicht, dass sie ein Experiment wagt. Der Fehler liegt darin, dass sie dieses Experiment nicht als einen gesellschaftlichen Lernprozess versteht.«

Man könnte sogar den Verdacht haben, Politiker scheuen die offene Diskussion über große Projekte und die damit verbundenen

Einschränkungen und schwärmen deshalb so sehr von Dezentralität und Autonomie. Dabei ist vielleicht nur eine Abkehr von alten Entscheidungsmustern notwendig. Betroffene Bürger und Nichtregierungsorganisationen, vor allem Naturschutzverbände, bereits an der Planung zu beteiligen, kann dazu führen, dass Widerstand gar nicht erst entsteht. Ein Beispiel dafür ist der schwedische Weg bei der Suche nach einem Endlager, um das sich letztendlich zwei Gemeinden beworben haben.

Diskussions- und streitfähig sollte die Energiepolitik der Zukunft sein, aber auch planbar. Die beiden Kehrtwenden – im Herbst 2010 die Laufzeitverlängerung, im Sommer 2011 der Ausstieg aus der Kernkraft – haben Verunsicherung hinterlassen. Genauso wie die vielen in rascher Folge verabschiedeten Novellen des Gesetzes zur Förderung der erneuerbaren Energien. Egal, wo man sich energiepolitisch verortet, es ist nachvollziehbar, dass die raschen Kehrtwenden der Politik das Klima für langfristige Investitionen erschweren.

MIT-STREITER WILLKOMMEN

Zugegebenermaßen kann man auch über diese sechs Thesen streiten. Ich hoffe sogar, dass dies geschieht. Vor allem aber hoffe ich, Menschen dafür zu gewinnen, sich intensiver mit dem Thema Energie zu beschäftigen. Ob Sie Tageszeitung lesen oder die Benachrichtigungsfunktion von Google News nutzen, es lohnt sich, die Entwicklungen in Energietechnik, -politik und -wirtschaft zu verfolgen. Denn nur in Kenntnis des technisch Möglichen, des wirtschaftlich Sinnvollen und des politisch Durchsetzbaren kann man als Bürger mit-streiten, Positionen abwägen und hoffentlich eines Tages auch direkt mitentscheiden.

QUELLEN

Die wichtigsten Quellen eines Journalisten sind das persönliche Gespräch und die eigene Anschauung. Meinen Gesprächspartnern aus Industrie und Wissenschaft gilt mein besonderer Dank, ohne sie wäre dieses Buch nicht möglich gewesen. Dennoch ist natürlich auch umfangreiche Fachliteratur für diese Arbeit die Grundlage gewesen, die ich, wie in journalistischen Texten üblich, um der Lesbarkeit willen nicht per Fußnote zitiere. Die wichtigsten Quellen, auf die ich mich beziehe, waren:

ZUR ENERGIEWENDE:

Dohem, F. et al.: »Das war's«. Der Spiegel (2011), Nr. 14, S. 62ff.

REN 21 (Hrsg.): Renewables 2011 Global Status Report. Paris 2011.

Schiffer, H.-W.: Rolle der Kohle im weltweiten Energiemix. Zeitschrift für Energiewirtschaft 35 (2011), S. 1–13.

Schellnhuber, H. J.: Vorwärts zur Natur. Frankfurter Allgemeine Sonntagszeitung (1. Mai 2011), S. 28.

Weizsäcker, E. U.: Das große Ablenkungstheater. Die Zeit (22. Juni 2011), S. 13.

ZUR GESCHICHTE DER THERMODYNAMIK:

Klemm, F.: Zur Kulturgeschichte der Technik. München: Deutsches Museum, 1982.

Mayer, J. R.: Bemerkungen über die Kräfte in der unbelebten Natur. Annalen der Chemie und Pharmacie XLII (1842).

Plank, R.: Julius Robert Mayer. Zum hundertjährigen Bestehen des Gesetzes der Erhaltung der Energie. Die Naturwissenschaften (1942) Nr. 20/21.

Zeh, H. D.: Entropie. Frankfurt am Main: Fischer, 2005.

ZUM ZUSAMMENHANG VON WOHLSTAND UND ENERGIENACHFRAGE:

Feldenkirchen, W.: Siemens: Von der Werkstatt zum Weltunternehmen. München: Piper, 2003.

Fritsche, U.R.: Treibhausgasemissionen und Vermeidungskosten der nuklearen, fossilen und erneuerbaren Strombereitstellung. Arbeitspapier, Ökoinstitut Darmstadt e.V., 2007.

Hennicke, P.; Fischedick, M.: Erneuerbare Energien. München: C.H. Beck, 2010.

Paulinyi, A.: Industrielle Revolution: Vom Ursprung der modernen Technik. Reinbek: Rowohlt Taschenbuch, 1989.

Sinn, H.-W.: Das grüne Paradoxon: Plädoyer für eine illusionsfreie Klimapolitik. München: Econ, 2008.

Weizsäcker, C.C.: Rationale Klimapolitik. Frankfurter Allgemeine Zeitung (2009).

Weizsäcker, E.U.; Hargoves, K.; Smith, M.: Faktor Fünf: Die Formel für nachhaltiges Wachstum. München: Droemer, 2010.

ZUR WASSERKRAFT:

Department of Energy and Climate Chance (Hrsg.): Severn Tidal Power: Feasibility Study Conclusions and Summary Report, 2010.

Geinitz, C.: China setzt auf riesige Wasserkraftwerke. Frankfurter Allgemeine Zeitung (19. Juni 2010), S. 14.

Geiger, S.: Wohin mit Schlamm, Geröll und Regenmassen? Frankfurter Allgemeine Sonntagszeitung (08. August 2010).

Leijon, M. et al.: Wave Energy from the North Sea: Experiences from the Lysekil Research Site. Surveys in Geophysics 29 (2008), S. 221–240.

Weber, M.; Braun, L.M.; Prasch, M.: Die Bedeutung der Gletscherschmelze für den Abluss der Donau. Mitteilungsblatt des Hydrographischen Dienstes in Österreich (2009), S. 1–29.

ZUR WINDKRAFT:

Keil, G.: Dreizehn Energiewende-Märchen. Abgerufen am 21.08.2011 von http://www.achgut.com/dadgdx/index.php/dadgd/article/dreizehn_energiewende_maerchen/

Koschinski, S.; Lüdemann, K.: Stand der Entwicklung schallminimierender Maßnahmen beim Bau von Offshore-Windenergieanlagen. Studie, Bundesamt für Naturschutz, Nehmten, 2011.

Mihm, A.: Windkraftbranche leidet unter der Flaute. Frankfurter Allgemeine Zeitung (28. Juli 2011), S. 10.

Reichholf, J. H.: Naturschutz: Krise und Zukunft. Berlin: Suhrkamp, 2010.

Zimmermann, J.-R.: 50 Prozent plus – Strom aus Landwind. neue energie (April 2011), S. 37ff.

ZUR SONNENKRAFT:

Allelein, H.-J. et al.: Solartechnik. In: Zahoransky, R.: Energietechnik. Wiesbaden: Vieweg+Teubner, 2010, S. 277–316.

Forschungsverbund Erneuerbare Energien (Hrsg.): Energiekonzept 2050: Eine Vision für ein nachhaltiges Energiekonzept auf Basis von Energieeffizienz und 100% erneuerbaren Energien. Helmholtz-Zentrum Berlin, 2010.

Fthenakis, V. M. et al.: Emissions from Photovoltaic Life Cycles. Environmental Science & Technology 42 (2008), S. 2168ff.

Lödl, M. et al.: Abschätzung des Photovoltaik-Potenzials auf Dachflächen in Deutschland. 11. Symposium Energieinnovation. Graz, 2010.

Schneiderlöchner, E.: Laserstrahlverfahren zur Fertigung kristalliner Silizium-Solarzellen. Dissertation, Albert-Ludwig-Universität Freiburg im Breisgau, 2004.

Service, R. F.: Outlook Brightens for Plastic Solar Cells. Science 332 (2011), S. 293.

Weber, E.: Sonnenstrom ist klasse! – eine Gegenrede. Frankfurter Allgemeine Sonntagszeitung (30. Januar 2011), S. 36.

Wöhrle, J.: Innere Werte. Joule (2009), Nr. 1, S. 64f.

ZUR GEOTHERMIE:

Jacob, K.: Erschütterte Hoffnung. bild der wissenschaft (2011), Nr. 3, S. 90–95.

Ministerium für Umwelt, Forsten und Verbraucherschutz des Landes Rheinland-Pfalz (Hrsg.): Das seismische Ereignis bei Landau. Abschlussbericht der Expertengruppe »Seismisches Risiko bei hydrothermaler Geothermie«, 2010.

Paschen, H.; Oertel, D.; Grünwald, R.: Möglichkeiten geothermischer Stromerzeugung in Deutschland. Büro für Technikfolgenabschätzung beim Deutschen Bundestag, 2003.

ZUR BIOMASSENUTZUNG:

Ammermann, K.; Mengel, A.: Energetischer Biomassenanbau im Kontext von Naturschutz, Bioversität, Kulurlandschaftsentwicklung. In: Bundesinstitut für Bau-, Stadt- und Raumforschung (Hrsg.): Biomasse: Perspektiven räumlicher Entwicklung. Bonn: Selbstverlag, 2011, S. 323ff.

Bowyer, C.; Kretschmer, B.: Anticipated Indirect Land Use Change Associated with Expanded Use of Biofuels and Bioliquids in the EU. Institute for European Environmental Policy, 2011.

Dinjus, E.; Dahmen, N: Das Bioliq-Verfahren: Konzept, Technologie und Stand der Entwicklung. MTZ (2010), Nr. 12, S. 865ff.

Ellis, E. C.; Ramankutty, N.: Putting people in the map: anthropogenic biomes of the world. Frontiers in Ecology and the Environment (2008), S. 439ff.

Gesetz zur Neuregelung des Rechtsrahmens für die Förderung der Stromerzeugung aus erneuerbaren Energien. Bundesgesetzblatt (4. August 2011).

Krämer, T.: Grün ist die Hoffnung. bild der wissenschaft (2011), Nr. 1, S. 90ff.

Liebrich, S.: Gefährliche Konkurrenz. Süddeutsche Zeitung (21. April 2011), S. 22.

Meyer, J.; Trautmann, A.: Biokraftstoffe und Klimaschutz. EUtech Energie & Management GmbH, Aachen, 2008.

Michel, H.: Die natürliche Photosynthese. In: Gruss, P.; Schüth, F.: Die Zukunft der Energie. München: C. H. Beck, 2008, S. 71ff.

Schuh, H.: Biostrom, nein danke! Die Zeit (14. Juli 2011), S. 35.

Weber, L.: Sprit vom Acker. Frankfurter Allgemeine Zeitung (12. März 2011), S. 13.

Widdel, F.: Erneuerbare Energieträger aus Mikroorganismen: Möglichkeiten und Grenzen. In: Gruss, P.; Schüth, F.: Die Zukunft der Energie. München: C. H. Beck, 2008, S. 164.

Wissenschaftlicher Beirat Agrarpolitik beim Bundesministerium für Ernährung, Landwirtschaft und Verbraucherschutz (Hrsg.): Nutzung von Biomasse zur Energiegewinnung: Empfehlungen an die Politik, 2007.

ZUR ENERGIESPEICHERUNG:

Eichlseder, H.; Klell, M.: Wasserstoff in der Fahrzeugtechnik. Wiesbaden: Vieweg+ Teubner, 2008.

Gerhard, D. et al.: Schutzrecht DE 102007038965A1, 2009.

Küffner, G.: Wärme und nicht Elektrizität speichern. Frankfurter Allgemeine Sonntagszeitung (17. April 2011), S. V6.

Marquart, R.: Druckluftspeicher – Entwicklungsaktivitäten von RWE Power. Fachtagung »Erneuerbare ins Netz«, Mai 2010.

Noack, J.: Lastenausgleich durch Redox-Flow-Batterien. Energy 2.0, Kompendium 2009, S. 200f.

Leonhard, W.; Wenzel, A.: Flauten, Orkane und eine verfehlte Energiepolitik – wie soll das elektrische Netz das richten? ew (2007), Nr. 7, S. 52–57.

Mackensen, R. et al.: Das regenartive Kombikraftwerk. Abschlussbericht, ISET e. V., 2008.

Schott, B.: Lithium – begehrter Rohstoff der Zukunft. Verfügbarkeitsanalyse, Zentrum für Sonnenenergie- und Wasserstoff-Forschung Baden-Würtemberg, Stuttgart, 2010.

Zedler, J. H.: Magdeburger Halbkugeln. Monumenta Guerickiana (2003), Nr. 11/12, S. 189.

ZUM NETZAUSBAU:

Buschmann, M.; Motyka, S.: Energieeffizienz als Schlüssel zur Klima- und Ressourcenschonung? – am Beispiel des Smart Metering. Wirtschaftsrechtliche Blätter (2011), S. 11–17.

dena (Hrsg.): Netzstudie II: Integration erneuerbarer Energien in die deutsche Stromversorgung im Zeitraum 2015–2020 mit Ausblick 2025. 2010.

Eberl, U.: Zukunft 2050: Wie wir schon heute die Zukunft erfinden. Weinheim: Beltz & Gelberg, 2011.

Energietechnische Gesellschaft im VDE (Hrsg.): Smart Energy 2020: Vom Smart Metering zum Smart Grid. Frankfurt am Main, 2010.

Hentschel, K.-M.: Es bleibe Licht: 100% Ökostrom für Europa ohne Klimaabkommen. Baden-Baden: Deutscher Wissenschafts-Verlag, 2010.

Kafsak, H.: Infrastrukturvorhaben stocken. Frankfurter Allgemeine Zeitung (3. Februar 2011).

Kaumann, N.: Intelligente Stromzähler und -netz: Versorger zögern mit neuen Angeboten. Zeitschrift für Energiewirtschaft 34 (2010), S. 279–284.

VDE (Hrsg.): Übertragung elektrischer Energie. Positionspapier, Frankfurt am Main, 2010.

ZUM ERDÖL:

Brandt, A. R.: Upstream greenhouse gas (GHG) emissions from Canadian oil sands as a feedstock for European refineries. Stanford University, Department of Resources Engineering, 2011.

Kelly, E. N. et al.: Oil sands development contributes polycyclic aromatic compounds to the Athabasca River and its tributaries. PNAS 52 (2009), S. 22346–22351.

Kerr, R. A.: Peak Oil Production May Already Be Here. Science 331 (2011), S. 1510f.

Köhn, R.: Bohren in der »Ultra-Tiefsee«. Frankfurter Allgemeine Zeitung (12. März 2011), S. 19.

Mauch, A. et al.: Potenziale und Grenzen des Downsizing beim Dieselmotor. MTZ (2011) Nr. 7/8, S. 530ff.

National Commission on the BP Deepwater Horizon Oil Spill and Offshore Drilling (Hrsg.): Deep Water: The Gulf Oil Disaster and the Future of Offshore Drilling. Report to the President, 2011.

Rempel, H.: Verfügbarkeit von nicht-erneuerbaren Energierohstoffen. Zeitschrift für Energiewirtschaft 35 (2011), S. 15ff.

ZUR KOHLE:

Ambrosini, A. et al.: Synthesis and Characterization of Ferrite Materials for Thermochemical CO2 Splitting Using Concentrated Solar Power. Advances in CO2 Conversion and Utilization (3. Dezember 2010).

Antonietti, M.; Gleixner, G.: Biomasse-Nutzung für globale Zyklen: Energieerzeugung oder Kohlenstoffspeicherung. In: Gruss, P.; Schüth, F.: Die Zukunft der Energie. München: C. H. Beck, 2008, S. 212ff.

Blesl, M.; Kober, T.: Bedeutung von CO_2-Transport- und Speicheroptionen im europäischen Energiesystem. Zeitschrift für Energiewirtschaft (2010).

Deutscher Bundestag (Hrsg.): Entwurf eines Gesetzes zur Demonstration und Anwendung von Technologien zur Abscheidung, zum Transport und zur dauerhaften Speicherung von Kohlendioxid. Berlin, 9. Mai 2011.

Drieschner, F.: Der Himmel über dem AKW. Die Zeit (20. April 2011), S. 4.

IZ Klima (Hrsg.): Speicherung von CO_2: Technologie für den Klimaschutz. Undatierte Broschüre.

Kogelschatz, B.: Potenzial für Kraftwerke mit Kohlendioxidrückhaltung aus Systempespektive. Zeitschrift für Energiewirtschaft (2010), S. 29–37.

Kuckshinrichs, W. et al.: Weltweite Innovationen bei der Entwicklung von CCS-Technologien und Möglichkeiten der Nutzung und des Recyclings von CO_2. Studie, Forschungszentrum Jülich GmbH, Institut für Energieforschung, 2010.

Milles, U.; Horenburg, P.: Strom aus Kohle und Gas. Eggenstein-Leopoldshafen: FIZ Karlsruhe, 2011.

MIT (Hrsg.): Role of Enhanced Oil Recovery in Accelerating the Development of Carbon Capture and Sequestration. Report, 2010.

Odenwald, M.: Die Kohledämmerung. Focus Online (15. Januar 2010).

Rempel, H. (s. »Zum Erdöl«); Riesche, E. et al.: Capture Options for Coal Power Plants. In: Stolten, D.; Scherer, V.: Efficient Carbon Capture for Coal Power Plant. Weinheim: Wiley-VCH, 2011, S. 45 – 81.

Spliethoff, H.: Advanced Power Plant Technology. In: ebenda, S. 11 – 43.

Traufetter, G.: Die Not der Kesselflicker. Der Spiegel (2011), Nr. 26, S. 124ff.

ZUM ERDGAS:

BGR (Hrsg.): Reserven, Ressourcen und Verfügbarkeit von Energierohstoffen. Kurzstudie, Hannover, 2010.

Biello, D.: What the Frack? Natural Gast from Subterranean Shlae Promises U. S. Energy Indepence. Scientific American (30. März 2010).

dena (Hrsg.): Erdgas und Biomethan im künftigen Kraftstoffmix. Studie, Berlin, 2010.

Lübbert, D.: CO_2-Bilanzen verschiedener Energieträger im Vergleich. Deutscher Bundestag, Berlin, 2007.

Teran, T. D.: Methan und Lachgas – Die vergessenen Klimagase. WWF Deutschland, Berlin, 2007.

ZUR KERNSPALTUNG:

Bundesamt für Strahlenschutz (Hrsg.): Konzeptionelle und sicherheitstechnische Fragen der Endlagerung radioaktiver Abfälle. Salzgitter, 2005.

Boeing, N.: Strahlende Last. Die Zeit (4. November 2010), S. 73.

Fassbender, J. et al.: Ermittlung von Strahlendosen in der Umgebung des THTR-300 infolge eines angenommenen Coreaufheizunfalls. Kernforschungsanlage Jülich GmbH, Institut für Nukleare Sicherheitsforschung, 1984.

Heßler, M.: Unsere Scham vor der Maschine. Frankfurter Allgemeine Zeitung (2. April 2011), S. 33.

Massachusetts Institute of Technology (Hrsg.): The Future of Nuclear Power. Interdisciplinary Study, 2003.

McGinnes, D.: Waste sources and classification. In: Alexander, W.; McKinley, L.: Deep Geological Disposal of Radioactive Waste. Oxford: Elsevier, 2007, S. 8ff.

Mohrbach, L.: Unterschiede im gestaffelten Sicherheitskonzept: Vergleich Fukushima Daiichi mit deutschen Anlagen. atw – Internationale Zeitschrift für Kernenergie (2011), Ausgabe April/Mai.

Ponomarev-Stepnoi, N. N. et al.: The Future of Nuclear Power: Energy, Ecology, and Safety. Atomic Energy , 93 (2002), Nr. 5, S. 855ff.

Reaktorsicherheitskommission (Hrsg.): Anlagenspezifische Sicherheitsüberprüfung deutscher Kernkraftwerke unter Berücksichtigung der Ereignisse in Fukushima-I. Stellungnahme, RSK/ESK-Geschäftsstelle beim Bundesamt für Strahlenschutz, 2011.

Schubert, Ch.: Zweifel an Frankreichs modernstem Kernkraftwerk. Frankfurter Allgemeine Zeitung (1. April 2011), S. 13.

Wallace, H.: Rock Solid? A scientific review of geological disposal of high-level radioactive waste. Studie im Auftrag von Greenpeace, Gene Watch UK, Derbyshire/UK, 2010.

ZUR KERNFUSION:

Bradshaw, A. M.: Der Weg zu einer nachhaltigen Energiequelle: Die Erforschung der Kernfusion. In: Gruss, P.; Schüth, F.: Die Zukunft der Energie. München: C. H. Beck, 2008, S. 295ff.

Gerstner, E.: The hybrid returns. Nature, 460 (2009), S. 25ff.

Moses, E. I.: LIFE: A Path to Sustainable, Carbon-Free Energy Future. Präsentation, Stanford's Energy Seminar, 13. Mai 2009.

Schulz, M.: Disneyland für Physiker. Der Spiegel (2009), Nr. 45, S. 144f.

Die im China-Kapitel verwendeten Daten basieren auf den Statistiken von British Petroleum (www.bp.com/statisticalreview) und des Internationalen Währungsfonds (www.imf.org/external/pubs/ft/weo/2011/01/weodata/weoselgr.aspx). Abgerufen wurden sie am 14. Juni 2011. Die Aussagen zum CO_2-Import beziehen sich auf: Davis, S. J.; Caldeira, K.: Consumption-based accounting of CO_2 emissions. PNAS (8. März 2010).

ZUR ENERGIEPOLITIK:

Bundesministerium für Umwelt, Naturschutz und Reaktorsicherheit (Hrsg.): Innovation durch Forschung: Jahresbericht 2009 zur Forschungsförderung im Bereich der erneuerbaren Energien. Berlin, 2010.

Bundesministerium für Wirtschaft und Technologie (Hrsg.): Forschung für eine umweltschonende, zuverlässige und bezahlbare Energieversorgung. Berlin, 2011.

Edenhofer, O.; Knopf, B.: Experiment Atomausstieg. Die Zeit (28. Juli 2011), S. 27.

HSBC (Hrsg.): Sizing the climate economy. London, 2010.

International Energy Agency: Energietechnologische Perspektiven. Paris, 2010.

McKinsey (Hrsg.): Wettbewerbsfaktor Energie: Neue Chancen für die deutsche Industrie. Frankfurt am Main, 2009.

Wissenschaftlicher Beirat der Bundesregierung Globale Umweltveränderungen (Hrsg.): Gesellschaftsvertrag für eine Große Transformation. Berlin, 2011.

REGISTER

700-Grad-Kraftwerke 177

A

Adiabate Druckluftspeicher 141

Algen 113, 175
Anderson, Kai 220

B

Barth, Stephan 64
Bazzanella, Alexis 173
Bioliq 106
Biomasse 99 ff.
bipolare Gleichstromleitungen 130
Blockheizkraftwerke 134
Boulder City 28
Braunkohlekraftwerke 178
Brennstoffzelle 137

C

Carbonate Looping 166
Carbon Capture and Storage (CCS) 160
Chemical Looping 165
China 39, 45, 50, 213
Choren 106

D

Dampfmaschine 21
da Vinci, Leonardo 16
dena-Netzstudie 146
Desertec 84
Dünnschicht-Solarzellen 74
Dynamoelektrisches Prinzip 22

E

E10 104
Eberl, Ulrich 153
Edersee 44
Elektroauto 115 ff.
Emissionshandel 31, 172, 231
EnBW 48
Endlager 201
Energieforschung 229 ff., 234
Energienachfrage 21 ff.
Energiepolitik 229 ff.
Energiesparen 25
Energiespeicher 123 ff.
Energieverbrauch 21 ff., 37
Energiewende 9, 217, 229 ff.
Energiewirtschaft 229 ff.
Enhanced Gas Recovery 167
E.ON 60
Epple, Bernd 165
Erdgas 181 ff.

Erdöl 155 ff.
Erdverkabelung 148
Erneuerbare-Energien-Gesetz (EEG) 32, 231
Erster Hauptsatz der Thermodynamik 17
Europäischer Druckwasserreaktor 192

F

Fair, Tom 27, 30
Fischaufstieg 46
Fischer-Tropsch-Prozess 106, 187
Fischer, Willibald 184
Flächennutzungskonkurrenz 100
Fließwasserkraft 47
Francis-Turbine 49
Frankfurter Entsorgungs- und Service GmbH 111
Fresnellinsenkraftwerk 83

G

Gaskraftwerk 182
Gasturbine 182
Geisinger, Wolfgang 90
Geothermie 89 ff.
Geothermie Unterhaching 90
Gezeitenkraftwerke 55
Göpel 21
Guericke von, Otto 140
Guobao, Zhang 215

H

Haaheim, Jon Ulrik 128
Hald, Jörgen 223
Hasinger, Günter 207
Hermansen, Sören 224
Herrenknecht 62
Hochspannungs-Gleichstromübertragung 146
Hochtemperaturleiter 147
Hochtief 62
Hoover-Damm 26, 29
hydraulische Fraktionierung 94
hydrothermale Karbonisierung 176
Hywind 63

I

IGCC-Kraftwerk 166
Intelligentes Netz 149 ff.
Internationale Energieagentur (IEA) 36
ITER 207

J

Joule, James Prescott 17

K

Kalina-Prozess 90
Kaplan-Turbine 47, 49
Keil, Günter 68
Kernenergie 189 ff.
Kernfusion 40, 205 ff.
Kernkraftwerke, vierte Generation 194
Kleinwasserkraftwerke 50
Knapp, Wilfried 57
Kohle 159 ff.
Kohlekraftwerke 234
Kohlendioxidemission 23, 43
König, Carsten 72
Konzentratorzellen 78
Kraftwerk Irsching 183

Kraftwerk »Schwarze Pumpe« 165
Kraftwerk Staudinger 161
Krebs, Rudolf 135
kristalline Silizium-Solarzellen 74
Kristensen, Michael 221
Kugelhaufenreaktor 197
Kunststoffe auf CO_2-Basis 174
Kupferberg-Solarfarm 29

L

Lackner, Klaus 25
Larsen, Stein Vegar 129
Laser-Fired Contacts 79
Las Vegas 26
Lipponen, Juho 161
Liquid Natural Gas 186
Lithium-Ionen-Akkus 116
Lundén, Malene 224

M

Massendefekt 191
Maus, Wolfgang 175
Mayer von, Julius Robert 16
McCombie, Charles 201
Metall-Luft-Batterie 118
Methanhydrat 187
Mikro-BHKW 135
MJ2 53
Müther, Martin 107

N

National Ignition Facility 209
Netzparität 72
Nevada Solar One 28
Nord.Link 129
Norwegen 125
Nüsslein, Georg 148
NV Energy 27

O

Ölsand 156
Olsen, Per Urban 225
Organic Rankine Cycle (ORC) 111
organische Photozellen 81

P

Parabolrinnenkraftwerk 83
Peak Oil 155
Peltron-Turbine 49
Periana-Prozess 186
permanenterregte Synchrongeneratoren 67
Perpetuum mobile 15
Photovoltaik 71 ff.
Plambeck, Gerhard 133
Porsche, Thomas 165
Povenius, Ole Christian 126
Pumpspeicherkraftwerk 124

R

Rauchgaswäsche 162
Redox-Flow-Batterie 139
Rheinfelden 46
Robin Rigg 59
Russland 185
Rutschmann, Peter 50

S

saline Aquifere 168
Samsö 218
Sauerstoffverbrennung 164
Schneider, Rüdiger 163
schnelle Brüter 195

Schulenberg, Thomas 193
Seier, Jochen 179
Seltene Erden 68
Shenton, Sally 59
Siemens 68
Sinn, Hans-Werner 32
Solarthermie 71 ff., 85, 220
solarthermische Kraftwerke 82
Solarturmkraftwerk 83
Spliethoff, Hartmut 179
Statkraft 127
Steinbach, Volker 119, 155
Steinkohlekraftwerk 177
Stellarator 207
Stromnetz 143 ff.
Stromzähler, intelligente 150
supraleitender Generator 152
Supraleitung 151

T

Tanaka, Nuobo 36
Tiefseeförderung 157
Tokamak 207
Transmutation 200

U

UMG-Silizium 80
Uran 191

V

Verbrennungsmotor 157
Vestas 68
virtuelles Kraftwerk 133
VLH-Turbine 53

W

Wasserkraft 43 ff.
Wasserkraftwerk Alta 125
Wasserstoff 136
Wave Dragon 57
Weber, Eike 76
Weinhold, Michael 146
Weizsäcker von, Carl Christian 31
Wellenkraftwerke 57
Wiederaufbereitung 200
Windkraft 59 ff.
Windkraftanlage 24
Winter, Martin 116

Z

Zetsche, Dieter 119
Ziegler, Helmut 111
Zunft, Stefan 141
Zweiter Hauptsatz der Thermodynamik 19

MICHAEL GAZZANIGA

Die Ich-Illusion

Wie Bewusstsein und freier Wille entstehen

288 Seiten; ISBN 978-3-446-43011-2, auch als E-Book erhältlich

Es ist eine verstörende Erkenntnis der Hirnforschung: Der freie Wille des Menschen ist eine Illusion. Der renommierte Neurowissenschaftler Michael Gazzaniga hat herausgefunden, warum das »Ich« nur ein Märchen ist, das das Gehirn sich selbst erzählt. Sind wir daher für unsere Taten nicht verantwortlich, ist unser Handeln vorausbestimmt? Gazzaniga wendet sich vehement gegen diese Sichtweise der Deterministen, denn Bewusstsein und Verantwortlichkeit existieren sehr wohl - allerdings nicht im einzelnen Gehirn, sondern im Miteinander von Gehirnen. Es sind Sprache, Kultur und Moral, die uns zu Bewusstsein und unserem »Selbst« gelangen lassen. Mit der »Ich-Illusion« schafft Gazzaniga ein tiefes Verständnis davon, wie paradox wir funktionieren: als wundervoll entworfene Maschinen, die erst durch soziale Interaktion Freiheit erlangen. Ein provokantes Buch von einem der führenden Neurowissenschaftler, das erklärt, wie das Gehirn uns ein »Ich« vorgaukelt und warum wir dennoch frei und verantwortlich handeln.

HAL HERZOG

Wir streicheln und wir essen sie

Unser paradoxes Verhältnis zu Tieren

320 Seiten; ISBN 978-3-446-42922-2

Unser Verhältnis zu Tieren ist extrem widersprüchlich. Wir halten Hunde als Gefährten, züchten Rinder, weil sie uns schmecken, und führen an Affen Laborversuche durch. Doch warum schleppen Mopsbesitzer ihre Lieblinge zum Hunde-Yoga – und machen sich anschließend bedenkenlos über ein Kalbsschnitzel her? Und wieso sind Tierschützer gerade in Katzen so vernarrt, obwohl diese jährlich Millionen Singvögel töten? Hal Herzog, der führende Forscher auf dem Gebiet der Anthrozoologie, zeigt, wieso wir welche Tiere mögen, weshalb das Schicksal eines Kampfhahns dem eines Masthuhns vorzuziehen ist, warum wir unbedingt an den Nutzen von Delfintherapie glauben wollen – und sich Hund und Herrchen häufig so ähnlich sehen. Ein augenöffnender Parforceritt durch das ethische Minenfeld der Mensch-Tier-Beziehungen. Nach der Lektüre dieses Buchs denken Sie nicht nur anders über Tiere, sondern auch über sich selbst.